子どもの心を育てる
新保育論のために
―「保育する」営みをエピソードに綴る―

鯨岡 峻
［著］

ミネルヴァ書房

は し が き

　今般の新指針や新要領やその解説書を読むにつけ，その背後にある従来の保育論は私の考えるあるべき保育論とは方向性がまったく違うものだという思いを新たにしました。彼我の違いについては，指針やその解説書が「養護」と「教育」という用語で問題を考えようとするのに対して，私は「養護の働き」と「教育の働き」という用語で問題を考えようとするというように，これまでの著作においてもある程度は触れてきていました。しかしいまやその方向性がまったく違うものだということをあらためて考えさせられました。そこで，私の考えるあるべき新しい保育論の考え方の基礎を明示し，それによって彼我の違いが単なる用語の理解の違いではなく，保育する営みについての根本的な見方の違いなのだということを明確にしておく必要があると思うようになりました。これが本書理論編の第1章「「保育する」営みを再考する──新保育論のために」と，第2章「子どもの「ある」と「なる」を考える」を書くことに繋がりました。

　第1章は，彼我の保育論の違いの一つが，子どもと保育者の関係性を分断して捉える立場（従来の保育論の立場）と，子どもと保育者の動的関係性を軸に「保育する」営みを捉える立場（私の新保育論の立場）の相違にあることを主張するかたちで展開されます。その違いが，子どもと保育者のあいだの「接面」を問題にするかしないかの違い，それゆえ子どもの「心の動き」を真に問題にするかどうかの違いに繋がり，ひいては，保育者が子どもの心の動きを接面から感じ取って対応するところを取り上げようとする立場（私の新保育論の立場）と，子どもに育ってほしい姿を保育の目標としてまず掲げ，その目標に対して保育者は何をなすべきかを考えて，次々に何かをさせて目標を達成させようとする立場（従来の保育論の立場）との違いに結びついていると考えました。

　「保育」という名詞に沿って考えると，「いつ，何を子どもたちにさせていくか」という保育カリキュラム的発想に自然に導かれ，そこから保育者主導の考

i

え方が当然のごとく導かれて，結果として子どもと保育者の関係性が分断され
てしまうことに繋がりました。これが従来の保育論であり，それが実際の「保
育する」営みから遊離することになったという理解に通じます。これに対して
新しい保育論は，「保育する」という動詞を中心に，子どもと保育者の関係性
を分断することなく，可能な限りそれを動態として見る立場に立つ必要がある
と考えます。それが現実の「保育する」営みに近づくために必要なことであり，
またそこにおいてはじめて子どもの心の動きを把握することができるのだと考
えるからです。

　従来の保育論のように子どもと保育者の動的関係性を分断してしまったので
は，最初から子どもの心の動きを捉える基盤が見失われてしまいます。逆に，
動的関係性を分断しなければ，保育者が自らの「保育する」営みをエピソード
に描くための条件が整います。保育者の描くエピソード記述は，子どもと保育
者の動的関係性，そのあいだの「接面」，そこから保育者に感じ取られる子ど
もの心の動き，といった考え方と切り離せないものだからです。要するに，保
育者のエピソードに描き出されるものこそ「保育する」営みの「あるがまま」
だといえるでしょう。

　第2章は，保育者の「保育する」という動態としての営みが「養護の働き」
と「教育の働き」に集約されるとこれまで繰り返し述べてきたことに，少し違
った角度から光を当てるものです。保育の現場に赴いて「保育する」営みを実
際に見たり，保育者の描くエピソード記述を多数読み込んだりするうちに，こ
れまでの「養護の働き」と「教育の働き」の議論では，この二つの働きが交叉
して働く最も微妙なところにはまだ十分に踏み込めていないという反省が生ま
れてきました。

　その反省から行き着いたのは，すでに他の著書で論じたことのある「ある」
と「なる」の議論でした。つまり，子どもは「いま，ここ」のあるがまま（あ
る）をそのまま肯定してほしい思いがある一方で，その「ある」を乗り越えて
新たな「なる」へと向かおうとする現状止揚の契機が「ある」のうちに秘めら
れており，そこに保育者の「養護の働き」と「教育の働き」が複雑なかたちで

結びついて，実際の「なる」への変化が生まれるという問題です。これを煮詰めていけば，この「養護の働き」と「教育の働き」という二つの考えをより洗練することができ，それによって「保育する」という営みが子どもの心の育ちにどのように結びついているかをより具体的に考えることができるようになるのではないかと思われました。

　従来の保育論はその意味では「なる」から次の「なる」への継起を教育（幼児教育）という枠のなかで考えてきたと言ってもよいでしょう。これに対して，新保育論では子どもの「ある」の内部に現状肯定と現状止揚の二つの相反する面があることに注目し，その二つの相反する面に「養護の働き」と「教育の働き」をうまく組み合わせて子どもに振り向けることによって，「なる」への一連の変化が生まれ，それが再体制化されて，次の「ある」へと至ると考えます。この「ある」から次の「ある」への道程を丁寧に辿るという新保育論の発想は，早く何かができるようになることを求めることなく，子どもの内部に「やってみよう」という思いが生まれてくるように保育者がうまく「養護の働き」と「教育の働き」を紡ぎ出すことを必要としています。それはまた自分のペースで成長していくことが子どもにとっての幸せだという考えのうえに立つものです。

　この二つの章は，「幼児期の終わりまでに育ってほしい姿」（10の姿）を掲げることを当然とみなす新指針や新要領の立場に対して，なぜ私が批判の目を向けるかの根拠を示すものでもあります。そしてそれはまた新保育論の「哲学」を示すことにもなるでしょう。

　以上が理論編の概要ですが，この理論編の立場から保育者の描くエピソード記述を読み込むと，「保育する」営みの実相がさらにいっそうよく見えてきます。実践編では都合32本のエピソード記述を取り上げ，この理論編の議論を踏まえたかたちで，各エピソードに「私からのコメント」を付しています。

　実践編の冒頭の第3章では「0，1歳児への保育者の「教育の働き」」と題して，8本のエピソード記述を取り上げました。3歳以上が教育，3歳未満は保育というわけの分からない議論が横行するのは，相変わらず保育，教育とい

う言葉を「何をさせるか」という観点から考えるからです。これに対して，子どもの心の動きに沿って保育者が丁寧に対応を紡ぐところを動態として見る立場に立てば，０歳児や１歳児の子どもの「いま，ここ」の思いを受け止めるという「養護の働き」を背景にしながら，その子の見て感じる世界が少しでも膨らむように願ってなされる保育者の対応は，すべて「教育の働き」という枠のなかで捉えることができます。そしてそれを描き出したエピソード記述からは，子どもと保育者の動的関係性が実感され，またその接面から子どもの心の動きが保育者に捉えられていることが分かるはずです。このように８本のエピソード記述は，０歳児，１歳児の保育現場の動態を伝えるものであるとともに，従来の保育論の視点との相違を際立たせるものでもあります。

　第４章では「「ある」を受け止めることから「なる」への兆しへ」と題して，子どものいまの「ある」を受け止める保育者の「養護の働き」が「保育する」営みの基本であることを再確認してみます。というのも，それによって子どもの保育者への信頼感と自分の自己肯定感が高まり，そこから意欲が生まれて，子どもの内面から「なる」に向かう動きが立ちあがってくるからです。その間の事情を，５本のエピソード記述によって明らかにします。「養護の働き」を重視する必要があることは，これまでの著書でも繰り返し強調してきたところですが，それが「教育の働き」とどのように結びつくかについてはこれまで十分に議論をしてきませんでした。ここでは，「ある」を保育者にしっかり受け止めてもらううちに，「なる」への兆しが現れ，そこに「教育の働き」が結びついてくる経緯に力点をおいて，５本のエピソード記述を選んでみました。

　第５章では，「挑戦する心──「ある」から「なる」へ」と題して，子どもたちの「なる」に向かう気持ち（挑戦する気持ち）が「ある」を受け止めてもらうことを背景に生まれてくること，またそこでは保育者の「養護の働き」と「教育の働き」が交叉して子どもに振り向けられていることを，５本のエピソード記述を通して明らかにしてみます。これまでは，保育者は子どもに何かをさせ，それを促し，励まし，褒め，そのようにして「なる」の結果を導くのが教育（幼児教育）であると考える傾向にありました。これに対して，この章で

は「ある」を保育者に受け止めてもらう「養護の働き」による安心感と，子どもの思いが一歩前に出るように働きかける保育者の「教育の働き」がバネになって，子どものなかに「なる」に挑戦する気持ちが湧き起こってくる経緯に触れてみます。

第6章では，「子ども同士のトラブルは「なる」への跳躍台」と題して8本のエピソード記述を取り上げます。トラブルは「保育する」営みのなかでも子ども同士のあいだで負の心が動くので，保育者としてもその対応が難しいと感じることが多い場面ですが，「トラブルを通して子どもは成長する」と言われてきたように，まさにトラブルはそこから子どもにとって大切な「なる」への変化が生まれてくるための跳躍台の意味をもつものです。それが実際に跳躍台の意味をもつかどうかは，まさに保育者の「養護の働き」と「教育の働き」の質にかかっています。トラブルの経験が重要であることは，従来の保育論でも指摘されてきましたが，そこでは道徳性の芽生えや規範の習得という枠組みのなかで考えられることが多かったために，誰が悪かったかをはっきりさせて，悪かった子に謝らせるという善悪を教える教育的場面と考えられることが多かったように思います（「ごめんなさい」をいわせる保育）。しかし新保育論の立場ではそうではなく，人間存在の根本的なあり方からしてトラブルは避けられないという立場に立ち（理論編の議論），その負の経験をどうすれば子どもの負の自己感に結びつかないようにもっていくことができるかが，「保育する」営みにとっては肝心なことであるという点を明らかにして，従来の保育論との違いを明確にしたいと思います。

実践編の最後となる第7章では，「集団活動（遊び）のなかで子どもに何が育つのか」と題して，子どもたちが集団で課題活動やルールのある遊びなどに取り組む際に，保育者がどのように「保育する」営みを紡いで対応するかを具体的な6本のエピソード記述を通して明らかにしてみます。これまでの保育者のエピソード記述は子どもと保育者の一対一の動的関係性を取り上げたものが多かったのですが，実際には，保育者は一対多という動的関係性のなかで「保育する」営みに従事しています。そこでは子ども同士の関係性がどのように動

くかに保育者の「養護の働き」と「教育の働き」が大きく関わってきます。また そのなかで子どもは自分の内部の「私は私」と「私はみんなのなかの私」の 二面の心をどのように折り合わせていくかを考えるようになっていきます。そ のことが子どもの心の面の「なる」に繋がることをそれらのエピソードから明 らかにしたいと思います。

＊＊＊

　以上が各章の概要ですが，ここに取り上げられた32本のエピソード記述と， 第2章に含まれる2本のエピソード記述を重ね合わせれば，指針の背景をなす 従来の保育論と私の考える新保育論との違いが明らかになるのではないかと思 っています。

子どもの心を育てる

新保育論のために

―― 「保育する」営みをエピソードに綴る ――

目　　次

はしがき

第Ⅰ部　理論編

第1章　「保育する」営みを再考する —— 新保育論のために ………… 3

第1節　「接面の人間学」の基軸となる基本的な考え方 ……………… 4

（1）「接面の人間学」の基本的な人間観　4

（2）「接面の人間学」の基本的関心 —— 接面，心の動き，当事者性　6

第2節　「接面の人間学」の考えを新保育論のために整理する …………… 10

（1）「いま，ここ」での保育する営みを「動態」として捉える　10

（2）「育てる—育てられる」という動的関係性に目を向ける　12

（3）保育者の当事者性にもっと焦点を当てる必要がある　13

（4）子どもの心の動きを論じるには「接面」の考え方が欠かせない　14

（5）実践を振り返るにはエピソード記述が必要になる　16

第3節　新保育論のために ………………………………………… 17

（1）新しい保育論を考えるためには「哲学」が必要である　17

（2）子どもの心の動きと心の育ちに定位する　19

（3）子どもを育てる保育者の心の動きに注目する　20

（4）「保育する」営みは生活と遊びの領域を中心に組み立てられる　23

（5）子ども，仲間，保育者，保護者の関係性に目を向ける　26

第4節　なぜ保育者は自らの保育をエピソードに描く必要があるのか …… 32

（1）エピソードは「いま，ここ」の動態を描くものである　32

（2）エピソードは接面で生じていることを描くものである　33

（3）エピソードは接面の当事者の意識体験を描くものである　35

（4）エピソード記述には保育者の当事者性が絡んでくる　36

（5）エピソード記述は職員間で読み合わせてこそ意義がある　38

（6）エピソードを描くことで保育者は自らの主体性を取り戻すことができる　40

第2章　子どもの「ある」と「なる」を考える……………………… 43

第1節　主体が抱える二面——「ある」と「なる」……………………… 44

（1）過去の著作に見られる「ある」と「なる」の議論　44

（2）「ある」から「なる」へ，そして次の「ある」への再体制化過程　46

（3）大人が子どもに振り向ける「養護の働き」と「教育の働き」　50

第2節　「ある」に含まれる現状肯定と現状止揚の二契機……………… 51

（1）いまの「ある」から次の「ある」への再体制化過程　52

（2）具体例に即してこれまでの議論を振り返る　57

第3節　「なる」への過程における子どもと保育者の葛藤……………… 63

（1）具体的なエピソードから「なる」への過程を考える　63

　　エピソード：「マメが痛い！　竹馬，嫌だ！」　64

（2）エピソードから子どもの心の動きと保育者の対応を考える　68

（3）もう一つの具体的なエピソードから「なる」への過程を考える　73

　　エピソード：「先生，できた！」　73

（4）エピソードから「養護の働き」と「教育の働き」を考える　76

第4節　「なる」が生まれるまでの保育者の対応を考える……………… 80

（1）「ある」から「なる」への願わしい変化が生まれるための諸条件　80

（2）二つの竹馬エピソードから保育者の対応を考える　82

（3）失敗や挫折が負の「なる」に繋がらないために　86

第Ⅱ部　実践編

第3章　0，1歳児への保育者の「教育の働き」……………………93

第1節　この章の目的 ……………………………………………………93

第2節　一連のエピソード記述から ……………………………………95

エピソード1：「Wちゃんとミルク缶——良かれと思って……だけど私の空回り」 95

エピソード2：「はっぱ，のるかなぁ」 100

エピソード3：「子どもの目線になって感じた子どものこころ」 103

エピソード4：「世界が広がった瞬間」 107

エピソード5：「ぎゅっと摑んだ手」 112

エピソード6：「ちゃんと私だけを抱っこして」 116

エピソード7：「おはなしの世界」 120

エピソード8：「車，おおきくなったね」 123

第3節　各エピソードの要約と本章のまとめ ………………………… 129

第4章　「ある」を受け止めることから「なる」への兆しへ……133

第1節　本章の目的 …………………………………………………… 133

第2節　一連のエピソード記述から …………………………………… 134

エピソード9：「一度だけのパンツ」 134

エピソード10：「手が冷たかったね，一緒にしようね」 138

エピソード11：「Rくんをおんぶしたいなー！」 142

エピソード12：「裸足で水遊び楽しかったね」 147

エピソード13：「Rちゃんのまゆげ」 152

第3節　各エピソードの要約と本章のまとめ ………………………… 157

目　次

第5章　挑戦する心——「ある」から「なる」へ ……………………… 163

第1節　本章の目的 ……………………………………………………… 163

第2節　一連のエピソード記述から ………………………………… 164

エピソード14：「逆上がりがやりたい」 164

エピソード15：「勇気を出して跳びたい……」 169

エピソード16：「怖い……けど，あげたい！」 173

エピソード17：「かっこいい忍者になる」 177

エピソード18：「ぜったい登ろう！」 182

第3節　各エピソードの要約と本章のまとめ ……………………… 186

第6章　子ども同士のトラブルは「なる」への跳躍台 …………… 191

第1節　本章の目的 ……………………………………………………… 191

第2節　一連のエピソード記述から ………………………………… 193

エピソード19：「一筋の涙」 193

エピソード20：「先生，大嫌いじゃない」 196

エピソード21：「Mくんじゃなきゃ」 203

エピソード22：「S，K先生のリュック持ってあげる」 208

エピソード23：「仲良しだから」 212

エピソード24：「Aちゃんはどうする？」 217

エピソード25：「遊んでくれない」 222

エピソード26：「うらはらなこころ」 228

第3節　各エピソードの要約と本章のまとめ ……………………… 233

第7章　集団活動（遊び）のなかで子どもに何が育つのか………239

第1節　本章の目的 ………………………………………………… 239

第2節　一連のエピソード記述から ……………………………… 241

エピソード27：「鬼ごっこがしたいから」 241

エピソード28：「みんなとの絵本の時間」 246

エピソード29：「保育者のつぶやきと，そこから広がる遊び」 250

エピソード30：「当ててみろぉ〜！」 257

エピソード31：「それぞれの育ちのなかで」 262

エピソード32：「子どもたちとのミーティング」 267

第3節　各エピソードの要約と本章のまとめ ……………………… 271

あとがき　277

第Ⅰ部　理論編

第1章

「保育する」営みを再考する
──新保育論のために──

　この第1章では，広く「子どもを育てる」という営みのなかに「保育する」という営みを位置づけ，その営みを根本から捉え直す新たな保育論の試みを展望してみたいと思います。前著（『関係の中で人は生きる──「接面」の人間学に向けて』ミネルヴァ書房，2016年）の第2章第6節「「接面」の人間学を展望する」においては，対人実践の広範な研究領域を「接面の人間学」という名称で包括するとともに，「接面」と「関係発達」という視点に立って従来の保育論を捉え直す試みを関係発達保育論と呼んでその一領域として位置づけていました。またこの節の冒頭では「接面の人間学」の基軸となる考え方にも言及していました。

　そこでまず，その冒頭の基軸となる基本的な考え方を整理し直して紹介してみます。それが新たな保育論を論じるための基盤ともなると思われるからです（第1節）。次に，この基軸となる考え方を「保育する」という営みに結びつけたときになぜ新たな保育論が必要になるかを考えてみます（第2節）。そして第1節と第2節の議論を踏まえて，前著ではまったくのスケッチにとどまっていた関係発達保育論の輪郭をもう少し踏み込んで描き出してみます（第3節）。さらに，新保育論を展開していくうえで，なぜ保育者の描くエピソード記述が必要となるかを，それまでの諸節の議論を踏まえて整理してみます（第4節）。この第4節の議論は，本書の実践編に取り上げられる一連のエピソード記述を読み解くための指針ともなるものです。

第Ⅰ部　理論編

第1節　「接面の人間学」の基軸となる基本的な考え方

　先に触れたように，前著（前掲書）の第2章第6節では，人と人が関わり合って生きている現実を接面で生じていることから捉えようとする対人実践の研究領域全体を「接面の人間学」と呼び，その冒頭でこの学問全体の基軸となる基本的な考え方に言及しています。新しい保育論もその基軸の考え方に沿って組み立てられるものですから，まずはその基軸の考え方がどのようなものかを，前著の議論に少し手を入れるかたちで概観しておきたいと思います。

（1）「接面の人間学」の基本的な人間観

　「接面の人間学」は，接面で生じていることを取り上げることを通して，人間の生き様を多方面にわたって明らかにすることを目指す，実践に足場を置いた学問領域全体の総称です。私がこれまで主張してきた関係発達論はこの「接面の人間学」の基軸となるものです。関係発達論は5つの主要概念から成り立っています。つまり，関係発達，間主観性，両義性，相互主体性，接面の5つですが，私の研究歴の最後に取り上げることになった接面の概念は，他のすべての概念が絡んでくるとともに，これが対人実践の核となる概念であるというのが前著の基本主張でした。それを整理すると，そこには人間存在に対する基本的な見方（人間観）があり，それが「接面の人間学」の実践研究領域全体に共通していることが分かります。

　1）両義的欲求をもち，その充足を目指す存在として人間を見る

　その基本的人間観の第1は，人間は自己充実欲求と繋合希求欲求という二つの根源的かつ両義的な欲求（あちら立てればこちら立たずになりやすい欲求）をもち，その充足を目指して生きるのが人間だという見方です。両義的欲求をもち，対人関係のなかでその充足を目指すことを人間存在の基本と考えると，人はその欲求が「いま，ここ」での対人関係のなかで充足されたりされなかった

4

りすることがあること，またそれによって人は常にありとあらゆる正負の心の動きを経験しながら生きざるを得ないこと，その結果，人は常に何らかの葛藤を抱えて生きざるを得ないこと，が見えてきます。これは人間存在が常に周囲の人との関係性のなかで正負の心を動かしながら生きているという当たり前の現実を掬い取る人間観です。「接面の人間学」はまさにこの人間観に立って「いま，ここ」の対人場面における人の心の動きを問題にしようとします。それというのも，従来の対人実践の領域では，保育であれ，教育であれ，看護であれ，介護であれ，この当たり前の現実を見据えたかたちで実践理論が組み立てられていないからです。

　要するに，この人間観に立つことによって，実践対象と実践主体とのあいだに生まれる動的関係性のなかで，両者とも正負の心を動かしながら共に生きているという現実に目を向け直すことができるはずです。

2）対人関係のなかで時間軸に沿って変容する存在として人間を見る

　その基本的人間観の第2は，人は常に周囲他者との動的関係性のなかで時間軸に沿って変容し続ける存在だと見る人間観です。これは従来の個体能力発達論に対置するかたちで提示された私の関係発達論の基本的な人間観ですが，従来の「発達」の考え方に沁み込んでいる「良きものの増大」という発想を払拭するために，あえて「時間軸に沿った変容」という言い方をしてみました。事実，人間を時間軸に沿って考えれば，良きものが増大する面ばかりでなく，悪しきものが増大する面もあり，能力が増大するばかりでなく能力が衰退することもあります。また幸せだけでなく不幸せも待ち受けています。そういう人間の一生涯は，常に周囲他者との関係のなかで生き抜かれるしかないものです。これを「接面の人間学」に登場するすべての人に当てはめて考える必要があるというのが，この人間観を掲げる理由です。当然それは新保育論の基本的な人間観の一つとみなされなければなりません。

　実際，保育現場で出会う，子ども，保育者，仲間，保護者という人間存在は，みなこのように考えられた関係発達を継続中の人です。そしてそれらの人々が

第Ⅰ部　理論編

関わり合うなかで，それぞれの人が時間軸に沿って変容するのが関係発達の実相です。子どもは保育者との関係，保護者との関係，仲間との関係のなかで生きています。そしてその関係性全体が，時間軸に沿って変容していきます。その関係性を生きる人には必ずや正負の心の動きが含まれ，その積み重ねが結局はその人の人格に結晶化していくことになります。そのような人間観に立てば，人の関係発達は単に望ましい力を付けることでもなければ，単に幸せなことが増えることでもなく，子どもも保育者も葛藤を抱えながら，わずかな幸せを励みに懸命に生きているという現実が見えてくるはずです。これは保育の場に限ったことではなく，教育の場，看護の場，介護の場でも同じことがいえるはずです。

（2）「接面の人間学」の基本的関心 —— 接面，心の動き，当事者性

「接面の人間学」は保育や教育，看護や介護などあらゆる対人実践領域において，その実践の中身を吟味し，その実践の質とその意味を追い求めることを研究の主目的としています。新保育論も例外ではありません。この「接面の人間学」の研究目的にとって基本的な関心になるのは，何といっても接面と，接面での心の動きと，接面に接する人の当事者性です。これまでの客観主義を標榜する人間科学は，「客観主義パラダイム」に拠って立つがゆえに，接面も，そこでの人の心の動きも，また実践主体の当事者性も取り上げることができませんでした。これに対して「接面の人間学」はこの３つを認めることのできる「接面パラダイム」を新たに打ち立て，そのパラダイムの下で，この３つを取り上げることによって対人実践の機微に入り込もうとします。そして，それによってこれまで見えなかった動的関係性のなかでのその人のそこでの生きざまの意味，あるいはこれまで捉えることができなかったその人のそこでの生きざまの意味を明らかにしようとします。そこでまず，接面とそこでの心の動きを取り上げてみましょう。この二つはいつもセットにして考えなければならないものです。

6

１）接面と心の動き

　接面の概念の詳細については前著（前掲書）を参照していただかなくてはなりませんが，簡単にいえば，気持ちを向け合う二人のあいだに生まれる独特の空間を意味します。つまり，二人のあいだの物理的な空間という意味ではなく，少なくとも一方が「いま，ここ」において相手に気持ちを向けているときに成り立つ空間ないし「あいだ性」を意味するものです。ここでは相手に気持ちを向けている（持ち出している）ということが接面の成立条件であるといってもよいでしょう。この接面の概念は間主観性という関係発達論の基軸となる概念を煮詰めるなかで行き着いた概念です。実際，「いま，ここ」での相手の心の動きは，関わり手（実践主体や関与観察者）の目には見えません。しかし，関わり手が相手に気持ちを持ち出して相手とのあいだに接面をつくることができれば，その相手の心の動きや思いはその接面から関わり手に通じてきます。そのことが対人実践の最も重要な起点になっていると私には思われました。つまり，対人実践は，関わり手が相手の心の動きや思いなどを接面から感じ取り，それに沿ってその対応が紡ぎ出されたときに，うまく展開していくように見えるのです。実践がうまく展開していくかどうかは相手の心の動きを把握できるかどうかにかかっていて，そのための条件が接面だといってもよいでしょう。

　このように接面の概念はあらゆる対人実践領域を貫く鍵概念だということができ，だからこそ，それらの実践領域全体を「接面の人間学」と呼ぶことになったのでした。

　ところで，接面は「いま，ここ」において実践対象と実践主体のあいだの「対応を振り向ける―振り向けられる」という動的関係性と切り離して考えることはできません。しかも接面で生じていることはその接面の外にいる第三者には接近できないものであり，それゆえ客観的にそこにあるというかたちで証拠立てて示すことができないものです。言い換えれば，二人のあいだに接面をつくることができた人だけがその接面に言及できるという性格をもち，しかもそれは時々刻々変化するまさに動態としてあるものだと言わなければなりません。だからこそ，これまでの客観主義パラダイムはこの接面を認めることがで

第Ⅰ部　理論編

きなかったのですが，しかし接面がそこに生まれているかいないかは，現実の
対人実践のあり方とその質を決定的に左右する意義を有しているのです。

　このように接面はあらゆる対人実践においてその実践が紡ぎ出されてくる温
床の意味をもつものです。しかしながら，これまでの実践理論は，実践対象に
対して実践主体は何をするかという，一種のマニュアル型の対応理論，対処理
論だったために，それは実践主体のなすべきことを明らかにするものではあっ
ても，実践対象と実践主体である自分との接面で起こっていることを取り上げ
ることのできる理論ではありませんでした。接面が問題にならないということ
は，「いま，ここ」での心の動きを取り上げて論じる基盤がないことを意味し
ます。そのことが実践対象と実践主体である自分との関係性が行動上の関係性
に限局される結果を生み，両者のあいだでどのように心が動いたか，心の動き
と心の動きがどのように絡み合ったかという実践の最も重要な部分に入り込む
ことが少なくとも理論上は不可能だったのです。実際，実践の営みを外側から
客観的に見る姿勢では，実践対象と実践主体とのあいだに接面は生まれません。
また実践対象を対象化して捉える態度でもそこに接面は生まれません。実践対
象と実践主体が「いま，ここ」をお互いに生きるという動的関係性において初
めて，そのあいだに接面が生まれ，その接面から双方の心の動きが感じ取られ，
こうして実践対象の心の動きに沿った実践主体の対応が紡ぎ出されてくるので
す。

　そうしてみると，接面がなければ心の動きを議論する地平は生まれず，逆に
実践対象と実践主体との関係性が「いま，ここ」で動かなければ，そこに接面
は生まれず，したがって心の動きを問題にすることもできないという事情が分
かります。つまり，接面，心の動き，動的関係性という3つの概念はお互いに
切り分けられないということです。

　2）当事者性

　繰り返しますが，実践の営みは，実践対象と実践主体のあいだに「接面」が
つくられるか否かがその実践の中身がどのようなものになるかの鍵を握ります。

8

ところが接面は，目に見えるものではないために客観的に捉えることができません（客観的にそれがあるという証拠を示すことができません）。ですから接面はあくまでもその接面に接している当事者だけが「ある」といえるものだということになります。そのような性格をもつ接面ですから，接面を問題にし，そこでの心の動きを取り上げようとするとき，接面の当事者である実践主体が前景にでてきます。事実，接面もそこで感じ取られる心の動きもみな，接面の当事者を抜きには考えられないものです。

　しかしながら，客観主義の立場に立つ人間科学の枠組みの下では，実践内容を明確化することに主眼が置かれ，しかもその内容は「誰がやっても同じになるはず」と考えられてきたために，実践主体は実践の当事者であるにもかかわらず，少なくとも理論上はいつも黒衣の位置に置かれてきました。そのことは，個別具体の実践主体を「保育者は」「看護師は」「介護士は」というように集合名詞で呼ぶことに反映されていると言ってもよいでしょう。一人ひとりの保育者，教師，看護師，介護士，支援者は，本当は固有性と独自性を備えた一個の主体として実践対象の前に立っている人です。それなのに，少なくとも理論上はそうでない扱いを受けてきました。つまり顔をもたない集合名詞で呼ばれる無個性の実践主体が，決められた実践内容に沿って実践するという暗黙の考えの下に，実践内容だけが事細かに規定されるというかたちになってきたということです。従来の保育論も例外ではありません。

　こうして実践主体の当事者性が消されてしまえば，接面は問題にできなくなり，接面が問題にできなければ心の動きも問題にできないことになり，こうして記録も無個性的なまるで第三者が書いたような記録にしかならなかったのでした。

　これを裏返せば，接面を議論することは接面の当事者性を議論することであり，それによって実践の当事者をそれまでの黒衣の位置から目に見える存在にまで引き出すことが可能になります。つまり，接面が問題になり，接面の当事者性が前面にでてきたとき，実践主体は初めて自分が実践の場の主体であることを確かめることができるのです。

第 I 部　理論編

第 2 節　「接面の人間学」の考えを新保育論のために整理する

　第 1 節にみた「接面の人間学」の基軸になる基本的な考え方は，新しい保育論にとっても基軸となる考え方です。そこで，新しい保育論がなぜこれらの基軸になる考え方のうえに組み立てられる必要があるのかを，従来の保育論を念頭に置きながら考えてみます。

（1）「いま，ここ」での保育する営みを「動態」として捉える

　私が体験してきた保育の場の諸々の営みは，みな「いま，ここ」において子どもと保育者が関わり合って生きている「動態」としてあるものです。また一人の子どもに注目してみても，現実の生きた一人の子どもは，保育の場において面白かったり，嫌だったり，嬉しかったり，腹が立ったりというように，「いま，ここ」において常に正負両面の心を動かして文字通り動態として生きています。さらに保育者も「いま，ここ」でのその子の正負両面の心の動きを感じ取り，自らも心を動かしながら対応を紡ぎ出すというように，動態として生きています。このように「いま，ここ」の「動態」に目を向け直すことが，従来の保育論を抜本的に見直すための鍵を握るように思います。これは「保育」という名詞でものを考えることから，「保育する」という動詞でものを考えることへの視点変更だと言い換えてもよいでしょう。

　そもそも「育てる」という営みは，その動詞が示すように，本来，動態としてあるものです。ところが従来の保育論は，むしろ「育てる」という動詞ではなく，その目的語に重点を置いて，「いつ，何を」育てるのかという発想のうえに理論を組み立ててきたように見えます。現に学校教育の「カリキュラム」はまさにこの「いつ，何を」という考えのうえに組み立てられているものです。今般の指針や要領にしても，学校のカリキュラムほどの厳格さはないにせよ，教育の 5 領域を指導するという教育重視の考え方の基礎には，年齢に応じて何をさせるか，何を与えるかというように準カリキュラム的発想があるようです。

10

しかしそのことによって，本来は動態として捉えられるべき「いま，ここ」での子どもの心の動きや保育者の心の動きが視野から外され，「いつ，何をカリキュラムに盛り込むか」を考えることに傾いて，「いま，ここ」において動態としてある「保育する」営みを見据えることからどんどん遊離してきているように見えます。

　この「いつ，何を」というカリキュラム的発想は，従来の発達の考え方と軌を一にするものです。実際，誕生後さまざまな能力や力が時間軸に沿って累積的に増えていくというのが従来の発達の基本的な考え方です。そうしてみると，これまでのカリキュラム的発想を軸にした保育や学校教育の考え方は，この発達の考えを基礎に組み立てられてきたというべきかもしれません。

　さまざまな力が身に付いて大人に近づくのが子どもの発達だ，だからできることが次々に累積していくこと（カリキュラム）を軸に子どもを育てること（保育すること）を考えるのに何の問題がある？　と思われるかもしれません。しかし，ではカリキュラムを軸にして諸能力を積みあげていく保育や学校教育によって，我が国は本当に一人ひとりの子どもを一人前の大人，つまり諸能力だけでなく，主体としてもつべき心を備えた人格にまで育てることに成功してきたといえるのでしょうか？　あるいは，「いま，ここ」での正負の心の動きを見せる子どもに対して保育者が懸命に対応しているという保育現場の現実に目を向けて，両者の動的関係性を議論してきたでしょうか？

　身体運動能力や知的能力面に関してはある程度成功してきたとはいえても，心の面の育ち，特に人格面の育ちについてはとうてい，成功してきたとは思われません。成功してこなかったのは，心の育ちや人格面の育ちが目に見えず，また能力と違って累積性をもたないために，それをカリキュラムに組み込めず，そのためにそれらは欄外の扱いになってしまったからではないでしょうか。実際，「いま，ここ」において負の心が動いている子どもに対して，多くの良心的な保育者は何とかその子を慰撫し，その子の心が前向きに動くように懸命に心を動かして対応を紡ぎ出しています。そういう保育者の困難な実践の機微は当然ながら「保育する」営みの重要な部分ですが，しかしそれはカリキュラム

第Ⅰ部　理論編

的発想に乗るものではありません。そのために，結局は「情緒の安定を図る行為」という養護の扱いに止まって，保育者が「いま，ここ」で心を動かして子どもに対応する動態としての営みに目を向けてこなかったのでした。

　もちろん，カリキュラムの発想がすべて間違っているということをここで言おうとしているのではありません。身体運動面，認知面の力を育てていくうえで，年齢に沿ってカリキュラム的にものを考えるこれまでの幼児教育や学校教育の知見は，新保育論にとっても当然ながら参照すべきものです。問題は，「子どもを育てて一人前の大人にする」という視点に立って従来の保育論を振り返ったとき，必ずしも累積性をもたない（易変性を抱えた）心の育ちや人格面の育ちなどをその育てる営みのなかに位置づけることに失敗してきたということです。なぜ失敗してきたのかの根本問題を考えるためには，カリキュラム的な考えが支配的になる以前の原初の「育てる」営みに立ち返ってみる必要があります。そのとき，まずは「育てる」あるいは「保育する」という営みが「いま，ここ」の動態としてあることに自然に目が向かいます。ここに，「動態」が新しい保育論のためのキーワードの一つになる理由があります。

（2）「育てる─育てられる」という動的関係性に目を向ける

　「保育する」という営みは，本来，「いま，ここ」において保育者が子どもに対して何らかの働きかけをするという動的関係性の問題として考えられるべきものです。ここでの動的関係性というのは，「いま，ここ」での保育者の心の動きと子どもの心の動きとの絡み合いがその関係性の中心にくるということです。事実，保育する営みを動態として見れば，必然的に子どもと大人の関係性が視野に入ってくるとともに，その関係性を構成する子どもと保育者双方の複雑な心の動きが浮上してきます。

　ところが，「いつ，何を」に主眼を置いた従来の保育論では，「いま，ここ」での保育する営みの中心にくる「育てる─育てられる」という動的関係性は視野から外れ，保育される子どもと保育する大人が分断されて捉えられています。そのことは指針や要領の書き方に典型的に表れています。つまり，育てられる

子どもの側については年齢相応の能力面の育ちが保育の目標や目的や内容として掲げられる一方，育てる側の保育者に対しては，そのために何をなすべきかが「内容の取扱い」というかたちで示されるという具合になっていて，「いま，ここ」で子どもの心の動きを摑んで対応を紡ぐ保育者の動態は，指針や要領には少しもうかがえません。

　ですから，「保育する」という営みを根本から再考しようと思えば，ひとまず子どもと保育者の「いま，ここ」での「育てる―育てられる」という動的関係性に目を向け直してみる必要があります。ここに新保育論にとって，子どもと保育者のあいだの「動的関係性」がキーワードの一つとなる理由があります。

（3）　保育者の当事者性にもっと焦点を当てる必要がある

　従来の保育論の裏には，養成校で資格を取った保育者が指針に示された準カリキュラム（あるいは保育マニュアル）に沿って子どもに対応すれば，誰がやっても同じ結果が得られるはずという暗黙の考えが潜んでいます（実際には保育者による対応のばらつきがあるので，研修を積んで保育の質を担保しなければならないとされるわけですが）。その結果，保育するという営みは，「保育者は～をする」というかたちで保育者一般のなすべき行為を子どもに向ければよいだけのものになり，個性と人格をもち，「いま，ここ」で心を動かして対応を紡いでいる一人の具体的な保育者を取り上げることがいつしか見失われてしまいました。実際，一人の具体的個人としての保育者が保育者一般の陰に隠されてしまうと，「いま，ここ」での子どもへの対応の機微は霧散し，問題になるのはカリキュラムの中身（何をなすべきか）だけということになってしまいます。現に新指針や新要領に示される5領域の教育重視の方針は，煎じ詰めれば幼児教育カリキュラムを重視しましょうということであって（何時，何に取り組ませるかの問題であって），保育する営みのなかで保育者が具体的個人として子どもの前でどのように心を動かして対応しているかという動態は，そこからはほとんど見えてきません。

　子どもも同様で，指針に描き出される子ども像は年齢毎の平均的な子ども像

第Ⅰ部　理論編

にすぎないために，一人の固有の名前をもった子どもはその像との対比のなかで理解されるだけになってしまいます。実際には，指針や要領に取り上げられていることを全部体現しているような子どもなど一人としていないにもかかわらずです。それなのに，そのような扱いになってしまうのは，保育するという営みをまずもって動態として見ないからです。また子どもと保育者の動的関係性を分断して，子どもの側，大人の側と切り分けてしまうからです。その結果，結局は生きた子ども，生きた保育者を取り上げて議論する余地がなくなっています。

　昔から「教育は人なり」と言われてきました。これは「保育は人なり」と置き換えても十分通用する文言です。それほど子どもを育てていくうえに「人の要素」，つまり保育者の当事者性が大きな意味をもちます。子どもは，カリキュラムがあるから育つのではなく，その子を育てる人がいるから育てられて育つのです。ですから，育てるという営みを考えるとき，育てられる子ども側だけでなく，育てる大人の側の問題をしっかり捉え直す必要があります。その際，子どもだけが主体なのではなく，保育者も保育の場を生きる主体なのだという見地に立って，それぞれが主体である子どもと保育者がどのように相互主体的な関係をその場で生きるかに目を向けなければ，保育する営みの実相には迫れません。「育てる─育てられる」という動的関係性のなかで，保育者は何を感じ，何を考えて実際の対応を紡ぎ出しているのか，そこに踏み込まない限り，保育の質の議論にはたどりつきません。

（4）　子どもの心の動きを論じるには「接面」の考え方が欠かせない

　接面の考え方については「接面の人間学」の基軸となる考え方のところでその概要を示しましたから，これが保育実践の鍵を握ることについては今更いうまでもありませんが，「いま，ここ」での子どもの心の動きに目を向けて保育する営みを考えるためには，そしてさらに「心を育てる」という問題を考えるためには，この概念を外すことはできません。

　従来の保育論のなかでも「子どもの心を育てる」ということは当然のように

保育目標に掲げられてきました。しかし，実際には人を思い遣る心や自立心など，願わしい肯定的な心を子どもに身に付けさせたいという願いを謳うだけに止まり，それをどのように育てるのかの議論もなければ，ましてや，どの子にも折々に生まれる負の心の動きの問題を取り上げて，それに保育者がどのように対応するのかの議論も十分になされてきませんでした。

　そのようなことになったのは，煎じ詰めれば，前節で見たような正負の心を問題にできる人間観のうえに保育論が組み立てられてこなかったからです。現実の保育場面に立ち返ってみると，子どもと保育者の動的関係性の展開はお互いの心の動きを双方がどのように感じ取るかにかかっています。そして子どもの「いま，ここ」での心の動きは，目に見えるものではなく，子どもと保育者のあいだに生まれた接面を通して保育者が感じ取るしかないものです。そのため，保育者にとっては子どもとのあいだに接面をつくることができるかどうかがその実践の鍵を握っています。実際，保育者が自らの実践を振り返るとき，接面から把握された子どもの心の動きにしたがって対応を紡ぎ出していたか，接面がつくられないままに単に自分の良かれと思うことを子どもに振り向けるかたちで対応していたか，そのいずれかによって，「育てられる─育てる」の動的関係性のありようが大きく異なってきます。

　接面の考え方は，これまで「子どもの心に寄り添った保育をしましょう」と保育の世界で言われてきたこととほぼ重なります。子どもの心に寄り添うとは，保育者が自分の気持ちを子どもの下に持ち出してそこに接面をつくることにほかなりません。ところが，この「心に寄り添った保育」という保育実践の要になる部分は，これまで十分に煮詰められて保育論のなかに取り込まれてきませんでした。そこから考えれば，接面の考え方は「子どもの心に寄り添った保育」という一昔前の考えに，もう一度光を当てる意味をもつと言ってもよいかもしれません。いずれにしても，保育の質を議論するためには，この接面の考えが欠かせないことは確かです。

　これまでの議論を踏まえれば，このような重要な意味をもつ「接面」がこれまで保育の世界で十分に取り上げられてこなかったのは，保育する営みを動態

第Ⅰ部　理論編

として捉える視点がなかったからであり，実践の当事者である保育者の当事者性を取り上げる視点が弱かったからであり，要するに，子どもと保育者の動的関係性を取り上げてこなかったからだといえます。動態，動的関係性，保育者の当事者性の概念は互いに繋がっていますが，「接面」の概念もまたそれに繋がっていることが分かると思います。

（5）　実践を振り返るにはエピソード記述が必要になる

　いま見たように，「接面」で生じていることを取り上げることができるのは，接面をつくることに関与している当事者（保育者や関与観察に従事している研究者）だけです。その接面の外部にいる第三者にはそれに接近することができません。ですから接面の当事者がその「接面」で体験したものを描き出すかたちでしか，そこで生じていることを他者に伝える（記録に残す）術がありません。客観的な記録を書く姿勢では最初から「接面」は問題になり得ないのです。

　しかしながら，この目に見えない接面で生じていることが実践主体や関与観察者の体験に閉じられてしまってよいかといえば，もちろんそうではありません。実践主体が自分の実践の中身を振り返るためには（関与観察者が自らの関与の中身を振り返るためには），自分一人でその体験を振り返ればよいわけではなく，接面で得た体験を記録に残して同僚や他の人と共に吟味することが欠かせません。ここに，従来の客観的な記録とは異なる，実践の当事者が自分の接面で得た体験を綴るという独特の記録法が必要になってきます。これが私の主張しているエピソード記述という方法にほかなりません。いま保育者が自分の保育実践をエピソードに描いて職場で読み合せ，その実践の中身を振り返り，実践の質を高めようという動きが保育の世界に広がりつつありますが，それは実践の当事者が描くエピソード記述にその実践の機微が描き出され，そのことが振り返りに役立つからです。逆に，客観的に描かれた従来の活動の記録が振り返りにほとんど役立たないのは，接面で生じていることがいきいきと描かれていないからです。

　このように考えてくると，保育者の描くエピソード記述は，動態としての

第1章 「保育する」営みを再考する

「保育する」営みを取り上げるものであり，さらに「育てる―育てられる」の動的関係性の中心にくる接面に定位するものであり，その接面の当事者として自らが感じ取ったものの意識体験がエピソードに綴られるという経緯で成り立つものであることが分かります。そしてエピソード記述は，接面の当事者である保育者を前面に浮き立たせる意味をもち，このエピソード記述によって初めて，子どもの心の動きや保育者の心の動きに接近することができるのです。

＊＊＊

新しい保育論を組み立てるためのいくつかの概念に触れてきました。動態，動的関係性，心の動き，接面，当事者性，エピソード記述という諸概念は，いまや袋小路に入り込んでいるかに見える従来の保育論を抜本的に考え直そうとすれば必ずや潜り抜けなければならない諸概念だと思います。しかもこれらの概念は，これまで見てきたことからも明らかなように，バラバラにあるものではなく，どこから入っても必ず他の概念に行き着くという性格をもっています。つまり，「保育する」という営みの根本問題を考えるとき，どの概念から入っても他の概念に行き着くということですが，それだけ「保育する」という営みの本質は多元的に組み立てられているということでしょう。

第3節　新保育論のために

「接面の人間学は」，二つの根源的欲求とその充足を図るのが人間，時間軸に沿って変容するのが人間，という二つの人間観に立ち，さらに接面と心の動きと当事者性がすべての対人実践に共通する基本的関心事項であるとその基軸の考え方を述べ，それが新しい保育論にどのように結びつくかを議論してきました。それらを踏まえて新保育論に必要な事項を取り上げてみます。

（1）　新しい保育論を考えるためには「哲学」が必要である

これまでの保育論，とりわけ指針に述べられているような保育論は，ある年齢の子どもは○○ができるようになるというように平均的な子どもの育ちをま

第Ⅰ部　理論編

ず示し，そういう育ちを導くためには保育者は▽▽のことをしなければならないという構図のなかで，保育内容として養護と教育についてその中身を詳細に語るというかたちになっています。新指針は教育の5領域に重点が置かれるかたちに変わりましたが，その基本的な構図は従来のままです。

　しかし，新指針を含めて従来の保育論には「哲学」がありません。つまり，子どもとはどういう存在か，保育者とはどういう存在か，ひいては人間とはどういう存在か，成長するとはどういうことなのか，という保育論を組み立てていくうえに欠かせない基本的な考えとしての「哲学」が見当たりません。平均的な子どもに平均的な保育者が関わり，年齢に沿って平均的な育ちを導き出していくという，ある意味で分かりやすい構図にはなっていますが，しかし，そこにいま述べた「哲学」がないために，組み立てられた保育論の根拠がいつも薄弱です。

　そこから考えれば，第1節でみた「接面の人間学」の基軸となる人間観は新しい保育論を組み立てるための哲学を提示する意味合いをもつといってもよいでしょう。実際，一人の子どもは必ず二つの根源的欲求を抱え，時間軸に沿って時々刻々変容していく存在だと考えることで，一人の子どもが常に二つの根源的欲求を満たそうとして生きているという現実が見え，また時間軸に沿った変容が単に願わしい力が次々に身に付いていくような変化なのではなく，欲求が充足されるか否かによって，必ずや正負の心の動きが立ち現れ，それがその子の「いま，ここ」での人となり（人格）に結びついてくることが見えてきます。このような見方に立って初めて，保育の場で出会う一人ひとりの子どもの現実により近づくことができます。平均的な子どもには顔が見えません。指針や要領に取り上げられる子どもは年齢と身に付けた力だけが見えますが，正負の心を動かしながら周りの人と日々を生きているという現実が見えてきません。同じことは保育者にもいえます。平均的な保育者にも顔が見えません。個性と人格をもった一人の保育者が正負の心を動かしながら，子どもを保育し，自らも一人の人間として生きている現実が見えてこないのです。

　逆に，一人ひとりの生きた子ども，生きた保育者を取り上げて，どの子ども

も，どの保育者も自分のことが語られているという実感をもてるような保育論を組み立てるためには，生きた人間存在に接近できるような根本的な人間の見方，つまり哲学が是非とも必要になります。

（2）　子どもの心の動きと心の育ちに定位する

　子どもは「育てられて育つ」存在であり，その育ち（時間軸に沿った変容）は身体運動能力面，知的能力面だけでなく，主要には主体としての心の育ち，ゆくゆくは一人前の大人の心のもち方に行き着く心の育ちを伴っています。そしてその主体としての子どもの心の育ちは，周囲の大人の育てる営みと切り離して考えることができません。こうしてまず，上に述べた基軸の考え方に沿って，主体としての一人の子どもは，自己充実欲求と繋合希求欲求の充足のされ方にしたがって，「私は私」と自分を前面に押し出すかたちの心と「私はみんなのなかの私」と周りの人と共に生きる姿勢を示す心とを，周囲にいる保育者との関わりや友だちとの関わりや保護者との関わりのなかで育まれていくという，心の育ちに関する基本的な考えが導かれます。しかもその充足のされ方は，いつも満たされるわけではなく，満たされない場合もあれば満たそうとし過ぎる場合もあることから，必ずや正負の心の動きを伴うはずです。つまり，「私は私」の心にも正負両面が現れ，「私はみんなのなかの私」の心にも正負両面が現れると考えなければなりません。それをまとめると，一人の子どもは，「私は私」と「私はみんなのなかの私」という二面の心とその負のヴァージョンの心を「いま，ここ」での関わりのなかで動かして生きている，という子どもの見方が生まれてきます。一人の子どもが正負両面の心を絶えず動かしながら生きているということは，子どものなかにいつも何かしらの葛藤が抱え込まれているということです。天真爛漫な子どもというのは慣れ親しんだ子どもイメージですが，しかしどの子どもを取り上げても，そのようなイメージはその子の一面にすぎないことがいまの子どもの見方から分かるはずです。

　それが新保育論の立場からする基本的な子ども観ですが，そこから考えれば，「保育する」という営みは，保育者がいかにして子ども一人ひとりの二面二重

第 I 部　理論編

の心の動きを受け止めながら子どもたちに関わっていくのか，それによっていかに肯定的な経験を子どもの心に根づかせようとするか（いかに信頼感と自己肯定感を育むか），いかに否定的な経験を子どもの心に沈殿させないように対応するか（いかに不信感や自己否定感が根づかないように育てるか）が，保育する営みの大きなテーマになるはずでしょう。このように，子どもの正負の心の動きを真正面から取り上げて「保育する」営みを考えることが新保育論の第1の目的です。

（3）　子どもを育てる保育者の心の動きに注目する

　主体である子どもがその都度示す二面二重の心の動きに接し，主体としての育ちに欠かせない心（たとえば信頼感や自己肯定感や自己効力感など）を育むためには，保育者の関わりが欠かせません。それらの関わりは，何かをさせるという行動上の対応であるよりは，むしろ保育者が子どもの心の動きをどのように把握するか，また把握された心に対して保育者自身がどのように自分の心を動かすか，というように保育者の心の動きが中心にくる関わりです。そこにも従来の保育論との相違を見ることができるでしょう。

　1）「何をさせるか」から「保育者がどのように心を動かすか」へ

　これまでの保育論は「子どもに対して保育者は何をなすべきか」という観点から組み立てられてきました。新指針も新要領も基本的にはこの観点の下で組み立てられています。しかし私は，「何をなすべきか」という大人主導の姿勢，つまり，「何をさせるか」「何を与えるか」「何を促し，何を禁じるか」という行動中心の対応の仕方では，主体としての子どもが一人前の大人になるのに必要な心の育ちを導くことはできないと考えてきました。というのも，現行の保育や学校教育はまさにそのようなかたちで子どもに対応してきたがゆえに，さまざまな力を身に付けさせることはできても，子どもが一人前の大人になるのに必要な心の育ちを導けずにきてしまったと見るからです。

　保育者であれ，教師であれ，保護者であれ，子どもに接する大人は何かをさ

20

せる人である前に，子どもの心の動きを把握できる人，その把握した子どもの心の動きに沿って自分も心を動かせる人でなければなりません。ここに，育てる営みを考える際に，従来のように「何をさせるか」という観点からではなく，子どもを前にして「どのように大人が心を動かすのか」という観点からその営みを考え直す必要があるという認識が生まれます。

こうして新保育論は，保育者（大人）が子どもを前にしたときにどのように心を動かすのかに視点を置いて，その保育する働きを取り上げるという立場に立とうとします。そしてその育てる働きにとって本質的に重要な働きは何かを考えたときに私が行き着いたのが「養護の働き」と「教育の働き」という考えでした。保育者のこの二つの働きは，前段の議論から分かるように，「いま，ここ」において，子どもとの接面から紡ぎ出されてくるものです。その接面からまず子どもの心の動きが感じ取られ，それに応じて自分もまた心を動かし，それが一方では「養護の働き」に，他方では「教育の働き」に結びつきます。ですから，この二つの働きは常に動くもの，つまり動態としてあるものだと言わなければなりません。「いつ，何を」と考えれば，そこからは「いま，ここ」が消え，それゆえ子どものいまの心の動きも保育者のいまの心の動きも消えてしまうでしょう。

２）保育者の「養護の働き」

まず「養護の働き」はこれまで，「子どもを優しく温かく包む保育者の心の動き」と述べ，「子どもの思いを受け止める」「子どもの存在を認める」ことがその具体的内容だと述べてきました。ここではそれに付け加えて，接面から子どもの心の動きが感じ取られてくるがゆえに，保育者はそのような心の動きに自然になるのだといわなければなりません。

つまり，「養護の働き」は動態としてあるもの，「いま，ここ」で動くものだということです。そのように考えれば，私のいう「養護の働き」が指針のいう「養護」の中身と違うことは明らかでしょう。生命の保持と情緒の安定という二つの領域への保育者の対応が指針のいう養護の意味ですが，そこには保育者

第Ⅰ部　理論編

が「いま，ここ」で子どもを前にどのように心を動かすのかを明らかにするという発想はどこにもうかがえません。

3）保育者の「教育の働き」

　次に「教育の働き」はこれまで，「子どもに大人の願いを伝える心の動き」と大きく捉えたうえで，大人の願うことに向けて保育者の「誘う，促す，教える，禁止や制止を示す，叱る」という心の動きから生まれるものだとしてきました。ここでも，「養護の働き」で述べたように，その願いはこれまでの保育の目標のように年齢から導かれるものである前に，その子の「いま，ここ」でのやってみたいという思いに応えるかたちで生まれてくるものだということに注意を向ける必要があります。そしてここでの「教育の働き」は何かの力を付ける，何かの行動を身に付けさせるというところに力点があるのではなく，子どもの「これが面白い」「これをやってみたい」「これができるようになりたい」という子どもの思いに応え，その思いがもっと膨らむように導こうとして保育者が心を動かすところに力点があります。またそのような保育者の対応によって，子どもがいかに探求心や創造性や粘り強さや工夫する気持ちなど，さまざまな前向きの心を育むことができるか，逆にその過程で味わった失敗や挫折や不満などの負の経験をいかにその子の人格のなかに溜め込まなくてすむように配慮するかが，「教育の働き」の一環として考えられなければなりません。またそのためには「養護の働き」と「教育の働き」が切り分けられないものであることも強調しておきたいと思います。

　まとめると，子どもが「いま，ここ」で経験する多様な二面二重の心の動きを，一人前の大人に近づくために必要な前向きの心の育ちに結びつくようにもっていくところに，保育者の「養護の働き」と「教育の働き」の意味があるわけですが，その二つの働きを詳細に明らかにすることが新保育論の第2の目的です。

第1章 「保育する」営みを再考する

（4）「保育する」営みは生活と遊びの領域を中心に組み立てられる

　従来の保育論は「いつ，何を」という保育カリキュラムに近い考え方を基礎に組み立てられているように見えます。それが「与える」「させる」「教える」という保育者の対応を導くわけですが，それを子どもに経験させたいこととして領域別に示したものが指針や要領に見られる教育の5領域でしょう。私も子どもの各年齢において，大人がこういう経験をしてほしいと願うことや，こういうことができるようになってほしいと願うことがみな必要ないなどとは考えていません。ただ，その願わしい経験や何かができるようになることをそのまま保育の目標や目的に置くと，保育者はその願いを実現するために保育者主導の働きかけをせざるを得なくなり，そして願った力や行為が実現されたかどうかの結果を問題にする動きに巻き込まれてしまいます。それが本来のあるべき「養護の働き」や「教育の働き」を阻害し，また子どもの心の育ちを阻害するかたちになっていることに反対しているのです。

　実際，「生命の保持」と「情緒の安定」という保育者が関わらなければならない養護の二つの領域があり，また「健康」「人間関係」「環境」「言葉」「表現」など，子どもの育ちを導くために保育者が関わらなければならない教育の5つの領域があるというのが指針の内容ですが，なぜ保育者の「保育する」営みが養護2領域，教育5領域に向けられるべきなのかは依然としてはっきりしません。領域というなら，保育の場には，生活の領域と遊びの領域（子どもが面白いと思う活動の領域）の二つがあるという方が，保育の現場を見ればむしろ自然ではないでしょうか。

1）生活の領域

　生活の場には，朝の送り，排泄，食事，睡眠，おやつ，夕方のお迎えという一日の流れがあります。そのなかで保育者が子どもを前にして取り組むべきことが必ず生まれ，そこでも子どもはさまざまに心を動かして生きており，保育者はその一人ひとりの心の動きに応じて，自らも心を動かしながらその対応を紡ぎ出しています。

23

第Ⅰ部　理論編

　生活の場（領域）には従来の養護2領域に括られているものへの対応はもちろん，教育5領域に括られている事柄への対応もそのほとんどが含まれてきます。生活の場（領域）において，子どもが「いま，ここ」において示す様子に対して，保育者は「養護の働き」と「教育の働き」を一体として振り向け，それによって子どもは排泄，着替え，食事，午睡などの基本的生活習慣を身に付けていくことはもちろん，食育や健康や環境や人間関係や言葉に繋がるさまざまな面が育てられて育っていきます。このように，指針の「保育の内容」で取り上げられるさまざまな育ちがこの生活領域で生まれていることが分かります。それは単に排泄や着替えや食事や午睡の行為がうまくいったということではなく，もしもそこで保育者の「養護の働き」と「教育の働き」がうまく振り向けられてそれらの身辺自律が進めば，それは子どもの喜びになり，自信になり，自己効力感を高めるばかりでなく，保育者への信頼感や自分の自己肯定感などの心の育ちにも直結しているはずです。要するに，殊更に5領域を掲げてそれをカリキュラム化しなくても，毎日の生活を子どもたちと保育者ができるだけ楽しく充実して過ごすことできれば，就学前に必要な力の相当部分は育つということです。もちろん，そこにはトラブルも，子どもの思いと保育者の思いのずれも含まれ，そこに負の経験が生まれることも避けられません。しかし少なくとも，保育者が思い通りに事を運んで，子どもが嫌々それに従わさせられるような生活ではなく，子どもの意思が尊重される充実した生活であるなら，少々の負の経験をも肥やしにして，子どもは身・知・心の面にわたって成長していくことができます。

2）遊び（活動）の領域

　「遊び（楽しい活動）」の領域があるのが何といっても保育の場の特徴です。子どもにとって，保育の場は何かを無理やり身に付けさせられる場ではなく，まずもって楽しい活動（遊び）ができる場でなければなりません。そうであるからこそ，子どもは楽しい遊びを思う存分することを通して，いつのまにか体が鍛えられ，興味・関心が広がり，物事に意欲をもって取り組むようになり，

第1章 「保育する」営みを再考する

そこでの経験を積み重ねて自分に自信をもてるようになるのです。また周りの友だちと遊びたいと思うようになり，そこでのケンカや友だちへの憧れや友だちの真似を通して，また保育者の仲立ちや保育者との心の交流を通して，人間関係を学び，してよいことと悪いことの分別を身に付け，自然に親しみ，さまざまな表現活動に取り組むようになるのです。このようにいえば，教育の5領域についても遊びを通して指導すると言っているのだから，同じことではないかと思われるかもしれませんが，そこに冒頭で見た人間観，子ども観が関わってきます。

　実際，この遊びの領域で生じていることは，上に述べたように願わしいことばかりではありません。遊びは子どもの意欲や興味を広げる可能性をもちながら，そこでの失敗や挫折の経験から意欲をなくしたり，興味をなくしたりすることがしばしばあります。また仲間とのトラブルを通して自信をなくし，対等に遊べなくなる可能性も生まれます。つまり，遊びを通して子どもは肯定的な自己感を育むばかりでなく，否定的な自己感を身に付けてしまう可能性さえあるということです。

　それゆえ，保育者は子どもの遊びに付き合いながら，子どもが興味を広げ，楽しみを見出し，自分の力を試し，というように肯定的な経験が肯定的な自己感に繋がるように，また否定的な経験が否定的な自己感に繋がらないように，「養護の働き」と「教育の働き」を振り向けていかなければなりません。

　もちろん，そこには年齢にふさわしい経験をしてほしいという保育者の願いも絡んできます。一人遊びだけでなく，仲間と関わって遊ぶ楽しさに気づいてほしい，ルールのある遊びの楽しさを知ってほしい，あるいは，四季折々の環境の変化に興味をもってほしい，自然に触れ，生き物や植物への興味を広げてほしい，等々，さまざまな願いを保育者はもちます。それがこれまでは教育の5領域を構成してきたのでしょうが，むしろ友だちと関わって，また自然に触れて，さらには自分の身体を存分に操るなかで，子どもたちがこうしてみたいという遊びを思う存分することができれば，大人が願うことのほとんどを子どもは経験することができるのではないかと私は思います。そうしてさまざまな

25

第Ⅰ部　理論編

遊びを通して子どもが身に付けた肯定的な経験を整理して分類すれば，「健康」「人間関係」「環境」「言葉」「表現」という5つの領域になるということなのではないでしょうか。現行の指針や要領に盛り込まれている教育の考え方は，5領域に取り上げられている各項目を遊びを通して指導すれば（教育すれば），必要な経験がなされて力が付くという体のものですが，これでは遊びは教育の目的を実現するための道具にすぎなくなってしまいます。5領域を指導するから子どもに力が付くのではなく，子どもが生活や遊びを思う存分楽しむから，結果としてさまざまな力が身に付き，そうして身に付いた力を分類整理してみれば，5領域に描き出されるような子どもの育ちになると考えるのが自然ではないでしょうか。そして遊びの領域は生活の領域と並んで，保育する営みの中心に位置づけられなければならないものだというのが新保育論の立場です。

　まとめると，生活の領域，遊びの領域でのさまざまな出来事を子どもたちが楽しく充実して過ごすことができるように，保育者がどのような配慮や工夫をしていけばよいかを明らかにしていくことが新保育論の第3の目的です。

（5）　子ども，仲間，保育者，保護者の関係性に目を向ける

1）保護者も関係発達の途上にある人である

　どの子どももみな，保護者との関係発達の渦中に生きています。その保護者もまた関係発達のなかで，自分の生涯過程を生きつつある人であり，自分自身の子育てや仕事上の悩みを抱えながら生きている人です。子どもはその保護者に愛されてこそ幸せに生きることができますが，保護者が子どもを愛する気持ちになれるためには，保護者にも自分を支えてくれる人がいなければなりません。周りからの支えがなくなると，子どもを愛する心の余裕が失われます。この循環を考えれば，一人の子どもの心が前向きに動くように保育していくためには，その子を育てている保護者の心が子育てに前向きになることが必要になることが分かります。

　しかしいまの社会・文化環境においては，保護者が生活のなかで前向きに生き，心に余裕をもって子育てに当たることは容易ではありません。外部から見

れば幸せそうに見えても，実際には悩みや葛藤を抱えて生きている保護者がほとんどだといってもよく，心に余裕を失って，子どもを愛する気持ちが薄らいでいる保護者は残念ながら少なくありません。ましてや生活が困窮し，対人関係が乱れれば，その葛藤から子どもを虐待することにまで至りかねません。さらに，職場や家族関係の悩みからうつ状態に陥り，精神的に不安定な生活を余儀なくされている保護者も増えてきています。保護者の精神が安定を欠けば，それが子どもを愛する心の余裕のなさに繋がり，またそれが子どもの心の不安定さに容易に結びつきます。そのために子どもが安定して保育の場を過ごせなくなっている事例も増えてきました。

　実際，保育の場で心が不安定になって負の行動をみせる子どもは，たいていはさまざまな理由によって家庭で十分な愛情を得られていない場合が多く，その不満や不安な気持ちがその子の乱暴な振る舞いや，保育者の気を引くための否定的な言動や，遊びに気持ちが入らない不安定な心の状態を導いています。そのような子どもの場合，保護者の生活が安定し，保護者の心に余裕が生まれ，子どもに愛情が向くようになると，まず例外なく，子どもの負の行動が目に見えて減り，表情に明るさが戻ります。

　そこにいま，悩みを抱えて生きる保護者をいかに支えるかが，保育の場の大きな課題として浮上してきます。保育者が保護者と顔を合わせる機会といえば，たいていは送り迎えの場面ですが，その短時間の関係性のなかで，この課題に応えていくのは確かに容易ではありません。しかし，その困難さのなかでも短時間の出会いのなかでうまく保護者とのあいだに「接面」をつくることができれば，そこから保護者の悩みや葛藤や子育ての努力が伝わってきます。その保護者の思いに共感することを通して，保護者と保育者の関係性が良い方向に動きはじめるということも起こってきます。

　我が国ではいま，子育て支援というかたちで保護者を支える働きを保育者の任務の一つに組み込んでいますが，それは地域社会や祖父母の世代の子育て支援を当てにできなくなっているからです。そのためもあるのか，いわゆる保育の場に求められる子育て支援は，本来の保育にいわば追加的に付け加えられた

第Ⅰ部　理論編

課題のような趣があります。しかし新保育論は子どもと保護者の関係発達を子どもを育てる営みの欠かせない部分として位置づけていますから，子どもを育てる立場にある保育者は，むしろ保護者と共同歩調を取って子どもを育てるという態度や姿勢が必要になると言わなければなりません。そこから，保育者は保護者との関係性に留意し，その関係性に孕まれる保護者や自分自身の悩み，葛藤，喜びをエピソードに綴ることができれば，それを通してその関係性の機微を明らかにすることができ，保護者の成長をも視野に入れた対応が可能になってくるでしょう。

　このように，保育者の目を通して一組の子どもと保護者の動的関係性を明らかにすることも，新保育論の第4の目的であると言うことができます。

2）保育者も関係発達の途上にある人である

　一人ひとりの子どもを保育し，一人ひとりの保護者の保護者としての育ちも支えるというのがいま保育者に課せられている困難な役割ですが，しかし保育者もまた，自分自身の関係発達を生きつつある人です。実際，保育者は，保育する仕事に従事しながら，一人の保育者としても，一人の家庭人としても，あるいは一人の社会人としてもなお成長途上にある人でもあります。保育者と一般名詞で括られても，一人ひとりの保育者は，それぞれが過去を抱え，さまざまな正負の経験を自分の人格に結晶化していま，子どもを保育する営みに従事している人です。同じ保育者同士のあいだでも，保育経験も違えば，価値観も違い，子ども観も微妙なところで違っているでしょう。

　そのような過去の経験やいまの人格のありようがその保育者の固有性や独自性を構成していますから，それらは一人の保育者がどのように接面をつくるかにも大きく影響してきます。接面をうまくつくることができたとしても，その中身は保育者によって微妙に違ってくる可能性があります。そして保育者のなかには，なかなか接面がつくれない人もいます。

　ともあれ，保育者自身が関係発達の途上にあって，さまざまな過去経験をその人格に結晶化したかたちでいまを生きていることは疑いを入れません。その

第1章　「保育する」営みを再考する

ような固有性をもった一人の保育者が子どもとのあいだに「育てる―育てられ
る」という動的関係性をつくり出し，そこに接面を生み出し，そこから子ども
の心の動きを摑んで「養護の働き」と「教育の働き」を紡ぎ出して「保育す
る」という営みを実践しているのです。

　そうしてみると，保育者は単に子どもの年齢に沿ってあれこれのことを次々
に与えていくだけの人ではなく，保育者自身，さまざまな生活経験と保育経験
を重ね，正負の思いを抱えて子どもとの関係性を生き，また保育の場の職員と
の同僚関係を生きている人でもあると見なければなりません。ですから，一人
の保育者が前向きに保育に取り組むことができるためには，職場の同僚関係が
良好で，保育することに関して職員間で価値観が共有されており，保育者自身
の家庭生活やプライベートな生活が安定していることが，必要条件だといって
もよいでしょう。逆に職場に不満をもち，家庭生活やプライベートな生活が安
定していなければ，どこかで心に余裕を失い，保育する営みに前向きに臨めな
くなり，こうして接面が生まれにくくなって，子どもに対して「養護の働き」
も「教育の働き」も好ましいかたちで振り向けられなくなってしまうことでし
ょう。

　一人の保育者を指針に描かれたようなさまざまな役割の束，任務の遂行者と
捉えるのではなく，上に見たように関係発達の途上にある一人の生きた主体で
あると捉え直すと，その保育者が子どもとの接面での出来事を綴ったエピソー
ド記述は，単に子どもの心の育ちを導き，保護者を支えるだけの内容にはなり
得ず，多くの場合に保育者自身の悩みや葛藤や自らの成長を確認できる内容を
含むものになることでしょう。つまり，接面での出来事を保育者が当事者とし
てエピソードに描くということは，保育者自身も保育の場の主体なのだという
自覚を取り戻すことにも繋がり，またそれは保育者アイデンティティを自ら確
認することにも繋がります。新保育論はこのように保育者が一個の主体として
保育の場を生きていることに目を向け，その生き様をエピソードに描き出すこ
とを通して，「保育者とはどのような存在か」を明らかにすることを第5の目
的として掲げます。

29

第Ⅰ部　理論編

3）仲間との関係性も重要である

　保育の場において，他の仲間と集団生活を経験することは，子どもの成長にとって大きな意味をもちます。0歳児でさえ，集団といえるほどの数は必要ないものの，何人かの年齢の近い仲間を生活や遊びのなかで必要としています。そして年齢が上がるにつれて仲間との関係が複雑になってきます。事実，それぞれの子どもの「私は私」と「私はみんなのなかの私」という二面二重の心は，その仲間関係のなかででこそ培われるものです。

　一方で，仲間はもう一人の自分であり，仲間のすることは自分がすること，自分のすることは仲間もすること，というように同一化が双方向に向かい，仲間のすることを取り込む，自分のすることを仲間が取り込むというようにして，「私は私」だけれども，「私は私たち」でもあるという経験が無数の場面で生まれます。そのなかで，仲間と一緒がいい，一緒に遊ぶと楽しい，仲間がいれば安心と，仲間の存在が好ましいものとして子どもに経験されるようになってきます。最初はルールのある遊びに抵抗を示した子どもも，次第にルールのある遊びが面白くなると，友だちとさまざまな種類の鬼ごっこを楽しめるようになり，転がしドッジやサッカーも大好きになってきます。仲間がいなければできない遊びが増える分，仲間の存在が欠かせなくなってきます。そして大好きな仲間が病気でお休みだと一日中どことなく元気をなくし，大好きな仲間が元気になって登園してくると，それだけで嬉しそうにするという子どもの様子は，仲間の存在の重要性と仲間関係の育ちを示すものだといえるでしょう。

　しかし他方で，仲間はいつも好ましい関係を約束してくれるわけではありません。2，3歳児の物の取り合いからくるトラブルはまだ可愛らしく微笑ましいといえても，4，5歳にもなると仲間内での力関係が決まってきたり，家庭生活の不安定さから乱暴をする子どもが現れたり，その乱暴が向けられる子どもが決まったり，意地悪が生まれたりと，仲間関係が次第に難しくなってきます。2者関係でのトラブルは双方の言い分を保育者がうまく仲介すれば比較的容易に対処できますが，3者関係になると対応が難しいことも起こってきます。また仲間関係のなかで，いじけたり，ねたんだり，劣等感を抱いたり，不平や

第1章　「保育する」営みを再考する

不満をぶつけたり，ぶつけられたりすることも増えてきます。要するに仲間関係のなかで負の心の動きを経験することも次第に増えてくるということです。

　この負の心の動きの経験は子どもの心の育ちにとって重要です。それを経験することを通して，一方では少々のことではくじけない頑健な自己感が育つ可能性が生まれますが，それはたいていの場合，保育者の「養護の働き」と「教育の働き」がしっかりしているからです。逆に，子どもの負の経験に対する保育者の対応が十分でない場合には，その負の経験の繰り返しが負の自己感に結晶化してしまう場合も起こり得ます。ですから，子どものいまの負の経験がいかに否定的な自己感に結びつかないように保育者が配慮できるか，あるいは，いかにそのいまの負の経験を肯定的な自己感に結びつくように保育者がもっていくことができるかが，大事になってきます。よく「子ども同士で育ち合う」というような美しい言葉が保育の世界で飛び交いますが，好ましい育ち合いがあることを認める一方で，好ましくない育ち合いが生まれる可能性を見ておかなければなりません。そのいずれの場合も，保育者の対応が鍵を握っていて，子どもたちだけでの育ち合いという考えはむしろ危険ではないかと思います。

　そうしてみると，仲間関係は正負両面の経験を子どもにもたらし，それがどのような成り行きになるかが，子どもの心の育ちに大きく影響することが分かります。このように新保育論は仲間関係に深く入りこんで，それが子どもの心の育ちにどのように影響を及ぼしているかを詳しく見ていこうとします。これが新保育論の第6の目的です。

　本来はここで保育者のエピソード記述が新保育論の展開に必要になることを取り上げなければなりませんが，本書の実践編が保育者の描いたエピソード記述を読み解く内容であることもあって，それは次節で詳しく論じることにします。

＊　＊　＊

　本節では新保育論に必要な考え方を見てきましたが，これまでの議論を通して，なぜ新しい保育論を「関係発達保育論」と呼ぶかがおおよそ明らかになったと思います。つまり関係発達という考え方は，一人の子どもが周囲の人たち

第Ⅰ部　理論編

との関係のなかで発達する（つまり家族や仲間や保育者との関係のなかで発達する）ことを捉える視点であると同時に，保護者の生涯にわたる関係発達を見通しながら，その保護者への子育て支援を視野に入れ，また保護者の主体としての成長を視野に入れ，さらには保育者自身の関係発達を視野に含みながら，保育者の主体としての生き様やその保育者としての成長を取り上げようとするという意味でもあることが分かると思います。

　この新保育論によって，保育する営みの多元的な意味を解明する視点が切り開かれ，単に預かるのでも，単に力を育成するのでもない，子どもと保育者と保護者と仲間で繰り広げられる豊かな「育てる―育てられる」という動的関係性の変容の様子を浮き彫りにすることという課題が見えてきます。そしてそれは接面の当事者である保育者が描く数々のエピソード記述を通して明らかにされていくはずです。

　要するに「保育するとはどういうことか」という保育論の根本の問いは，接面の当事者である保育者の描く数々のエピソードを重ね合わせることを通して，ようやくその全貌がみえてくるということです。それによって従来の保育論を大きく組み替えることが可能になると期待することができます。

第4節　なぜ保育者は自らの保育をエピソードに描く必要があるのか

　新しい保育を組み立てるうえに必要な概念として，これまで動態，動的関係性，接面，心の動き，当事者性など，従来の保育論が取り上げてこなかった諸概念を取り上げてきましたが，それらはみな保育者の描くエピソード記述に結びついてきます。そしてそこから，なぜ保育者が自らの保育をエピソードに描くのか，また描く必要があるのかが見えてきます。

（1）エピソードは「いま，ここ」の動態を描くものである

　実践編の具体的なエピソード記述を読めばすぐ分かりますが，保育者の描くエピソードは単にある場面を描写したというものではなく，「保育する―され

32

る」という動的関係性のなかに生まれた接面での出来事を描くことが中心にきます。実際，その接面から，その子の（その子たちの）の思いや心の動きが保育者に摑めてくると，それを受け止めてあげよう，分かってあげようという保育者の心の動きが生まれ，そこからそれに沿った対応が自然に紡ぎ出されて子どもに返されます。そしてそれが子どもに届き，それによって子どもが嬉しそうにしたり，不満げに睨み返してきたりするような出来事がエピソードとして描かれることになるのです。

　このことからも分かるように，エピソードは「いま，ここ」で生まれた接面から何かが保育者に感じ取られ，それが印象深かったこととして，あるいは心揺さぶられたこととして描かれることになるのですから，エピソードは「いま，ここ」の出来事であること，そしてそれが心の動きを伴った動態としてあるものだということが分かります。確かに，その出来事を文章に綴る時点でその出来事は過去の出来事になっていますが，しかし保育者がその出来事を想起するときには，その出来事は「いま，ここ」に起こった出来事として想起されていますから，エピソードは「いま，ここ」の動態として描き出されることになります。そしてその出来事が適切に描き出された場合，それを読んだ読み手はまるでそれが目の前で展開されているかのような臨場感を感じ，読み手である自分がいつのまにか書き手に重なって，まるで自分がそれを体験しているような不思議な気分に捉えられることがありますが，それは「いま，ここ」で動いている出来事が描き出されているからです。そこにエピソード記述の特質があります。

　逆に，これまでの保育の活動の記録がなぜこのような臨場感を読み手にもたらさなかったかといえば，その記録が「いま，ここ」において生じている子どもの心の動きや保育者の心の動きを描き出すものになっていないからです。

（2）　エピソードは接面で生じていることを描くものである

　エピソードは「いま，ここ」での心の動きを伴ったある出来事を描写したものと述べましたが，それは子どもとのあいだに生まれた接面から，子どもの心

第Ⅰ部　理論編

の動きや思いが当の保育者に感じ取られたことを出発点にしています。接面が
どのようにしてそこに生まれるのかは難しい問題ですが，少なくとも，保育者
がつくろうと意識すればつくることができるものではありません。保育者が子
どもに気持ちを寄り添わせていなければ（子どもを外側から見るだけの態度で
は）接面は生まれませんが，それは必要条件を述べているにすぎず，接面が生
まれるための必要かつ十分な条件が何かはなかなか言い難いところがあります。
しかし，子どもとのあいだに接面をつくることができるかどうかは，保育者に
とっては看過できない重大な問題です。というのも，子どもとのあいだに接面
をつくることができることは，子どもが先生を好きになるための欠かせない条
件になっているからです。

　実際，保育の現場に立ち入ってみると，容易に接面をつくることができる保
育者と，なかなか接面をつくることができない保育者がいて，前者には子ども
が寄り集まっていくのに，後者には子どもがなかなか寄り付かないという現実
が見えてきます。子どもから見れば，自分のことを分かってくれる先生と分か
ってくれない先生がいるということですが，その違いは，接面がつくられてい
るかいないかに対応しています。

　接面で生じている子どもの心の動きや思いは，接面の当事者である保育者に
は感じ取ることができても，目に見えるものではないので，接面の外側にいる
他者にはそれを把握することができません。不可視のものであることが，これ
まで客観科学がそれに接近できなかった理由の一つですが，接面の当事者には
それができるのです。そして接面の当事者が感じ取った子どもの心の動きがエ
ピソードに綴られることによって，エピソードの読み手はまるで自分が接面か
ら感じ取っているかのように思いなしてその描写を読むことができ，それによ
って，書き手の体験に近づけたような気分になることができます。それがエピ
ソードの了解可能性に通じます。エピソードの了解可能性についての議論は以
下の文献を参照していただくとして（『なぜエピソード記述なのか』2013年東京大
学出版会179～181頁，245～246頁を参照のこと），ここでは不可視のものである接
面とそこでの出来事を描写することが，子どもと保育者のあいだの動的関係性

34

を明らかにするうえで欠かせないこと，しかしながらこれまでの保育論では，この接面を取り上げる枠組みをもっていなかったために，子どもの心の動きにも保育者の心の動きにも接近できなかったことを確認しておきたいと思います。

　関係発達保育論としての新保育論が「接面の人間学」に含まれるのは，何よりも子どもと保育者の接面で生じていることが「保育する」営みの鍵を握っているという立場に立つからです。そしてそこに，従来の保育論との決定的な違いを見ることができるでしょう。

（3）　エピソードは接面の当事者の意識体験を描くものである

　（1）の動態を描く試みであるという主張とも重なりますが，エピソードは接面の当事者である保育者が接面から得た意識体験を描くものだということをここで確認しておく必要があります。というのも，そこに従来の保育記録との大きな違いがあるからです。さまざまな園が書き表した「紀要」を読むと，子どもの活動を詳細に記した活動の記録がエピソードと呼ばれて収録されているものにしばしば出会います。ところがそれを詳しく読んでみると，どうも私の考えるエピソードとは違うようです。その違いを吟味してみると，それらの活動の記録は一人の生身の保育者が接面から得た意識体験を描いたものではなく，行動を外側から客観的に見て描写したものであったり，子どもの発した言葉を拾い上げたものであったりすることに止まっています。これに対して私の考えるエピソード記述は，一人の生身の保育者（実践者や関与観察者）が接面から得た意識体験を描いたものになっています。そのことによって，その保育者の心が強く揺さぶられた場面，つまり，このエピソードを取り上げることになったその出来事のクライマックス部分の記述が分厚くなってくっきり浮き上がり，その周辺は当然ながらぼやけるかたちになります。それがエピソード記述の特徴です。詳細な活動の記録は，一見エピソード風に見えても，すべてがほぼ均等に詳しく描かれているために，どこに力点があるのか読んでいてもよく分かりません。そうなるのは，意識体験を描いたものではないからです。写真の比喩を用いれば，絞りを開けて被写体だけをクローズアップし背景をぼかす撮り

第Ⅰ部　理論編

方が私のエピソード記述に近く，詳細な活動の記録の方は，絞りを絞って視野にあるものすべてに均等にピントを合わせた撮り方に近いといえるかもしれません。

　よく，ビデオに収録されたものを繰り返し見てエピソードを描こうとする人がいますが，それがたいてい失敗に終わるのは，意識体験を描くというエピソード記述の基本姿勢が貫かれていないからでしょう。保育者は「意識体験を描く」と意識しているわけではないでしょうが，「接面で感じ取られた印象深い出来事を描く」という主旨に沿ってエピソードを描けば，それは自然に自分の意識体験を描くことになります。従来の保育論は「客観的な記録を描く」ことを重視し，それが養成校でも徹底されて現在に及んでいます。そのためでしょうか，指針の保育場面の描写も客観的な書き方になっていて，本来の動態としての「保育する」営みから遊離する結果を招いています。そのことは子ども側と保育者側を分断して記述するところに端的に表れています。しかし，実際の「保育する」営みは，接面で起こったことの意識体験を描く以外に，それを描き出すことはできません。その意味で，「保育者が接面の当事者としてその意識体験を描くことがエピソードだ」という私の主張は，客観的な記録を書くという従来の保育論と対比する意味からも，新保育論にとって欠かせないものだと言わなければなりません。そして，動態，動的関係性，接面，心の動き，当事者性，エピソード記述がみな一つに繋がり合っている事情も分かると思います。

（4）　エピソード記述には保育者の当事者性が絡んでくる

　先にみたように，エピソード記述に保育者の当事者性が纏いついてくるということは，従来の客観的な記録との違いを際立たせるうえで欠かせない論点です。しかしそればかりはなく，接面で生じていることの体験の仕方そのものに，その当事者性が沁み込んでいます。これまで他の著書で取り上げたことのある事例でいえば（前著，93～96頁），虐待の扱いを受けるなかで育てられてきたAくんが初めて身を委ねて保育者に抱かれたとき，当の保育者はその接面から，

第1章　「保育する」営みを再考する

それまでの抱きにくい感じがほぐれてしっくり抱かれてきたと感じました。このときの体験の仕方をこの保育者は「こんなふうに抱かれていいんだね，というＡくんの心の声が聞こえた感じがした」と綴っています。「抱きにくい感じがほぐれてしっくり抱かれてきた」という表現は，接面をつくることのできる保育者なら，大抵は了解できるところですが，そのほぐれた感じを「抱かれていいんだねというＡくんの心の声が聞こえた感じ」として体験したという部分については，容易には了解しがたいと感じる人もいると思います。それをいま，その保育者の「当事者性」という概念で考えてみたいのです。そしてそれが当のエピソードの了解可能性の問題とも結びついてきます。

　実際，その保育者の当事者性にはその人の個性やそれまでの経験や価値観などが沁み込んでいて，接面で感じ取られた「しっくり感」にその当事者性が絡みつくときに，その当事者ならではの体験の仕方が生み出され，それが「Ａくんの心の声」という表現に繋がってくるのです（これに関してはいま取り上げた93〜96頁の議論と，同書の180〜201頁の議論を参照してください）。つまり，その保育者ならではの接面のつくり方があり，その保育者ならではの感じ取り方があり，その保育者ならではの意味の捉え方があるということですが，そのことがそのエピソードの了解可能性の問題と結びついてきます。

　これまで，接面があるかないかだけでなく，どういう質の接面なのかが問われ，そこに当該保育者の当事者性が絡んでくると述べてきたことがいまの議論に結びついてきます。ここでは詳しく立ち入って論じることができませんが，エピソード記述の〈背景〉に書き手がどういう立ち位置に立つか（たとえば，保育歴何年で，何人の子どもを何人の保育者でみているかなど）を明示する必要があるというのも，また〈考察〉のなかで，なぜこのエピソード記述を書こうと思ったのかの理由を示す必要があるというのも，みないまの当事者性の議論に重なってきます。これについては実践編の具体的なエピソード記述から明らかになるでしょう。

37

第 I 部　理論編

（5）　エピソード記述は職員間で読み合わせてこそ意義がある

　一人の保育者が自分の保育する営みをエピソードに描くのは，また描く必要があるのは，自分自身の保育する営みを振り返り，それを子どもにとってより良いものにするためです。いまのままの保育する営みでよいと思えば振り返りの必要は生まれません。

　たとえば，自分の保育する営みのある場面について，「養護の働き」は十分だったか，つまり，接面から感じ取ったその子の思いをしっかり受け止めたか，そのときのその子の気持ちを分かってあげられたか，その子のことを認めていることがその子に伝わったか，あるいは「教育の働き」は十分だったか，つまり，その子の興味を引き出すような誘いかけになっていたか，その子のやりたいという気持ちに沿った課題提示だったか，その子が自分でいけなかったと思えるような叱り方だったか，等々，いろいろな振り返りの観点があって，それがエピソード記述を書く動機になっているはずです。

　そのような振り返りは，保育する主体にとっては欠かせないものです。そのためにエピソードを描く必要があるわけですが，描いて終わりではなく（自分一人での振り返りで終わりではなく），描いたエピソード記述を他者に提示し，他者に読んでもらうことによって，自分の振り返りをさらに吟味することが必要です。そうして初めて，自分の保育する営みの問題点に気がつき，それをより良いものにすることができるのです。

1）読み合わせから新たな気づきを得る

　自園の職員研修のなかで，一人の保育者がエピソード記述を提示し，職員間で読み合わせを行えば，そこから異なる観点からの吟味が可能になり，振り返りが深まります。一例を挙げると，4歳児のSくんの担任からSくんのエピソードが検討会に提示されました。書き手の担任は転勤してきたばかりで，まだSくんとの信頼関係が十分ではありませんでした。書き手はSくんが保育の流れに乗ってくれない，聞き分けてくれない，他児への乱暴もあって困るとの思いでそのエピソードを書き，〈考察〉ではそれは自分とのあいだで信頼関係が

38

まだできていないからなのだろうと振り返っていました。このエピソードを読んだ他の職員のなかに，Sくんの家庭的な背景をよく知っている保育者がいて，その保育者はSくんがいまみせる負の姿は，Sくんと書き手との信頼関係だけの問題ではなく，家庭での保護者の対応にも理由があるのではないか，と自分の観点からそのエピソードにコメントをしました。また3歳のときの担任だった保育者は，Sくんの負の行動は先生の気を引きたくてしていることではないのか，Sくんは書き手のことを気に入っているのに，書き手がそれに気づいていないのではないか，とコメントしました。

　このように，一つのエピソードを職員間で読み合わせてみると，エピソードに取り上げられた出来事を多面的な観点から振り返ることができます。そしてそれが書き手の振り返りにそれまで気づかなかった新たな気づきをもたらすことがしばしばあります。これによって，振り返りが確かなものになり，場合によっては明日からの保育実践の中身に変化が生まれることさえあるのです。

2）職員間の横の繋がりができてくる

　同じ園の職員であっても，同じクラスの担任同士であれば話す機会も多く，気心も知れていますが，他の職員はその存在は見知っていても，その人がどのような保育観や子ども観をもって保育する営みに臨んでいるかは，意外に知らないものです。それが読み合わせの場での発言を通して，その人の保育に臨む姿勢が見えてきたり，経験の違いが垣間見えたりします。あるいは共感してもらうことを通して，その人がそれまで以上に身近な存在になり，同僚性を意識できるようになるというのも，読み合わせの大きなメリットです。ある園の園長は，エピソードの読み合わせを園内研修で行う前は，何かしら職員間にぎくしゃくしたものを感じていたけれども，読み合わせをするようになってから，そのぎくしゃくした感じが明らかに減り，職員間に和気あいあいの雰囲気が生まれた，それがそれまでに比べて職員が簡単に辞めなくなった理由ではないかと述べていました。確かに，一人の保育者のエピソード記述を読み合わせることを通して，同じようなことで悩んでいることに気づいたり，同じようなこと

第Ⅰ部　理論編

が気になっていて，自分だけではなかったと思えて安心したりなど，一つのエピソードを共有することを通して，共通理解が生まれ，それが職員間の横の繋がりを強めるように働くようです。それが，それぞれの保育者が職場に好ましいイメージを抱くことに繋がって，退職者が減るという結果を導いているのでしょう。

3）それぞれの保育者の固有性を認め合う契機になる

いま，共通理解や同僚性や横の繋がりに言及したばかりですが，他方では，それぞれの保育者がユニークな存在であること，つまりその保育者ならではの固有性をもっていることをお互いに認め合い，お互いに相手を自分とは異なる固有性をもった主体として受け止め，尊重する機会にもなるということも，読み合わせのメリットというべきでしょう。同質性があるから一緒というだけでなく，それぞれが個性的であるのになお一緒といえることは，お互いを信頼し，お互いを尊重して，同じ職場で共に生きる人として認め合っていくうえには必要なことですが，エピソードの読み合わせはそれの契機になるものではないかと思います。

そもそもは私の研究方法として始まったエピソード記述が保育の世界にこのように広がったのは，単にそれが保育者個人の振り返りに役立つだけでなく，この（5）で取り上げた3つの理由からではなかったかと私自身考えているところです。

（6）エピソードを描くことで保育者は自らの主体性を取り戻すことができる

これまでにも指摘してきたように，従来の保育論では保育者は役割の束，任務の束をもつだけの顔のない保育者一般として扱われてきました。今般の新指針や新要領でも教育5領域を実践する際の「内容の取扱い」の項に書かれていることは，まさに保育者のなすべき役割の束，任務の束にほかなりません。

そのような扱いのなかで，一人の保育者は記録を書くうえでも，保育を実践する際にも，いつも一般的な保育者がなすべきことをする人という枠のなかで

動くことを余儀なくされ，そのことによって，自分の固有性が消され，主体性が見失われる結果を招いてきました。行政的な観点からすれば，「誰がやっても最低限のところは一緒になるように」しなければならない以上，すべての保育者に役割や任務を共通項として明示することは必要だということなのでしょう。しかしそれによって，個性と主体性が消去された保育者像を助長してきたことが，個々の保育者にとっては保育者アイデンティティをもちにくくしてきた理由だったように思われます。

　そのような従来の保育枠組みのなかで，まさに固有性をもった保育者が接面の当事者としてエピソードを描くことによって，私はこういうふうに保育している人間だという自覚を生み，また読み合わせを通して同僚に認めてもらうことによって，自分が一個の主体として保育の場を生きているという実感を手にすることができるようになりました。それはそれまで黒衣にされてきた自分が自分の顔と個性をもった一個の主体として自分を取り戻したことを意味するでしょう。

　多くの保育者は最初，エピソードを書くことに抵抗を覚えるようです。保育日誌や活動の記録のように，目の前で起こったことをあるがままに書くことには，自分の個性や主体性は絡んできません。ですから書く作業は時間を取って煩わしいものではあっても，そこに「自分」が登場しないので，ある意味で気楽に作業を進めることができます。これに対してエピソード記述は，自分の意識体験をまさに「私」を主語にして描くものですから，そこには自分が一個の主体として浮き上がります。それがそれまで消されてきた（黒衣にされてきた）主体性を取り戻すことにも繋がるのですが，しかしそれは同時に，自分を前面に立てることでもあります。書くことが苦手というだけでなく，自分の保育する営みが他者に見えてしまうことがエピソードを書くことをためらわせるのかもしれません。

　しかしながら，この抵抗を乗り越えて一度エピソードを書いてみると，大抵の保育者は書きたいエピソードはほかにもあると言い出します。なかには書いてみて初めて自分の保育が自分に見えてきたと述懐する保育者もいました。ま

第 I 部　理論編

た自分が保育の場を主体として生きていることが自覚できたと率直に述べる人も出てきました。ここに，振り返りだけではないエピソード記述の効用を認めることができます。このような保育者としての主体性の自覚が，自らの固有性の自覚にも繋がり，前項で見たように，お互いを主体として認め合うことをも可能にし，同僚性の自覚をもたらすまでになったのだと思います。

　新しい保育論は，従来のように保育者を黒衣の位置に押し込めることなく，保育者の個性とその主体性を尊重することのうえに組み立てられるものです。そのことが最も分かりやすいのが保育者の描くエピソード記述であり，職場の読み合わせなのです。

＊＊＊

　この章では新しい保育論の骨子となるものについて述べてきました。これによって，新しい保育論が従来の保育論とは大きく異なるものであることがある程度明らかにできたのではないかと思いますが，「保育する」という実践の中身，とりわけ保育者の「養護の働き」と「教育の働き」の兼ね合いの部分については，まだまだ掘り下げが十分ではありません。次章ではそのことに取り組んでみたいと思います。

第2章

子どもの「ある」と「なる」を考える

　私は，大昔から受け継がれてきた「育てる営み」を振り返ってみたときに，そこには必ず「養護の働き」と「教育の働き」の二本柱があったに相違ないと考えてきました。この私の用語は保育所保育指針にある「養護」と「教育」という用語と文字面では似ています。そのこともあって，これまで私は，指針の「養護」と「教育」は保育者の働きが向けられる対象領域として考えられているのに対して，私の「養護の働き」と「教育の働き」は保育者が子どもに向ける働きそのものであると述べて，その相違を強調してきました。それが新指針批判に結びついてきたことは言うまでもありません。

　しかし，よく考えてみると，私のこの用語は，単に指針の用語の使い方と違うというのでは済ませられない，むしろ考え方の根本からして違うものです。ですから，対象領域なのか働きなのかという違いを超えて，私の「養護の働き」と「教育の働き」は育てる営みの本質に迫ることを目指しているという点をもっと強調してかかるべきだったという反省が生まれてきました。そこから，これまでの「養護の働き」と「教育の働き」の議論にはまだ何か整理しきれていないものがあるというようにも思われてきました。

　そのことを考えていたときに行き着いたのが「ある」と「なる」の問題でした。本章ではそれを手がかりに，保育する営みの「養護の働き」と「教育の働き」にもう一段踏み込んでみたいと思います。

第Ⅰ部　理論編

第1節　主体が抱える二面——「ある」と「なる」

　私はまだ整理しきれていないものがあるという直感に導かれて，これまで自分の書いたものを何冊かざっと読み返してみました。そのときに，京都大学を定年になる年に出版した『ひとがひとをわかるということ——間主観性と相互主体性』の第1章第2節第3項の「私という主体は「である」と「なる」が交叉するところに成り立つ」の箇所に目が止まりました。この節ではこの「ある」と「なる」について，当時どのように考えられていたかを下の（1）で振り返ってみます（前掲書本文74〜76頁，ミネルヴァ書房，2006年より一部変更して要約しています）。

（1）　過去の著作に見られる「ある」と「なる」の議論

　子どもの頃を振り返ってみると，私という「主体」は，いまのあるがままにとどまってはいないことが分かります。周囲の大人は私にさまざまな期待を寄せ，その期待に沿って私が変容することを願います。未来の大人としての私は，そのような期待を寄せる大人に同一化や反同一化を向け，その大人たちの評価的な枠組みのなかで，あるべき「主体」として振る舞うことへと自ら向かおうとしてきました。（中略）

　私が「私は一個の主体である」というとき，私のなかには，自分のいまのあるがままを正負両面を含めて「これが私だ」と認める私がいます。他方で，私は幼少のとき以来，あるがままにとどまることなく，何かに向かって「なる」ことを求められ，また自らその「なる」を目指して生きてきました。

　みんなと仲良くできるように<u>なる</u>，みんなと一緒に楽しく遊べるように<u>なる</u>，周りの子の思いを受け止められるように<u>なる</u>，等々です。しかもそれは必ずしも嫌々ながら強引に鋳型にはめられてというかたちではなく，いつのまにか自分で求め，自らその鋳型にはまり込むようにして「なる」ことに向かってきたと言わざるを得ません。

第 2 章　子どもの「ある」と「なる」を考える

　主体という概念がなぜ取り押さえにくいかといえば，一つにはこの概念が，あるときには「私は〜である」というように，いまの「ある」の様相において使われながら，しかしあるときには「私は〜になることを目指す」というように「なる」の様相においても使われることがあるからだと思います。つまり主体概念はその内部で「ある」と「なる」が交叉していて，「ある」は現状の肯定を，「なる」は現状の止揚を意味するために，この主体概念が混乱して理解されがちだったのではないかと思うのです。(中略)

　子どもは未来の大人に向かって変容を遂げること，つまり未来の大人に向かって「なる」ことを求め続けられます。しかし，本来それは「こうしなさい」と強引にさせられるかたちでではなく，むしろあるがまま(「ある」)を周りから受け止めてもらうことによって，子どもの内部に「なる」へと向かう力がおのずから生まれてくるというかたちにおいてなのです。

　この文章は，私が自分を子どもの側に置き，子どもの立場で自分が主体であることを考えたときに，私の内部に「私はこうである」というかたちで現状を認める面(「ある」の面)と，「私はこうなりたい」というように現状を止揚する「なる」の面の二面が同居していて，そのあいだを常に揺らいでいるのが私だと捉えた内容です。この文章が目に止まったとき，2011年に出版された『子どもは育てられて育つ──関係発達の世代間循環を考える』(慶應義塾大学出版会)でもこれに似た議論をしたことが思い出され，頁を繰ってみると次の文章に出くわしました(本文94頁)。

　主体の「ある」の様相は「いま，ここ」に固定されるものではなく，時々刻々動いていきます。いまの「ある」の内に次の「なる」への動きが孕まれているのです。実際，主体は時間軸のなかで成長・変容を遂げる存在であり，いまの「ある」を乗り越えて，次の「なる」へと向かう存在です。主体としての育ちを考えるとき，いまの「ある」から将来の「ある」に向かって「なる」ことが視野に入ってこなければなりません。これは，子どもを育てる大人の対応

第Ⅰ部　理論編

のなかに、「ある」を受け止め・認める対応と、「なる」に向かって誘い・導く
対応が両方とも必要になることに通じています。

　この二つの文章をまとめると、①ある時点において、主体は自らの内部に
「私はこうである」というように自らを肯定する様相（「ある」の様相）と「私
はこうなりたい」というようにいまの自分を止揚することに向かう様相（「な
る」の様相）の二つの様相を抱えていること、②主体は時間軸に沿って成長・
変容を遂げる存在であること、したがって、いまの時点の「ある」から、それ
以降の無数の正負の「なる」への変容を媒介して、次の時点の「ある」へとい
う変化を何度となく繰り返すことが人の発達過程であること、③子どもを育て
る大人は、子どもの「ある」を受け止め・認める現状肯定の働き（「養護の働
き」）と、子どもが「なる」に向かえるように教え・導く現状止揚の働き（「教
育の働き」）が必要になること、の３点が示唆されます。

　しかしながら、いまの主体の内部に「ある」と括られる面と「なる」への契
機が同居しているということと、主体がいまの時点の「ある」から無数の「な
る」を媒介して次の時点の「ある」へと変容するということとのあいだには、
「なる」の意味に微妙なずれがあります。つまり、前者の「なる」への契機と
は、「なる」への変化の可能性やその契機がその「ある」に含まれているとい
う意味ですが、次の「ある」に至る過程に生じる「なる」は、大小無数の肯定
的、否定的な変化が実際に生まれることを意味しています。この「なる」の意
味の微妙なずれが、これまでの「養護の働き」と「教育の働き」の扱い方に私
自身、何かしら違和感を覚えたことと繋がっているように思われるのです。こ
のことに少し踏み込んでみたいと思います。

（２）「ある」から「なる」へ、そして次の「ある」への再体制化過程

　主体の内部に「いま、ここ」において「ある」と括られる面を自ら認める
（肯定する）一面と、それを乗り越える（止揚する・否定する）契機が孕まれて
いて、そこからさまざまな正負の変化が生まれ、それらの変化が次の新しい

第2章 子どもの「ある」と「なる」を考える

「ある」へと再体制化される……この構図は，いわゆる正・反・合の弁証法的過程を意味するもののようにも見えます。実際，時間軸に沿って生きる人間は，絶えずいまの「ある」を次の「ある」へと更新していかなければならず，それがいま述べた弁証法的な過程になるということでしょうし，それが「育てられて育つ」人間の発達の本質だということでしょう。おおよそのところでは，この考えは私自身の成長過程に当てはまりそうですが，しかし，何かまだぴったりこない感じもします。何がぴったりこないのでしょうか。

1)「ある」に含まれる肯定的な面と否定的な面

そもそも，主体である私が「ある」の面を肯定する，あるいは認めるというとき，その「肯定する」「認める」は，いまの私のすべてを全面的に肯定したり認めたりするという意味でしょうか？ いまの「ある」の好ましいと思う部分については，当然，それを肯定することができ，その面を維持し，持ち続けたいと願います。しかしいまの「ある」のなかには否定的な面や弱い面や嫌いな面もあって，それを「残念ながらこれがいまの私の姿だ」というふうに苦笑いのなかで仕方なく認めざるを得ない私もいます。つまり「ある」ということの内に，肯定的な面と否定的な面が両方含まれていて，しかもその両面を共に乗り越えて（止揚して），新たな自分（もう少しましな自分）への変化（「なる」への変化）を指向する契機が含まれているということです。

子どもの立場で考えれば，子どもは願いとしてはいまの「ある」の肯定的な面，否定的な面のすべてを丸ごと周囲の大人に受け止めてほしいといつも思っています。ですから，いまの「ある」に肯定的な面，否定的な面があるとはまだ意識できていないかもしれませんが，それでも，年齢が上がるにつれて，周りの子のようにできない自分，褒めてもらえない自分，乱暴してしまう自分，困り感を抱えた自分，等々の自分の否定的な面に気づくようになってきます。その意味では，就学前の子どももまた，「ある」の内に肯定的な面と否定的な面があるということに薄々気づいていると考えてもよさそうです。そして，もっといろいろなことができるようになりたい，乱暴しない子になりたい，褒め

47

第 I 部　理論編

られる子になりたい，困り感をなくしたいと，いまの「ある」を乗り越えて「なる」を指向する契機がそこに含まれているといえるでしょう。

２）「なる」への変化は望ましい変化ばかりだろうか？

ここで，もしも「ある」から「なる」への変化を肯定的な面の温存・増大，否定的な面の乗り越え（減少・解消）と考えることができるならば，「なる」は常に好ましい変化を意味するもの，つまり「発達は手放しで素晴らしい」ということになるでしょう。しかし，人は誰しも（私自身を含めて）過去から現在への発達過程で，願わしい面ばかりでなく，好ましくない面や自分でも嫌な面をも身に付けるかたちで変容していまに至ります。

いま幼児期に目を向けて，一人の子どもの４歳児から５歳児への変化を振り返ってみれば，それは望ましいことがどんどん増えて，４歳児よりも素晴らしい５歳児に成長を遂げたというふうに単純にはいえないことがすぐに分かると思います。体が大きくなり，運動能力はもちろん，できることが目に見えて増え，友だち関係も大きく広がり，発言も振る舞いも大人に近づいてきた，引っ込み思案だった面が解消されてきた，というふうに好ましい面が増大し，否定的な面が解消されてきたという場合は確かにあるでしょう。しかし，そうした肯定的な変化だけでなく，ずるがしこくなった面，人を蔑んだりバカにしたりするようになった面，屁理屈をこねるようになった面，こだわりが増した面など，２，３歳の頃の素朴な子どもらしい面が失われ，そればかりではなく，周りと比較するようになって，いろいろなことに自信をなくし，いじけたり，強がったり，強情になったりと，大人から見て好ましくない面も増えています。そうしてみると，一人の子どもの４歳児から５歳児への成長の過程で，肯定的な面と否定的な面が捻じれながら両方とも増大していることを認めなければなりません。そしてそれは多かれ少なかれ，どの子にも当てはまり，ひいては人間の生涯発達過程のすべての時期に当てはまると見なければなりません。ですから「発達は素晴らしい」とは単純にいえず，「発達は好ましい面を増加・増幅させながら，好ましくない面も増加・増幅させる過程だ」といわなければな

48

りません。

3）「ある」から「なる」への変化は正負両面に及ぶ

このように見てくると、「ある」から「なる」への変化が生まれるというこ
との内に、一方では現在の肯定的な面をさらに膨らませ、新たな願わしい力や
願わしい心の育ちを追加・増幅していくことはもちろん、それまでの「ある」
に含まれていた否定的な面を乗り越えて、より良い自分の人格や心の育ちに繋
がる肯定的な変化が含まれることは確かです。

しかし他方で、さまざまな失敗や挫折や酷い扱われ方や不幸な体験を経るこ
とによって、それまでの肯定的な面がいつのまにか崩れたり壊れたりして、否
定的な面をさらに増幅させたり、それまでの否定的な面がさらに膨らんで、負
の心の育ちが拡大したり、それによってより扱いにくい人格になったりする面
がそこに含まれてくることもしばしばあるはずです。

そのように考えて初めて、私はいまの「ある」から次の大小無数の正負の
「なる」の変化を潜り抜け、それを良い意味でも悪い意味でも自分のものに消
化して再体制化し、次の暫定的な「ある」を導くということを繰り返して、い
まの私の「ある」があるのだと考えることができます。そしてそれが私の身・
知・心の発達の過程だったのです。

大人への成長途上にある子ども時代には、何といっても身体運動能力面の成
長と知的能力面の増大に周りの目が向きます。それが能力増大に視点を置いた
これまでの発達の考え方に繋がってきたわけですが、心の育ちの面、つまり一
人の主体としての子どもの人格面の育ちに目を向ければ、それまでの無数の正
負の経験を織り込んで人格的に再体制化されることも、次の時点の「ある」に
含まれてくるはずです。ですから、この発達の過程は単純な願わしい変化の総
体だとは決していえません。繰り返しになりますが、挫折や失敗や不幸や傷つ
き体験を繰り返すことから、いじけたり、自分を大きく見せようとして尊大に
なったり、狡猾になったり、劣等感に苛まれたり、消極的になったりといった、
願わしくない面も併せて身に付けてしまうのが人の発達です。そのことはいま

49

第Ⅰ部　理論編

の思春期の子どもたちをみれば明らかですが，しかしそれは乳幼児期を含めて生涯を通して変わらない人間発達の真実なのです。

（3）　大人が子どもに振り向ける「養護の働き」と「教育の働き」

　いま述べた「ある」から「なる」へ，「なる」から次の「ある」への再体制化過程には，当然ながら周囲の大人の「養護の働き」と「教育の働き」が被さり，さらにはいま現在の社会文化環境からの諸々の影響が及んで，それが無数の「なる」への変化に影響を及ぼし，結局は次の「ある」の再体制化を導くと考えることができます。

　これまでの議論を踏まえれば，従来の能力発達の考え方は，好ましい身体運動能力面，知的能力面の「なる」を次々に取り上げて，それが累積して単調増大していく様を定式化したもの，つまり「なる」から次の「なる」を順次見ていく考え方だといえるでしょう。これに対して私の関係発達論の考え方は，一つ前の「ある」から無数の「なる」を媒介していまの「ある」へ，そこからまた無数の「なる」を媒介して一つ後の「ある」へというように，「ある」から次の「ある」への再体制化過程が「育てられて育つ」ことの内実だと考える立場だといえるでしょう。ここで，「ある」は常にいまの「ある」ですが，その「ある」が記録に残されることを考えれば，どこかの時点における「ある」が記録に残されることになります。その記録がある時間幅をもってなされれば，ある時点の「ある」から次の時点の「ある」へ，さらにその次の時点の「ある」へと継起していくことが考えられます。保育者の観点からすれば，一般にそれは1歳児，2歳児，3歳児というように年次の変わり目の直前と考えることもできるでしょう（保育者が1年ごとに一人ひとりの子どもの要録を書いて，それを順送りにしていく場合を考えてみればよいと思います）。そこには当然，クラスが変わってから1年の間に生じた無数の「なる」，つまり，次の年次に至るまでの無数の能力面の「なる」が含まれ，またその1年間に生まれた無数の嬉しいこと，悲しいこと，辛いことの経験を経て，その子の正負の心の育ちに関わる「なる」が生まれ，それが再体制化されて，年次の変わり目の直前にこの

50

年次の「ある」が成り立つと考えることができます。あるいは、保育者間で、「最近，○○くん，ちょっと変わったね」と話し合われるとき，それは何かの変化を経たその子のいまの「ある」を取り上げた発言になっていると見ることもできるでしょう。そして，主体の観点からみれば，何かの変化をきっかけに自分を振り返ってみたときに捉えられた（意識化された）自分が，その時点の「ある」だと言ってよいと思います。人間の一生涯を主体の観点から振り返れば，入学，卒業，就職，結婚，大切な人の死，社会的な成功，失敗，挫折，転職，退職，等々の人生の時間軸に沿った節目の出来事が生まれた後の，一段落した状態でふと自分を振り返ったときに意識される自分をその時点の「ある」と考えることもできるでしょう。

　そのように考えれば，大人が子どもの「ある」を受け止め・認めるというのは（私のいう「養護の働き」は），子どもの「ある」に含まれる肯定的な面と否定的な面を同時に大きく包含して「受け止める」ということを意味します。そしてそこには子どもの「ある」に含まれる否定的な面を乗り越えてほしいという願いも含まれてくるので，「養護の働き」がいつのまにか「教育の働き」をそこに呼び込むのだとか，「養護の働き」が「教育の働き」に転化するのだという言い方をしなければならなかったのでした。そしてそこから，少なくとも単純に「ある」を受け止めるのが「養護の働き」，「なる」を導くのが「教育の働き」と二分して考えるわけにはいかないことも分かると思います。

第2節　「ある」に含まれる現状肯定と現状止揚の二契機

　前節では「ある」と「なる」の議論のうち，「ある」に現状肯定と現状止揚の二つの契機が孕まれていることを取り上げて，いまの「ある」から次の「ある」への再体制化過程を考えてみました。この第2節では前節の議論を図式化して整理し，一人の5歳児の事例を取り上げて，その子の「ある」が肯定的，否定的の二面を抱え，そこから「なる」が展望されていることを図に沿って見ていきたいと思います。

第Ⅰ部　理論編

（1）　いまの「ある」から次の「ある」への再体制化過程

　前節の議論で取り上げた，「ある」から「なる」へ，その「なる」から次の「ある」への再体制化過程を以下に図で示してみました。

　かなり複雑な図ですが，これを前節の議論を踏まえて説明してみます。

1）いまの「ある」の肯定的な面，否定的な面——過去からいまに至る

　まず，いまの「ある」（あるがまま）の外側の大きな楕円は，主体（子ども）が肯定的，否定的の二面を抱えていることを表し，その内側の二つの小楕円はそれぞれ肯定的な「ある」と否定的な「ある」を示しています。前者は，直前の「なる」の小楕円に含まれるさまざまな肯定的変化，つまり，一つ前の「ある」の後に新たに身に付けた運動能力や知的能力や，新たに生まれた意欲や自信など身・知・心にわたる諸々の肯定的な変化をいま現在に再体制化した中身と考えることができます。同じように後者の小楕円は，直前の「なる」の小楕円に含まれるさまざまな否定的変化，つまり，一つ前の「ある」の後に新たに付け加わった，周りへの乱暴な言動，自分勝手な振る舞い，全般的な意欲の乏しさ，劣等感，妬み，信頼感や自己肯定感の乏しさ，困り感など，行動面や心の育ちの面に現れたさまざまな否定的な変化をいま現在に再体制化した中身と考えることができます。

　要するにいまの「ある」は，一つ前の「ある」から新たに生まれた肯定的，否定的変化（なる）を含むということですが，それだけではなく，一つ前の「ある」から持ち越してきた肯定的，否定的な面もそこに含まれていることを併せて指摘しておかなければなりません。

2）いまの「ある」や直近の「なる」に及ぼす社会的・文化的環境の影響

　図1の右端にある「社会的・文化的環境からの影響」の細長い楕円は，この要因が大人の育てる営みと子どもの「ある」や「なる」に影響を及ぼすことを示しています。この影響はメディアやゲームや玩具を通しての影響はもちろん，遊園地や行楽地への旅行，食生活など，生活や遊びのすべてに広範な影響を及

52

第2章 子どもの「ある」と「なる」を考える

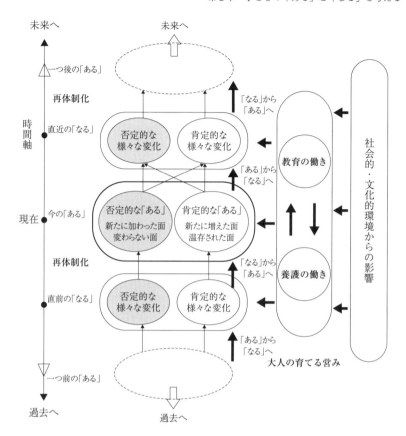

図1 主体（子ども）のいまの「ある」から次の「ある」への再体制化過程

ぼしています。保護者や保育者のものの考え方，価値観，暮らしぶりなどにもこの影響は及んでいます。保護者の期待することの中身もこの影響が大きいでしょう。そしてそれが保育者の「養護の働き」や「教育の働き」にもいつのまにか忍び込んできます。そして保育者のその二つの働きが，結局は子どものいまの「ある」にも，また直近の「なる」にも影響を及ぼすことになるのです。

　今回の新指針も新要領もこの社会的・文化的環境に含まれますから，そこに示された小学校との接続を意識した教育重視の姿勢は，保育者の「養護の働き」や「教育の働き」の内容や両者のバランスのとり方に陰に陽に影響を及ぼ

53

第Ⅰ部　理論編

して，結果的に子どもの「ある」や「なる」の変化に影響を及ぼすに違いありません。

3）子どものいまの「ある」から肯定的な「なる」の変化へ

　図の中央にあるいまの「ある」の外側の楕円にまず注目してください。この楕円には肯定的な「ある」の小楕円と否定的な「ある」の小楕円の二つの小楕円が含まれていますが，右側の小楕円から説明していきましょう。

　子どものいまの「ある」の肯定的な面には，自分で見つけた面白い遊びをとことん追求し，そこに友だちを呼び込んだり，自分から友だちの輪に入ったり，新しい工夫をしたりと，「いま，ここ」を充実して生きている姿が含まれます。それを周りの大人に肯定的に受け止められ，認められることによって，子どもの内部にさらなる意欲や自己充実感が溢れ，新たな「なる」への兆しが現れてきます。これがいまの「ある」の肯定的な面の内容ですが，そこには直前の「なる」の無数の肯定的な変化と，一つ前の「ある」から持ち越してきた肯定的な面とが折り重なっていると考える必要があります。

4）肯定的な「なる」への兆しから実際の変化へ

　子どもはいまの「ある」を周りの大人に肯定的に受け止めてもらうことによって，大人を信頼し，その裏返しとして自分の内部に自己肯定感が立ち上がる場面が生まれ，そこからさらに意欲が湧いてきて，周りの事物や事象に対する興味や関心がさらに広がり，遊びの内容がさらに充実するというように，肯定的な変化に向けた兆しが芽生えてきます。それが肯定的な「ある」から肯定的な「なる」へと向かう太い矢印の意味です。

　そしてそれが日々の充実した保育する営みを通して，できることが増えた，遊びの中身が変わった，友だちとの関わり方が変わった，生活に対する向き合い方が変わったと保育者に意識されるような肯定的な変化が生まれ，さらにはその子との接面から，保育者はその子の内面にそれまで以上の安心感や信頼感や充実感を感じ取ることができるようになるというように，その子の心の育ち

54

のなかにも肯定的な変化を感じ取ることができるようになります。これが直近の「なる」の楕円のなかの肯定的な小楕円の意味です。

5）それまでの否定的な面が低減・解消される方向での変化

　図1の否定的な「ある」の小楕円から，右斜め上に矢印が伸びて直近の「なる」の肯定的な小楕円に届いているところを説明してみましょう。

　肯定的な「なる」への変化は，新たに何かができるようになるなど，肯定的な無数の変化が付け加わるばかりではありません。周りの大人の「養護の働き」や「教育の働き」がうまく子どもの気持ちに届いて，子どもが周囲の事物や事象へ興味や関心を広げ，自己充実感が溢れる遊びや生活を送ることができるようになると，それまで子どもに抱え込まれていた否定的な面がいつのまにか解消される方向に向かう兆しも見られるようになることがあり，そしてそれがいつしか「その子が良い方向に変わった」と保育者に感じられる変化にまでなってきます。たとえば大人から認めてもらえない不満や不安から生まれていた乱暴な振る舞いが，保育者の十分な「養護の働き」を通してすっかり影をひそめるようになったとか，意欲が乏しく友だちとも遊ばない否定的な姿から，意欲的に遊ぶ姿に転換したといった願わしい変化が生まれてきたりします。これが右斜め上に伸びる矢印の意味です。

　こうした負の面が改善・解消される変化は，自然に起こるものではなく，やはり保護者や保育者のその子への対応の中身，とりわけ「養護の働き」がその子に十分に届くことによって，子どもが保育者を信頼するようになり，そこから自己肯定感が立ち上がる機会が増えることによっています。そこから考えると，その子の否定的に見えていた姿や自己感（心の育ち）は，その子に生得的に備わったものではなく，また単に経験の乏しさからきているものでもなく，実際にはやはり周りの大人の対応のあり方によって，心の育ちが損なわれた結果として生まれてきたものであると考える必要があります。

第Ⅰ部　理論編

6）子どものいまの「ある」から否定的な「なる」へ

これまでの保育の議論のなかでほとんど触れられてこなかったのが，図の否定的な「ある」の小楕円からまっすぐ上に伸びる矢印と，図の肯定的な「ある」の小楕円から左上の否定的な「なる」に向かう矢印の意味です。

ア）新たに付け加わった否定的な「なる」への変化

「育てられて育つ」子どもにとって，家庭環境が最近になって大きく負の側に変化したり，最近になって保育の場で負の経験が度重なったりすることが，いまの「ある」の否定的な面（負の行動や負の心の動き）に結びつくとき，それはさらに否定的な面を増幅する兆しを生み，家庭の養育環境や保育の場での負の経験が改善されずにさらなる負の経験の蓄積を生めば，新たな負のかたちの変化をもたらします。時間経過は常に進歩・向上をもたらすわけではなく，虐待に近い養育環境や，いじめに近い負の友だち関係や，強い保育者主導の対応などによって，子どもの心が傷つき，それが修復されない場合，いじけたり，ひきこもったり，他児に乱暴になったりといった否定的な振る舞いが見られるようになり，さらには否定的な心の育ち（不信感や自己否定感など）に繋がったりします。これが否定的な「ある」から否定的な「なる」にまっすぐ上に伸びる矢印の意味です。

イ）肯定的な「ある」の面が崩れて生まれた否定的な「なる」への変化

ここで注意したいのが，いまの「ある」のなかで肯定的な面と思われていたものが，その後のさまざまな負の経験を通して，その面が崩れるかたちで否定的な「なる」へと変化する場合があることです。友だちと仲良く楽しく遊べていた子が何かの負の出来事によって友だちと遊ばなくなる，保育者や保護者に信頼を寄せていた子が何かの負の出来事によって不信感をもつように変化し，それに付随して自己肯定感が弱くなる，といった変化はもちろんですが，何事にも意欲的に取り組んでいた子があることを馬鹿にされたことから傷つき，それが修復されなかったために何事にもすっかり意欲を失って消極的になるといった負の変化もここに含めて考えることができます。これは，できたことには目が向いて褒めるけれども，失敗したときやうまくいかなかったときに保育者

56

第2章　子どもの「ある」と「なる」を考える

や保護者が冷たい目で見るだけで十分にフォローしない場合に往々にして生じることです。これは保育者の保育する姿勢が鍵を握るところでしょう。ともあれ，いまの「ある」の肯定的な面がいつしか負の「なる」へと崩れることがあることは注意しておかなければなりません。これが図1の肯定的な「ある」から左斜め上の否定的な「なる」の小楕円に伸びる矢印の意味です。

　こうして生まれた肯定的，否定的な「なる」への変化が，ある時点でそれまでの「ある」を再体制化することに結びつき，結果として一つ後の「ある」をもたらすというのが，図1の説明です。

（2）　具体例に即してこれまでの議論を振り返る

　ある保育者のエピソード記述に取り上げられていた，Ｓくんという一人の5歳男児のいまの「ある」（あるがまま）を取り上げて，これまでの議論を再度振り返ってみましょう。

1）Ｓくんのいまの「ある」（あるがまま）

　書き手はそのエピソードの〈背景〉のなかで次のようにＳくんを取り上げています。

　Ｓくんはピアニカが誰よりも上手で発表会では担任の私も頼りにするほどだし，制作でもアイデア豊富で仲間からも一目置かれていますが，とにかく運動が苦手で，リズム運動にも頑なに「Ｓはしない」と言い張り，ほとんどの子が年中クラスのときに憧れていた竹馬にいま取り組んでいるのに，誘っても「したくない」と挑戦する気持ちをみせず，ただじっと見ているだけで，鉄棒も苦手です。また気分にむらがあって，ちょっとしたことで友だちとトラブルになり，すぐに手が出たり，相手を泣かせるような悪口を言ったりすることがしばしばあって，本当の仲良しの友だちが見当たらないのも気になります。しかしそれでも，最近ではトラブルの後，自分が悪かったと思ったときには「ごめん」を言う姿も出てきました。その一方で，年下児には優しく，年下児同士がトラブルで困っているときなど，泣いている子をかばって泣かせた子を叩いてしまうというような，保育者から見れば有難迷惑な正義感を発揮したりもします。家庭的に難しいところがあって，親が厳しい調子で接

57

第Ⅰ部　理論編

するためか，本当の意味での安心感や大人への信頼感を十分にもっているようには見えず，年長になったいまも，ふとしたことで担任の私にスキンシップを求めてくることがあります。

　書き手が上に書き出したことが，いまのSくんの「ある」の姿だと言ってもよいでしょう。このように細かく描き出せば，Sくんの「いま，ここ」の「ある」には，5歳児の願わしい姿もあれば，願わしくない振る舞いもあるというように，正負の二面が同居していることが見て取れます（これはSくんだけのことではなく，どの子にも多かれ少なかれ当てはまるはずです）。この正負二面の姿をSくんが見せるとき，Sくんの内部では決まって正負二面の心が動いているはずです。そういう正負二面の姿とそのときの正負二面の心の動きの全体こそ，Sくんを外側からみたときのSくんのいまの「ある」（あるがまま）だといえます。

2）Sくんのいまの「ある」に含まれる肯定的な面と否定的な面

ア）肯定的な面

　ピアニカや制作など，気に入ったことや得意なことに粘り強く意欲的に取り組むことや，友だち関係が少し安定する兆しを見せるようになってきたことや，下の子に優しくすることなど，大人からみて，Sくんには肯定したい面や温存したい面が多々あります。そうした肯定的な面は，前の年齢段階で大人に認められ，肯定されるなかで，身に付いてきた力を自分で試した結果であったり，新たな「なる」の変化が積み上がった結果であったりするかもしれませんし，かつての「ある」の肯定的な面が温存されていまに引き継がれた結果かもしれません。あるいは，過去の否定的な面が大人の働きかけや周りの友だちとの関係のなかで解消された結果かもしれません。つまり，いまの「ある」の肯定的な面は，かつての「ある」の肯定的な面に新たな肯定的な「なる」の変化が付け加わり，それが再体制化されていまの「ある」の肯定的な部分になったという面と，かつての「ある」の肯定的な部分が温存された面，あるいはかつての

否定的な面が解消された結果を含んでいるはずです。ですから，いまの「あ
る」が一つ前の「ある」とどのように結びついているのかを考えてみることが
必要になってきます（これは1年前の要録と比較してみることで可能になります。
ただしこれは一年ごとに要録が書き継がれていることが前提です）。

　いずれにしても，Sくんの「ある」の肯定的な面は，少し前にできるように
なったことなど，能力面や身体面に生じた目に見える好ましい変化が定着して
きたことを含むだけでなく，自分の気に入った活動や遊びを思う存分すること
を通して，興味や関心が広がったり，自己効力感が高まったりといった，心の
面に現れた望ましい変化がいまの「ある」に定着してきたことを見逃すことが
できません。そして仲間との付き合い方が少し良い方向に向かいはじめたよう
に見えるというのも，もしかしたら遊びや活動の充実が導いた心のもち方や人
格面の変化がようやく定着してきた結果かもしれません。そうした少し前から
現れかけていた諸々の好ましい変化が定着してきて，以前の「ある」を再体制
化し，いまの「ある」の肯定的な面に繋がったのだと考えることができます。

　イ）否定的な面

　Sくんのトラブルについていえば，相手に自分の思いが伝わらないから，結
果的に暴力的な行動になるのか，相手との関係よりも，むしろ自分が普段から
面白くない気持ちを抱えているから，それがトラブルに繋がるのか，5歳児に
なって，自分の苦手なことに取り組むように強く促された不満からくるのか，
さらには，自分の負の行動に対して，度重なる注意を受け，担任には分かって
もらえないという不満な思いが度重なるトラブルに繋がっているのか，ならば
担任にスキンシップを求める気持ちはどこからきているのか，そのあたりを十
分に吟味してみなければなりません。

　他方で，運動が苦手なことに関しては，筋力など体力的に難しいことがある
のか，運動に取り組む経験が乏しくて，できそうに思えないから苦手と言って
いるのか，そのあたりを見極める必要があります。苦手な運動を3歳児クラス
や4歳児クラスのときはどうしていたのか，そのときもまったくやろうとしな
かったのか，そのときはやったけれども，思うようにできない悔しさやプライ

第Ⅰ部　理論編

ドが傷ついた結果，やろうとしなくなったのか，いまの運動面の負の姿がこれまでとどう繋がっているかも考えてみなければならないでしょう。

　Ｓくん自身の立場になって考えると，いまの「ある」の負の面の内，トラブルですぐ手が出ることに関しては，５歳児としてそれでよいとは思っていないでしょうし，後で「ごめん」を言うところを見ると，手が出てしまった後で「やってしまった感」はもっているようですから，すぐに人を叩いてしまう人になりたくないという気持ちはあるかもしれません。また運動面に関しても，口では「しない」「やりたくない」と言っていますが，周りがやっているのをじっと見ているようですから，内心ではやってみたいと思っているのかもしれません。

　こうしてみると，この否定的な「ある」は過去から引き継がれてきたものが含まれていたり，いまの友だち関係や保育者や家族との関係のなかで生じた負の変化が含まれていたり，しかもそこにはその否定的な面を乗り越えようとする契機も含まれている可能性があります。

　3）Ｓくんに振り向けられる保育者の「養護の働き」と「教育の働き」

　これまでの議論を踏まえれば，保育者の「養護の働き」と「教育の働き」は，Ｓくんのいまの「ある」の肯定的，否定的の両面にわたってＳくんに向けられているはずです。

　ア）Ｓくんのいまの「ある」の肯定的な面に振り向けられる場合

　Ｓくんの肯定的な面についていえば，保育者がそれを受け止めて認める「養護の働き」は比較的容易ですが，その場合も，受け止めていることや認めていることがＳくんに十分に届いて，Ｓくんの自己肯定感や保育者への信頼感が賦活され，Ｓくんのいろいろなことをやってみたいという意欲がさらに膨らむように働くのでなければなりません。そのためには，遊びや活動の場面でＳくんとのあいだに「接面」が生まれるように接し，そこで感じ取られるＳくんの意欲，発見の喜び，できたことの達成感などを接面から感じ取って，それに共感したり，それを映し返したりすることが保育者の「養護の働き」に含まれてく

るでしょう。そして遊びや活動がもっと楽しくなるように，興味が広がるような示唆を与えたり，新たな挑戦に誘ったり，ときには手伝ったりして，達成感がうまく得られるように働きかけるのがここでの「教育の働き」でしょう。Sくんの得意にしているピアニカがみんなのなかで認められるように合奏の活動を予定したり，制作活動に関する素敵なアイデアをもっと引き出せるように素材を用意したり，制作活動を計画したりするというのも，ここでの「教育の働き」に含まれます。その両面の働きが「ある」を肯定しつつ「なる」へと止揚する契機を生み出すのです。

　イ）Sくんのいまの「ある」の否定的な面に振り向けられる場合

　運動面に関して「したくない，できない」と逃げ腰になっているときに，ただ「いまやりたくないんだね，いいよ」と認めて終わりにするのは，本来の「養護の働き」ではありませんし，逆にすぐさま「Sくんもやろうよ」と強く誘ったり，「みんなしているよ」と圧力をかけたりするのも本来の「教育の働き」ではありません。運動にすぐ誘う前に，やりたくない気持ちを受け止め，さらには逃げ腰の姿の裏側で動いている本当は「自分もできるようになりたい，やってみたい」という思いを摑んでそれを受け止めるのが「養護の働き」です。そしてそれがSくんに届いて，「ぼくもやってみよう」という気持ちが前に出てくるように，うまく誘うのが「教育の働き」です。ある保育者は似たような場面で「そうか，Aくんはいまやりたくないのか，わかったよ」とSくんのいまの思いを受け止めながら（養護の働き），「でもやってみたくなったら先生手伝うからね」と伝えていましたが，これは「教育の働き」でしょう。このように「養護の働き」と「教育の働き」は深く結びついています。

　次に，他児とのトラブルや手が出ることに関していえば，Sくんの面白くない気持ちの出所を見極める必要があります。家庭でぞんざいな扱いを受けていないかどうか，何か不安を抱えていないか，等々です。あるいは，言葉で自分の思いを伝えることがまだ十分できていないのかどうかも確かめたいところです。

　まず，つい叩いてしまうSくんの面白くない気持ちを受け止め，叩いてしま

第Ⅰ部　理論編

った後の「やってしまった感」までも受け止めるのが「養護の働き」です。そのうえで，叩いてほしくないという保育者の思いをいかに返すかが「教育の働き」ですが，その伝え方はとても難しいと思います。単に「叩いてはいけません」と叱責するだけでは本来の「教育の働き」ではありません。ある保育者は叩いた後の「しまった感」を露にした子に対して，「そうか，叩いちゃったけど，いけなかったって分かっているんだ，いけなかったと分かることは大事なことだよ，それが分かるようになったら，叩かない人になれるよ」と伝えていました。これなどは「養護の働き」と「教育の働き」がまさに切り分けられないかたちで子どもに向けられた例でしょう。Sくんの場合，叩いた後の保育者の対応が日頃どのようであったかが，これから先，SくんのこのS否定的な面が低減されたり解消されたりする好ましい方向に変化するかどうかの鍵を握っているように思います。

　まとめると，運動面に関してSくんが「しない」「やりたくない」と言っていることを額面どおりに取って，「やりたくないのならそれでいいよ」と簡単にその姿を肯定してしまうのは本来の「養護の働き」ではありません。その言葉の裏で動いている「やってみたい」というSくんの思いに応えていないからです。鉄棒や登り棒などは簡単にできないから苦手であったとしても，もっと単純に，走ったり，跳んだり，体を動かしたりすることをSくんはどう思っているのでしょうか。それが面白いと思えるのは，自分が自分の身体を操ることができるという自己効力感を感じることができるからですが，もしもSくんがそういう運動の楽しみの基礎を培うことなくいまに至っているとすれば，本当はもっと早い時期にその楽しみを経験できるような「教育の働き」が必要だったということになるでしょう。Sくんの「運動はいやだからしない」は，もしかしたらSくんがこれまでの育ちのなかでつくり上げてきた自己イメージ（ぼくは運動をうまくできない）に起因しているかもしれません。

　こうして考えれば，Sくんの「ある」には，Sくん自身の内部において，自分を肯定的に見る面と否定的に見る面が同居していること，またSくんを見る大人の側に，Sくんの振る舞いや心の動きを肯定的に見る面と否定的に見る面

第2章　子どもの「ある」と「なる」を考える

の両方があることが分かります。ただし、Sくんの思いと大人の思いが完全に重なっているわけではありません。それに加えて、いまのSくんの「ある」には過去から引き継がれてきた良い面と好ましくない面が含まれているでしょう。それらのことを踏まえて、Sくんのいまの「ある」を大人が受け止めるとはどういうことなのかを「保育する」側の問題としてしっかり考えていかなければなりません。

第3節　「なる」への過程における子どもと保育者の葛藤

前節では「ある」が肯定的、否定的の両面をもつこと、それゆえ、そこに現状止揚の契機が孕まれ、したがって「なる」への変化も肯定的、否定的の二方向に向かう可能性があることを図に沿って見てきました。本節ではいま触れた、「なる」への変化が肯定的、否定的の二方向に向かう可能性があることを具体的なエピソードを取り上げて吟味してみます。それによって、これまでの議論をさらに整理することができるはずです。

（1）　具体的なエピソードから「なる」への過程を考える

目に見える新たな好ましい「なる」への変化が生まれたときには、子どもにも大人にも大きな喜びが生まれます。それが誰の目にも成長の証と見えるからでしょう。しかしその「なる」への肯定的な変化が生まれるまでの過程には、子どもの側にも保育者の側にも複雑な心の動きが生じます。具体例として、一人の男児が竹馬に乗ろうとする努力の過程を一つのエピソードを通して考えてみます（これは『エピソード記述で保育を描く』（ミネルヴァ書房、2009年）の第2章で取り上げたエピソード記述を紙幅の関係で少し圧縮したものです）。

63

第Ⅰ部　理論編

❖エピソード：「マメが痛い！　竹馬，嫌だ！」

S保育士

〈背　景〉

　私たちの地域では，年長になると竹馬への挑戦がある。子どもたちはみなそれを楽しみにしていて，「年長さんになれば竹馬ができる」と思っている。年中や年少の子どもたちも，竹馬に乗れるようになった年長さんを見て憧れを抱き，早く年長さんになりたいと言い出す子もでてくる。

　今年も，年長の「きりん組」は6月の父親参観の折に父親と一緒に竹馬づくりに取り組み，さっそく竹馬乗りに挑戦することになった。Nくんも父親参観日の当日はお父さんと一緒に竹馬をつくり，できあがった竹馬を嬉しそうに手にして，支えてもらいながら初めての竹馬乗りに挑戦した一人だった。Nくんは普段，あまり自分から積極的に何かをする方ではなく，どちらかといえば，おとなしい感じの子どもだったが，それでも興味をもったことは粘り強くやろうとする子どもだったので，竹馬にも頑張って乗ろうとするだろうと思っていた。もちろん，最初は誰もすぐには乗れない。だから，少しずつ挑戦して乗れるようになろう，と呼びかけて参観日を終えた。

　次の日の朝から，登園してきた子どもたちは，さっそく壁やフェンスに寄りかかりながらも何とか竹馬に乗ろうとしはじめた。そこで私は一歩，二歩と歩く感覚を覚えてほしいと思って，一人ひとりを援助していった。当然，子どもたちからは「先生，先生きて！」とお呼びがかかる。一度に全員に応えることはできないので，私も「ちょっと待っててね」と返事を返すことが多くなり，なかには「先生，来てくれん」「自分ひとりでは乗れん」と不平を言って，竹馬を置いて他の遊びに移る子もいた。

　それでも「乗りたい」と思う気持ちが強い子は，諦めずにどんどん保育者に声をかけてくる。補助してもらいながら竹馬で歩く経験を積み重ねているうちに，自分で竹馬を一歩踏み出す感覚を覚え，最初の一歩が出せると，二歩三歩と自分で前に進んでいけるようになる。数日もすると，保育者の補助無しでも

64

第2章　子どもの「ある」と「なる」を考える

一人で歩けるようになる子が出てきた。Nくんは「乗りたい」という気持ちはもっているのだが、「早く乗れるようになりたい」という気持ちがいまひとつなのか、「先生、僕のところにきて！」と要求することがほとんどなかった。それでもNくんを補助する番になると、怖がりながらも一歩、二歩と歩き出し、歩き出すと「竹馬に乗っている」という感覚が嬉しいのか、ニコニコして声も出ていた。

それから1週間ほどすると、他の子はほとんど自分で歩けるようになり、高い竹馬に挑戦する子も出てきた。足の指にマメができたり、できたマメが破けて痛いと言ったりしながらも、絆創膏を貼ってなおも竹馬に乗ろうとし、長い距離を歩くことに挑戦する子もたくさんいた。私も「頑張った人だけにできる"頑張りマメだよ"」などと言っては子どもたちに声をかけていた。「もうマメができた」とか「マメが〇個できた」などと言う子どもたちに、「すごいねぇ！」「がんばったねぇ！」などの声をかけると、「もっとがんばる！」「絆創膏を貼ってもらったし、まだ乗れる！」という子が何人もいた。そんななかで、Nくんはマイペースで練習を重ねていた。何歩か歩いては、バランスを崩して降りてしまう。なかなか自力で歩けるまでには至らなかった。

〈エピソード〉

乗っては降り、乗っては降り、を繰り返していたNくんだったが、その日は降りたところからまた乗り直して何とかグラウンドを一周することができた。「Nくん！　頑張ったね、グラウンド、一周できたね！」と私は声をかけたが、Nくんは遠くで竹馬を降りたまま、浮かぬ顔でこちらをみている。何だろうと思って駆け寄ると、何とNくんにも頑張りマメができていた。少し膨れ上がっただけであったが、マメができるまで頑張ったことを私も喜び、「すごーい！マメができたね！　Nくん、頑張ったねぇ！」「頑張った人にだけできるんだよ」などの声をかけた。当然私は、Nくんも「ぼく、頑張ったよ！」と嬉しそうな表情を見せるものだとばかり思っていた。ところが私の予想とは裏腹に、Nくんは「もう、できん……イタイ……」と顔をしかめて言った。私は「痛い

65

第Ⅰ部　理論編

けど，絆創膏貼ってもらったら大丈夫だよ，もっと頑張ればきっと降りずに一周できるよ」と声をかけたが，Nくんはやはり「イタイ」と言うばかり。私が「ほら，○○ちゃんも絆創膏貼ったから，また乗っているよ」とか「絆創膏を貼ったら痛くないし，もうちょっと頑張ってみようか」と励ましても，私の声はもうNくんの耳には入っていなかった。Nくんはすっかり滅入ってしまった表情をしていたので，これ以上声をかけても無理と思い，その日の練習は終わりにし，竹馬を片付けることにした。

〈考　察〉

　このエピソードの後，私はなぜ他の子はマメができてもやろうとするのに，Nくんはやろうとしないのかと疑問に思ったが，ちょっと疑問に思ったくらいで，その後はこのエピソードのことをすっかり忘れてしまっていた。

　ところが，このたびの講義を聞いて，「子ども一人ひとりの思いを受け止め，保育者の思いを返す」のが保育であると学んだ。園でも，先輩から「子どもの思いを受け止めることは難しいけど保育では大事なことだよ」と聞かされていた。加えて講義では，頑張れ，頑張れと保育者が自分の思いに引き込むように働きかけることは，子どもを受身にするだけであること，まずは子どもの思いを受け止め，子どもが自分でしてみようという気持ちになることが大切とも学んだ。そのとき，ふと，なぜかこのエピソードが思い出された。そしてこのエピソードでの私の対応を振り返ってみると，たくさんの反省点があることに気づかされた。

　私は，「他の子も頑張っている」「だからNくんも頑張ろう」「もうちょっとやってみよう」とNくんにとったら負担になるような声かけをたくさんしてしまっていた。また「こうなってほしい」とか「こうしてほしい」という私の側の思いが強かったため，他の子のように動かないNくんの気持ちを，Nくんの「弱い部分」のような捉え方をしていたように思う。集団保育なのだから，みんなができるようになることが成長の証なのだと，自分でも気づかないあいだに考えてしまっていたと思う。そのために，「みんな○○ができた」「みんな△

△を頑張った」という言葉を軽々しく使ってしまい，その「みんな」の流れに乗れない子どもを「どうして頑張れないの？」という目で見ていたのだと思う。しかしそれは，一人の主体としての子どもの気持ちを潰してしまう見方だったと気がついた。

「マメができて痛い」という気持ちのNくんには，「絆創膏を貼ったら痛くなくなる」とか「もっと頑張れば竹馬が乗れる」とかいった声かけではなく（それは私の思いであった），まずは「痛い」というNくんの気持ちを受け止めること，「痛かったね」と受け止めること，まず必要なのはそれだった。それなのに，「マメができて痛いのは当たり前」「他の子どもは痛くても頑張っている」という自分の思いに引き寄せて声をかけてしまっていた。

子どもの思いを受け止めるとは，その子の立場に立って，まずはその子が感じているように感じることだと思う。

なぜそのことにこの講義を聞くまで気づかなかったのだろうか。振り返るといろいろな反省点があるが，まず，これまでの保育のなかでは，保育者の提示した事柄に対して，みんなが同じ気持ちで「頑張ろう」「やってみよう」という気持ちを抱くのが集団としての姿である，というような考え方をしていた。頑張ってやって，みんなが一つのことをクリアできるようになることが，発達段階を超えていくことだと思っていた。しかし，それは保育者の思いを優先させた考え方で，子どもたち一人ひとりの気持ちを受け止めたとはとうていいえないものである。

「できなかったことが，できるようになった」とか「頑張ったから，できた」などという分かりやすい部分だけを捉えて自己満足するのではなく，できたときにその子が抱いた嬉しい気持ちや，できるようになるまでにその子が抱いたたくさんの苦しい気持ちなど，目に見えないところに目を向け，その子の気持ちを受け止めたときに，いまの自分に何ができるのかを考えて，保育に臨みたいと思った。

第Ⅰ部　理論編

（2）　エピソードから子どもの心の動きと保育者の対応を考える

　読者のみなさんはこの〈エピソード〉と〈考察〉をどのように読まれたでしょうか。このエピソードには多元的な意味が孕まれていますが，少なくとも①新たな「なる」への変化に至る過程で子どもが経験する心の動きと葛藤，②そうした子どもの心の動きや葛藤への保育者の対応（「養護の働き」と「教育の働き」），の２点については考えてみておかなければなりません。

１）新たな「なる」に至る過程で子どもが経験する心の動きと葛藤
ア）「なる」への動機づけ

　〈背景〉を読むと，この園では竹馬は年長児になってからすることになっているようで，年中児たちは竹馬を乗り回す年長児たちを見てその姿に憧れ，自分たちも年長になったら竹馬ができる，自分たちも乗れるようになりたいと思っていたことが分かります。「なる」への動機づけが必ずしも保育者の働きかけによるわけではなく，異年齢間の関わり合いのなかで，上の子のしていることを自分たちもしてみたいという思いが自然に生まれてくる場合があります。これは「なる」に向かう気持ちが湧き起こる重要なルートの一つだといえるでしょう。

　その子どもたちの思いがもっと明確なものになるうえで，この園では父親参観の折に，父親と一緒に竹馬づくりをし，完成した竹馬を父親に補助をしてもらって乗ってみるという試みをしたようです。多くの園がこれに似た取り組みをしているようですが，父親参観に父親が出席できない場合や片親家庭への配慮など，昨今の社会文化環境を考えれば，安易にこのような場の設定ができないところに，今日の保育の難しさの一端を見て取ることができるかもしれません。

　さて，Ｎくんは，年長児への憧れと，父親と一緒に竹馬をつくる経験から，竹馬に乗りたいという「なる」への動機づけは他児と同じように十分にあったと言ってよいでしょう。そしてそこには保育者の側の「みんな竹馬に乗れるようになってほしい」という願いが暗黙の「教育の働き」として働いていたはず

68

です。

イ）「なる」に向かう努力とそこでの葛藤

こうしてようやく補助してもらって竹馬に乗る初めての試みが生まれます。しかし，乗ってみればすぐに乗れるというものではなく，バランスが取れずにすぐ竹馬を降りてしまいます。「乗る─乗れない」を繰り返すなかで，そこに「乗りたい─乗るのが難しい」というNくんの葛藤が生まれます。

実際，「なる」への変化は一般にその変化を実現するまでに繰り返しの練習の努力や，そのなかでのさまざまな工夫が求められます。その過程では，なかなかできないことへの苛立ちや，頑張ってもできないのはなぜかという疑問，周りはできるのに，なぜ自分はできないのかという疑念が起こり，自分は頑張ってもできないのではないかという自己不信感さえ芽生えるかもしれません。これは竹馬に限らず，新しい運動的なことや知的なことを習得する際には，多かれ少なかれ生まれる負の心の動きです。

その負の心の動きがNくんの抱える葛藤ですが，Nくん自身にとってはいかにその葛藤を乗り越えて，竹馬に挑戦し続けるか，保育者にとっては，いかにNくんが諦めて投げ出してしまわないように，意欲を掻き立てるように支えたり励ましたりできるかが問題になります。

Nくんのその挑戦し続ける気持ちは，憧れの気持ちの強さ，自分がそれまで周りから認められてきたことによってかたちづくることができた自己肯定感，他の事柄に取り組んだ経験から生まれた自信，保育者が支えてくれる，見ていてくれるという保育者への信頼感などが支えているはずです。それを裏返せば，もしも挑戦し続ける気持ちを支える要因が弱く，また他の事に挑戦したときの失敗体験が心に残っていれば，簡単に諦めてしまう可能性もあるということでしょう。

ですから，新たな「なる」への過程で，子どもがどういう心の動きを経験しているか，そこに目を向けることが保育者にとっては大事になってきます。保育者や保護者の目は「できた」という結果に引き寄せられがちですが，それでは明らかに不十分です。

第 I 部　理論編

2）子どもの心の動きや葛藤と保育者の対応（「養護の働き」と「教育の働き」）

〈エピソード〉の本体部分は，「降りては乗る」を繰り返しているうちに，N くんにマメができてそれを痛がる場面です。そこでの保育者の対応は，後の〈考察〉の反省のとおりで，いまの N くんの痛い思いや頑張ってもうまくいかない思いを受け止めて，その思いに共感するというところが弱かったことは明らかです。

　ア）保育者の頑張ってほしい気持ちが先行している

ここで保育者は，マメができたと訴えてきた N くんに対して，ひたすら N くんのこれまでの頑張りを褒め，さらなる頑張りを促すという対応に終始しています。マメが痛いという訴えにも，「他の子どもは絆創膏を貼って頑張っているから N くんもそうして」と促すばかりです。そのように頑張りを促す対応を先行させるのは，〈考察〉の反省にあるように，「できた」という結果，つまり「なる」への変化が子どもの発達だと単純に思い込んでいるからです。ここは，N くんの痛い思いを受け止め，その思いを包むような「養護の働き」がまず求められる場面でしたが，そこに書き手の気持ちは向かわずに，ひたすら頑張ればできるようになると繰り返すばかりで，頑張っても簡単にはできないこともあるという考えは，残念ながら思い浮かばなかった模様です。

ここには，「なる」への過程で子どもが味わう負の心の動きや葛藤にどのように対応するかを重視するよりも，「なる」の結果を早く求める大人の視点が色濃く表れています。それはこの書き手の保育者に限ったことではなく，多くの保育者や保護者が現にとっている態度でしょう。「教育」という言葉が保育の世界で重みを増してきている今日ですが，それは「頑張らせれば結果が出る」という大人の思い込みを助長してしまわないでしょうか。そうならないためには，現場の保育者はそこでどのように本来の「養護の働き」と「教育の働き」を紡ぐのかを，自分の「保育する」営みや「教育する」営みのなかでしっかり考えていなければなりません。

　イ）保育者の対応のあり方を決めるのは「接面」の有無である

このエピソードにおいて，なぜ書き手が自分の思いを先行させた対応になっ

第2章　子どもの「ある」と「なる」を考える

たかといえば，Nくんとのあいだに「接面」をつくることができていないために，Nくんの思いがしっかり把握できていなかったからでしょう。「痛い」という言葉は聞こえていても，その痛い思いに共感することができないのは，「接面」がつくられていないからです。そして，なぜそこで「接面」がつくられないかといえば，頑張れば結果を出せるはずだという自分の思いが強過ぎるからでしょう。実際，Nくんの手にできたマメをみて，書き手は「マメができても，もっと頑張る」とNくんが言うと思っていたから，「頑張りマメができたね」と褒めるつもりの言葉をかけたのだと述べています。そのことからもそこに「接面」ができていなかったことが分かります。ここでは褒める言葉の前に，痛がるNくんの思いを感じ取り，それを受け止める必要がありました。

　ここに，新たな「なる」への変化を願う際の保育者の姿勢，つまり，「養護の働き」と「教育の働き」をいかに振り向けるかの問題が，「接面」の考えと切り離せない理由があります。実際，「なる」への過程は，多くの場合，葛藤を伴い，子どもの側にさまざまな負の心の動きを引き起こす可能性を孕みます。もちろん，未来の大人である子どもは，いまの「ある」を乗り越え，無数の好ましい「なる」を手に入れて，次の「ある」に至らなければなりませんから，その過程に生まれる葛藤や負の心の動きを避けて通ることはできません。しかし，だからこそ，子どものその葛藤や負の心の動きに大人がどのように対応するかがもっと重視されなければならないのです。

　ウ）保育者の「養護の働き」と「教育の働き」の繋がりが重要である

　この後，どういう展開になったかは分かりません。書き手は〈考察〉のなかで，子どもの思いを受け止めることができていなかったと反省に終始しています。その反省はもちろん必要なものですが，このエピソードの場合，Nくんはもうすっかりやる気をなくしていたから竹馬を片付けたということで終わっています。しかし，それでよかったでしょうか？　「マメが痛い」というNくんの思いを受け止めていればよかった，で終わったのでは，中途半端な反省で終わってしまいかねませんし，「受け止める」＝「養護の働き」という誤解を生みかねません。

71

第Ⅰ部　理論編

接面から感じ取られるNくんの思いは，「マメが痛い」だけではないでしょう。頑張っているのにうまくいかないという焦る気持ちや，もうやりたくないという気持ちもあるかもしれません。そういう複雑ないまの思いを「受け止める」「温かく包む」のが「養護の働き」ですが，そこから，意気消沈したNくんのいまの気持ちを受け止めつつ，どうすればNくんがもう一度やってみようという気持ちになれるか，そのためのフォローする働きかけが「教育の働き」です。それができていなかったことを考えて，初めて本当の反省になるのだと思います。

実際，もしもNくんとのあいだに接面が生まれ，Nくんの痛い気持ちが実感として伝わり，これまで頑張ってきた気持ちもそこに滲み出ていることに気づけば，まずは「マメ，痛かったね，頑張ったものね」と共感的に受け止めて，「マメに絆創膏，貼りに行こうか」と一緒に事務室に行って一息入れれば，もしかしたらNくんも「絆創膏，貼ったからまたやってみる」ということになったかもしれません。ここでは「養護の働き」がいつのまにか「教育の働き」に切り替わっているのが分かります。

多くの子どもは，いまの「ある」のなかに溜め込んだ，これまでの「頑張ってやればできた」という経験からくる自信や，「またやってみればいい」という自己肯定感の立ち上がりを踏み台に，「もう一度やってみる」というふうに立ち直りを見せるでしょう。Nくんもいまは意気消沈していますが，後にはそうだったかもしれません。

しかし，いまの「ある」のなかに，うまくいかなくてもそのような前向きの姿勢に繋がるものが溜め込まれていない子どもの場合は，今回のような経験をそれまでの負の経験を再確認させるものとして捉え，それを「ある」の負の面のなかに溜め込んで，負の「なる」の変化を生むことに繋がっていく場合があることを考える必要はないでしょうか。小学校に上がってから，勉強のことで教師に叱責を受け，保育園時代に築き上げた自信やプライドが崩れ，自信をなくし，意欲を失って，否定的な自己感をかたちづくるに至った子どもが多数いることを考えてみれば，思うようにいかない場面への保育者（教師）の対応の

72

第2章　子どもの「ある」と「なる」を考える

あり方が大きな鍵を握っていることはいまや明らかだと思われます。

（3）　もう一つの具体的なエピソードから「なる」への過程を考える

（1）と（2）では，竹馬をやっていて手にマメができて痛がる子どもに保育者がどのように対応したか，その問題点を取り上げてみました。ここでは，同じ竹馬の取り組みを取り上げたエピソードを紹介し，子どもが「なる」に向かう際に，保育者が願わしい「養護の働き」と「教育の働き」を振り向ければ，一度くじけかけた気持ちを立て直し，もう一度やってみようという気持ちになり，結果的に竹馬に乗れるようになっただけでなく，保育者への信頼感という願わしい心の育ちにも繋がったことを見てみたいと思います。

「なる」に向かう気持ちが子どもにありながら，その過程でつまずいて，思うようにできずに，子どもが投げ出したい気持ちになることはしばしばあります。そのときに，「いやなら，やらなくていいよ」と突き放すのでもなく，さりとて，前のエピソードのように「もっと頑張ればできるようになるよ」と子どものいまの気持ちを無視して一方的に頑張りを促すのでもなく，その子のなかに「もう1回やってみよう」という気持ちを保育者はどのように誘い出すのか，「保育する」営みのなかでも最も難しいところを取り上げたエピソードです（『保育の場でどのように子どもの心を育むのか──「接面」での心の動きをエピソードに綴る』ミネルヴァ書房，2015年，186〜191頁）。

❖エピソード：「先生，できた！」

〇保育士

〈背　景〉

　Aくん（6歳4カ月）は母と父と姉（小学校3年生）の4人で暮らしている。母は突き放した言い方をするけれども，Aくんへの愛情はしっかりもっておられるように感じる。Aくんは，よくトラブルで友だちに手を出してしまったり，部屋を飛び出したりすることがあった。また新担任の私に対しては，さまざ

73

第Ⅰ部　理論編

なかたちで私を試したり，私の気を引こうとしたりする姿がよく見られ，どう対応したものかと思っていた。トラブルの場面ではその都度，ダメなことはダメだと伝えながらも，なぜそのことをしたのか，Ａくんの思いに耳を傾けるようにしてきた。話を聞いてみると，何かで困っていたり，友だちに自分の思いを言えなかったりする理由を話してくれた。

　私の園では運動会に年長児が竹馬に取り組んできており，４月になると去年の年長児への憧れから竹馬に挑戦する子が多い。Ａくんも４月から竹馬に積極的に取り組んでいたが，一人でやりきりたいという思いからか，保育者の私が介助しようとしても，「いい，自分でする」と断ることが多かった。しかしどんどん仲のいい友だちが竹馬に乗れるようになる一方で，なかなかできずにいたＡくんは引け目も感じるのか，いつのまにか竹馬に乗ることがなくなっていた。

〈エピソード〉

　７月半ば頃，仲のいい友だちが竹馬に乗れるようになっていき，普段の遊びのなかでも友だちが竹馬で遊びはじめると，取り残されている姿が見られるようになった。私はそんなＡくんの様子が気になっていた。友だちがＡくんに「竹馬しよう！」と言っても「嫌だ，竹馬嫌いだもん」といって拒む姿も見られた。

　そんなやりとりを何度か見かけるようになり，ある日友だちと遊べずに一人でいるＡくんに声をかけてみた。「竹馬，嫌いなの？」「うん，だってＡできないし」「そっか，できないと面白くないし？」「うん，おもしろくない」。Ａくんはそっけなく答えたが，表情が曇っていた。その表情から，Ａくんは本当は頑張りたいのだけれど，心のなかでさまざまな葛藤があるのだと感じた。友だちがどんどんできていくなかで，自分ができていないところを見せたくないという気持ちや，やってもできないかもしれないという不安な気持ちがあるのかなと感じた。私はそんなＡくんの思いを感じながら，Ａくんにも竹馬に乗れたときの嬉しさや楽しさを経験してほしいと思った。そしてＡくんが，頑張って

みよう，やってみようと思えるにはどのような言葉をかけたらいいのかを考えた。無理にがんばれ，練習しようと言っても，心のなかで葛藤をしているＡくんの心には響かないかなと思い，かける言葉を考えた。

　私も昔同じような経験をしたことを思い出して，話してみることにした。「先生ね，Ａくんと同じ子どもの頃，何回練習しても竹馬できなかったの」。私が話しはじめると，Ａくんは興味をもって耳を傾けてきた。「それですごく悔しくて嫌だった。でも，友だちが一緒に練習してくれたり，先生が教えてくれたりして，何度も練習したらできるようになって，すごく嬉しかったの」。Ａくんはずっと静かに私の言葉を聞いていた。「Ａくんは頑張ったらできると思うし，自分がしたいなと思ったときに，ちょっとずつやってみたら？」と声をかけると，黙って聞いていたＡくんは何かを考えている様子で「うん」とうなずき，その場から離れていった。

　次の日の朝，Ａくんは登園し，朝の用意をするとすぐに，すっと竹馬を私の前に持ってきた。Ａくんは「竹馬する」とだけ言ったので，私は練習のための巧技台を準備した。いつもなら，「先生，もたんでいい」というのだが，その日は私が声をかけるのを待っている気がして，「Ａくん，持とうか？」と声をかけてみた。すると，「うん，先生もって」とＡくんが答えた。「いいよ」と答えて，私は竹馬の介助をはじめた。そんな様子に気がつき，仲のいい友だちが集まってきた。「Ａ，がんばれ！」と応援したり，「前にちょっと倒したらいいんだよ」とアドバイスしたりしてくれた。そんな友だちの励ましにＡくんはとても嬉しそうで，さらに気持ちが前向きになっている様子を感じた。

　その日から毎日練習を重ね，しばらくしてＡくんは竹馬に乗れるようになった。乗れたとき，「先生，できた！　Ａ，竹馬乗れた！」と本当に嬉しそうに教えてくれた。「ほら，３歩乗れたよ」「すごいね！　Ａくんすごく頑張ってたもんね」「うん。Ａがんばった」「次は10歩に挑戦だね」「そうする」。そのやりとりのあと，Ａくんはまたもくもくと練習をはじめた。私はそんなＡくんの前向きな姿がまぶしく，そしてとても嬉しく感じた。

第Ⅰ部　理論編

〈考　察〉

　私はこのエピソードのあとから，私とＡくんの関係が変化していくのを感じた。Ａくんが自分から自分の思いを話したり，前向きに頑張る姿を「先生，みててね」といって見せてくれたりするようになった。Ａくんは家庭で自分の思いを丁寧に受け止めてもらう経験が少なく，保育園でも友だちや保育士に自分の思いを素直に話したり，頼ったりすることが難しいところがあった。そのことでふざけてしまったり，頑張ることをやめてしまったりする姿が見られた。しかし，その姿を叱ったり，後ろ向きに捉えたりするばかりではなく，本当のＡくんの思いに耳を傾けて受け止めたり，思いを引き出したりすることの大切さを感じたエピソードだった。また，それぞれの子どもたちの素敵なところ，頑張っているところを見つけ，ほめたり，認めたりしていくことでその子自身を受け止めることに繋がり，より関係も深まっていくのかなと感じた。これからも日頃から，子どもの頑張りたい気持ちにこちらが気づけるように子どもに気持ちを向けて，そばで励ましたり手助けしたりしていけるようにしていきたいと思う。

（4）　エピソードから「養護の働き」と「教育の働き」を考える

　このエピソードは憧れの竹馬に挑戦してもなかなか乗れなかったＡくんが初めて乗れるようになるまでの経過を取り上げたものです。これを読むと，「しない，できないから嫌」と言いながら，周りのできる子を見て羨ましく思い，自分も乗れるようになりたいと思っているＡくんの気持ちがよく分かります。その「乗りたい」という気持ちがＡくんのなかに湧き起こることが肝心で，頑張って乗れたという結果を早くつくり出すことが問題ではないことに注意を喚起したいと思います。というのも，このタイプのエピソードは，乗れたという結果を褒めたうえで，そこから，「ほら，頑張ればできたじゃない，だから他のことも頑張ろうね」というかたちで，「頑張らせる保育」に傾いていく危険性をもっているからです。行事が近づくと，保育士としてはとかく「この日までに全員竹馬に乗れるようにしたい」という気持ちが募り，褒めて頑張らせる

保育に傾きがちになりますが，ここでは，乗れないからもうやらないというＡくんに対して，保育者は「頑張ろうよ」と強く働きかけてもＡくんのいまの心には届かないと感じ取り，どうすればよいかを考えた挙句，書き手も似たような経験をして悔しかったことを伝え，それがＡくんのなかで蠢いているさまざまな思いに響き，そこからもう一度やろうと思うようになったところがポイントでした。

1）「接面」から保育者が感じ取ったことがその後の対応に繋がっている

このエピソードは「接面」で捉えたＡくんの心の動きが書き手の対応を導いています。ここで，Ａくんとの「接面」で書き手が感じ取った部分をエピソードから抜き出してみましょう。

「表情がくもっていた。その表情から，Ａくんが本当はがんばりたいけれど，心の中でさまざまな葛藤があるのかなと感じた。友だちがどんどんできていくなかで，自分ができていないところを見せたくないという気持ちや，やってもできないかもしれないという不安の気持ちがあるのかなと感じた」「私が話しはじめると，Ａくんは興味をもって耳を傾けてきた」「黙って聞いていたＡくんは何かを考えている様子で「うん」とうなずき」「私が声をかけるのを待っている気がして」「気持ちが前向きになっているのを感じた」等々。

抜粋したこれらの文章は，みな「接面」で書き手がＡくんの思いを感じ取ったところを表現したものです。その感じ取った部分は確かにその真偽を客観的に確かめることはできません。しかしそれが書き手のＡくんへの対応を導いていることは明らかです。

言葉では「嫌い」「できない」「面白くない」とＡくんは言っていますが，しかしＡくんの内面では，自分もみんなのようにやりたい，自分だけできないのはカッコ悪い，できなかったらどうしよう，というようなさまざまな思いが蠢いていることがエピソードからうかがえます。それらの思いは目には見えませ

第Ⅰ部　理論編

んが，書き手はそれを「接面」から感じ取っています。そのことがそれ以降の対応を導いていることにまず注意したいと思います。そこがこの前の竹馬エピソードとの明確な違いでもあります。

2）負の心の動きをいかに前向きの動きに転換するか

「できないから面白くない」「面白くないからやめる」。これはＡくんのいまの素直な気持ちの表明ですが，その裏には上にも述べた「自分もみんなのようにやりたい，できるようになりたい，自分だけできないのは嫌だ」という思いが動いています。それがＡくんのいまの「ある」（あるがまま）ですが，保育者はその表と裏の思いを両方とも受け止めながら（養護の働き），どうすれば，もう一度Ａくんから挑戦する気持ちを引き出すことができるか，そこを考えて，自分が幼いときの経験を持ち出したところがここでの「教育の働き」だったといえるでしょう。つまり，自分もうまくできなかった，悔しかったという先生の話が，Ａくんのいまの気持ちと重なってＡくんに届き，「先生もそうだったんだ」という思いにＡくんが自然に導かれ，先生がそこで頑張って乗れるようになった，嬉しかったという話から，自分も頑張ったら乗れるようになるかもしれないというＡくんの思いを導くきっかけになったのでしょう。そして，そのように先生の話を聞こうと思った裏には，〈背景〉にあるように，Ａくんが先生を試すような，気を引くような行為をいろいろとするなかで，先生に関心を向け，先生とコミュニケーションすることができて，先生との関係が次第に良い方向に築かれかけてきていたことも，このエピソードの大事な背景になっているように見えます。

　そのように振り返ってみると，Ａくんの「面白くないからやめる」という負の心の動きに対して，「やめるなんて言わないで，頑張ってやろうよ」と単純に誘いかけるのは，大人の思いをぶつけるだけにすぎません。そうではなく，**どうすればＡくんのその負の心の動きを前向きの心の動きに転換できるかが**，ここでの保育者に必要な対応だったということがあらためて分かります。そして書き手の幼少の頃の経験談は，ある意味でいまのＡくんの負の心の動きをい

わば「情動調律」して前向きの心の動きに転換させる意味をもったともいえるでしょう（ここに情動調律というのは，むずかって泣く乳児に，「どうして泣くの！泣き止みなさい！」と大人の思いをぶつけるのではなく，ゆったりとした揺らし方や穏やかな声かけなど，大人の側が穏やかな情動を動かしてそこに乳児を包み込み，そこに乳児の苛立った情動が浸されて，次第に乳児の苛立ちが沈静化していくようになることをいいます）。

　このエピソードには描かれていませんが，先生に竹馬を持ってもらって練習を一緒にしているときにも，そこに生まれた接面では，頑張るＡくんの思いとそれを支える先生の思いが響き合い，それによってＡくんの頑張る気持ちがさらに強められたということもあったに違いありません。一人で頑張っているのではなく，先生と一緒に頑張っているというような感覚がＡくんに生まれ，それがＡくんの「もっと頑張る」という前向きな気持ちを強めた可能性があります。そういう「なる」への変化も，そこに「接面」が生まれていたからだと思います。

3）負の「ある」を受け止めてもらえた喜びから「なる」への変化へ

　書き手は〈考察〉で，このエピソードの後，自分とＡくんの関係が変化していくのを感じたと述べ，Ａくんが自分の方から自分の思いを話してくれたり，前向きに頑張る姿を「先生，みててね」と言ってくれたりするようになったと書いています。それは，竹馬が乗れるようになった喜びも効いているでしょうが，その目に見える「なる」への変化以上に，自分がやる気をなくしかけたときに，自分の負の気持ちを分かってもらえたときの嬉しさ，先生も自分と同じようにうまくいかないことがあったのだという安心感，そして先生はぼくが頑張るのを見守ってくれているという先生への肯定的な思いが，先生への信頼感へと繋がって，先生をより身近に感じるようになったからでしょう。もちろん，できるようになったことを一緒に喜んでくれたり褒めたりしてくれることも嬉しかったでしょうが，負の心の動きを分かってくれた，温かく包んでくれたという喜びは，子どもの心の奥底に働きかけて，前向きの心の動きを呼び覚ま

第Ⅰ部　理論編

大きな力になります。それが「Ａくんとの関係が変化してきた」と書き手に感じさせるのです。

　ですから，このエピソードの価値は，竹馬が乗れるようになった喜びにあるというよりも，むしろ保育者の「養護の働き」と「教育の働き」によって，Ａくんの負の心の動きが前向きな心の動きに塗り替えられ，そこから保育者への信頼感と自分自身の自信，物事に取り組む喜びといった肯定的な心の育ちにあったというべきで，それが本来の保育する営みの目指すところだと思います。

　褒めれば信頼関係ができるとか，一緒に楽しい活動をすれば信頼関係ができるなどの安易な考えが横行するなかで，今回のエピソードに見られるような「養護の働き」と「教育の働き」によってこそ，子どもの保育者への信頼感と自己肯定感や自己効力感が培われるのだという点を，しっかり確認しておきたいと思います。

＊＊＊

　竹馬に乗ることに関する二つのエピソードから，二つの対照的な対応を取り上げ，それを図1を念頭に置いて考察してきました。二つのエピソードについての議論から，肯定的な「なる」を期待することは当然のことですが，それ以上に，否定的な「なる」に陥らないように保育者がどのように対応するかが，これまで十分に議論されてこなかったこととして明らかになってきました。次節ではそれを含めて，これまでの議論を振り返って整理してみておきたいと思います。

第4節　「なる」が生まれるまでの保育者の対応を考える

（1）「ある」から「なる」への願わしい変化が生まれるための諸条件

　願わしい「なる」への変化が生まれるためには，子どもの「ある」のなかに「○○をやってみたい」「○○になりたい」という現状止揚の動機づけが生まれることが必要条件ですが，そのような動機づけが生まれるためには，少なくとも，①社会的・文化的環境（保育環境を含めて）が子どもの興味関心を広げる

ように働いている，②大人（保護者や保育者）の「養護の働き」によって，子どもの「ある」がしっかり大人に受け止められ，それによって子どもが信頼感と自己肯定感をもつことができている，③「養護の働き」と結びついたかたちで大人の適切な「教育の働き」（「なる」への誘い）が子どもに振り向けられている，④「養護の働き」と「教育の働き」によって，子どもに「私は私」の心と「私は私たち」の心が育まれ，大人との関係や友だちとの関係のなかで，その両面の心がぶつかる葛藤を経験してきている，⑤その両面の心の育ちを通して，大事な大人や他の子どもへの憧れや同一化が働いている，⑥子どもの「ある」の肯定的な面に，それまで蓄積されてきた運動能力，知的能力，肯定的な心の育ちがいまの場面に持ち出される準備ができている，⑦いまの「ある」の否定的な面に，子ども自身，このままで良いとは思えない何かを感じている，といった諸条件が必要でしょう。

　この①の社会的・文化的環境の影響や②③の「養護の働き」と「教育の働き」の影響は図1の右側の細長い楕円に示されています。④の両面の心の葛藤体験は図には示されていませんが，②③から導かれる子どもの心の育ちの要をなす部分です。⑤の周囲への同一化の条件も，②③④から導かれる条件です。⑥⑦は，図1において，いまの「ある」に含まれる肯定的，否定的な小楕円の説明から分かっていただけるでしょう。

　ここで，①〜⑦の条件は一つひとつがバラバラに働くものではありません。たとえば①の環境条件は，近年の「環境構成」の議論にしばしば見られるように，単に保育の場で願わしい環境を構成すれば子どもたちは自分から興味や関心を広げるといった，単純な条件ではありません。この①の条件は②や③や④の条件と結びついて初めて子どもの「なる」への変化を導くものです。また②や③の大人の育てる営みには，①の社会的・文化的環境条件が目に見えないかたちで影響を及ぼしています。たとえば，新指針や新要領が②や③の「養護の働き」や「教育の働き」に影響し，そのことが「保育する」営みに変化をもたらし，それが「なる」への動機づけに影響を及ぼすということもあるでしょう。また，⑥や⑦を掲げるのは，子どものいまの動機づけが，「いま，ここ」で働

第Ⅰ部　理論編

く条件の影響ばかりでなく，過去の「なる」の変化を引き継いだ正負両面のいまの「ある」からも影響を受けていることを言いたいからです。図1でいえば，「ある」の大きな楕円内の二つの小楕円のうち，肯定的な「ある」の小楕円から肯定的な「なる」の小楕円に向かって矢印が真上に伸びていることと，否定的な「ある」の小楕円から肯定的な「なる」の小楕円に向かって斜め右上に矢印が伸びていることがいま述べたことに対応しています。④を掲げたのは，「私は私」と「私は私たち」の二面の心の葛藤の経験とその二面のバランスを取ろうとする自己調整の働きのなかに「なる」への動機づけが含まれているように思われるからです。

　ともあれ，これらが動機づけとして働いて，実際の肯定的な「なる」への諸々の変化を生み出すことに繋がると考えることができます。逆に，これらの諸条件がうまく働かなければ，肯定的な「なる」への動機づけが弱まり，結果的に願わしい「なる」の変化に至らないケースが生まれることが考えられます。

（2）　二つの竹馬エピソードから保育者の対応を考える

1）二つのエピソードにおいて類似する面と相違する面

　前節の竹馬の二つのエピソードはどちらも，毎年年長児になると竹馬に取り組み，それを運動会に取り入れるという園の伝統があり，それを保護者も喜んでいるという①の社会的・文化的環境の条件が同じように働いていました。それが⑤の条件を満たすことにもなっていたと思います。こうしてエピソードに登場するNくん，Aくんは，「竹馬に乗れるようになりたい」という動機づけをもち，年長児になると，先生に補助をしてもらって，乗ることに挑戦するようになりました。竹馬の準備のある保育園や幼稚園の子どもたちならば，そこまでは似たりよったりでしょう。

　そこに保育者の「養護の働き」と「教育の働き」という②③の条件が絡んできます。②は保育者が子どものいまの「ある」をしっかり受け止める「養護の働き」をいうものですが，一口に「養護の働き」といっても，そこには保育者によってその質に大きな個人差があり，また保育者が「受け止めたつもり」に

82

第2章　子どもの「ある」と「なる」を考える

なっている場合もあって，本当に子どもとのあいだに信頼関係が築かれ，子どもの自己肯定感がそこから立ち上がるような「養護の働き」になっているかどうかは，常に吟味が必要でしょう。先の二つのエピソードもこの②の質が二人の保育者のあいだで違っていた可能性があります。そして③の「教育の働き」のところがこの二つのエピソードでは大きく違っていたと見ることができます。つまり，子どもとのあいだに接面をつくって，そこから子どもの思いを感じ取り，それに沿うかたちで「養護の働き」を見せていたかどうか，またそれに基づいて「教育の働き」をうまく子どもに振り向けていたかどうかに，この二人の保育者の違いを認めることができるはずです。

2）これまでの育ちと「保育する」営みとの結びつきの問題

ア）これまでの育ちの問題

たとえ先に掲げた動機づけの条件が十分でも，それだけでどの子どもも竹馬に乗りたいと思い，また乗れるように頑張るというわけではありません。というのも，そこには子ども一人ひとりのこれまでの育ちの個人差が大きく響いてくるからです。そこに⑥⑦の条件を掲げる理由があります。たとえば，これまで体を動かす経験をどのように積んできていたか，そこで自己効力感を培うことができていたか，それとも運動は苦手という思いをかたちづくってきてしまっていたか等々が，「乗りたい」という気持ちまでは同じでも，実際の竹馬の取り組み方に影響を及ぼしてくるでしょう。そこにまた体の動きが柔軟で器用な子と，体が硬く不器用な子という個人差も結びついてきて，それが早く乗れるようになるか，なかなか乗れないかに影響してくるに違いありません。そしてうまくいかない事態に直面したときに，その子がそれをどのように乗り越えようとするか，自分なりの工夫を考えることができるか，反復練習を厭わないか，周りの子のやり方を取り込もうとするか等々が，竹馬に挑戦するときの粘り強さに関わってきます。ここは子どもの自己感（心の育ち）が関わってくる部分です。二つのエピソードに登場したNくんとAくんの場合も，いま述べたような過去から引き継いできたものの違いがあったに違いありません。

83

第 I 部　理論編

　いま保育の世界で話題の「失敗しても簡単にあきらめないで粘り強く取り組む」といういわゆる「非認知的な力」が子どもに身に付くかどうかは，まさに子どもの側のこの⑥⑦の条件と保育者側の②③の条件との絡み合い具合が関わってきますから，その点の議論をしないままに，単に「非認知的な力」を育むと宣言するだけでは，ほとんど無意味に近いと言わなければなりません。

　イ）これまでの育ちと保育者の対応の問題

　いま見た⑥⑦の条件に②③の条件がどのように結びつくかというところに，この二つのエピソードの違いがあったように思います。⑥の条件が整っているところに②③が願わしいかたちで働くことが，多くの場合に「なる」への変化に繋がりやすいことは言うまでもありませんし，またそのことがいまの「保育する」営みがうまくいくかどうかの鍵を握っていることは明らかです。しかし，実際の保育がそのように展開されているかといえば，必ずしもそうなってはいないところに，我が国の保育の根本問題があると私は見ています。二つ目のエピソードの保育者のような丁寧な対応はむしろ稀で，多くは一つ目のエピソードの保育者のような対応になっているように見えます。現に，子どもの「なる」への変化はこのような難しい条件の上に成り立つものなのに，今般の新指針や新要領はただ願わしい「なる」の結果だけを追い求めているにすぎず，その結果を得るために保育者がどのように保育するかに関して，⑥と②③との繋がりを議論する姿勢はほとんど見られない書き方になっています。これでは自立心にしても協同性にしても，あるいは「非認知的な力」にしても，それらの心や力を育てなければならないと号令をかけるだけで終わっていると言われても仕方がありません。

　3）ひたすら頑張りを求める対応は否定的な「なる」に繋がりかねない

　これまでの議論のなかでも少し触れたように，保育者の誘いかけの対応が通り一遍のもので，子どものこれまでの育ちを考慮に入れた対応になっていないまま，ひたすら頑張ることを強く求めるような対応の場合（第1のエピソードのような対応の場合），願わしい「なる」の変化が生まれるどころか，否定的な

84

第2章　子どもの「ある」と「なる」を考える

「なる」に繋がりかねない危険性があることに私たちはもっと目を向ける必要があります。これは我が国の一斉型の保育や教育に常につきまとう問題です。保育カリキュラムや教育カリキュラムに沿った保育や教育というと，何やら聞こえがいいですが，そこには，みなに同じことをするように求め，同じように働きかければ，子どもは同じように育っていくという一種の神話のようなものが隠されているように思われてなりません。

　そうした一斉に何かをさせる対応は，それに乗ることのできる子どもには良い結果を生み出せても，それまでの育ちに否定的なものを抱えた子どもや，「いま，ここ」での生活に難しい否定的な面を抱えている子どもにとっては，そこでのつまずき体験は，むしろこれまでの否定的な面をさらに増幅・助長する可能性があることに，私たちはもっと目を向ける必要があります。このことは第1の竹馬のエピソードのその後がどのような展開になったかにも関わることです。

　子どもに頑張ることを求めることはもちろん必要ですが，それが**子どもの負の自己感，つまり，自信喪失や劣等感や自己不信感を助長しないように，いかにやろうと思う気持ちを支えるか**が問題です。それが「養護の働き」と「教育の働き」を子どもに振り向ける際に，保育者が常に念頭に置かなければならないことです。スパルタ式保育の良さを持ち上げる成功例や成功面だけを喧伝した資料が巷に出回っています。またそれによく似て，「こう関わればこういう力が育つ」という類の子育て書も数多く出回っています。しかし，新しいことに取り組むことに逡巡する子どもたちや勉強嫌いになった子どもたちを見るにつけ，「なる」を追い求める情熱と同じだけの情熱をもって，**いかに子どもに負の自己感をもたらさないか**，つまり，失敗したり挫折したりしたときに，いかにその負の気持ちを共感して受け止め，その負の気持ちが前向きになれるように保育者が心を砕いて，その子の気持ちを前向きに立て直すことができるかを，保育する営みの根本に据えるという発想が求められます。これは子どもに「なる」への変化を求めることに劣らない大事な発想であることを，ここでは強調したいと思います。これに関して，第2のエピソードでは，Aくんの負の

85

第Ⅰ部　理論編

気持ちを保育者の幼いときの話が情動調律するように機能したと述べましたが，そのような丁寧な対応が「保育する」営みには必要だと思います。そこで，いまの議論をもう少し続けてみましょう。

（3）　失敗や挫折が負の「なる」に繋がらないために

1）「いま，ここ」での負の経験が過去の負の自己感と響き合う可能性

　葛藤を乗り越えれば大きな喜びが待っている。これはまさに人が生きるうえでの希望の原理ですが，そうはいっても，それを乗り越えるためには子どもの側に意欲と努力と粘り強さが求められ，しかしどの子もいつも意欲的に，粘り強く「なる」に向かうというわけにはいきません。その意欲や粘りを「いま，ここ」で発揮できるかどうかは，それまでに培った物事に取り組むさまざまな経験や，成功体験，周囲の称賛，周囲の励まし，子どもの存在が周りから肯定されていることなど，「かつて，そこで」得たさまざまな肯定的な経験と，そこで培われた肯定的な自己感が大きくものをいってきます。

　逆に，もしも「かつて，そこで」得たものの多くが，失敗や挫折，周囲からの嘲笑，叱責，無視などの否定的な経験で溢れていて，それがいまの「ある」の否定的な面（負の行動や負の自己感）に結びついているとすれば，「いま，ここ」での失敗や挫折の経験は，その直後にその子の意欲や粘り強さを生み出さないのは当然で，それはいまの「ある」の否定的な面と響き合って，簡単に投げ出す気持ちを導き，さらには否定的な「なる」への変化（どうせできない，何をやってもダメというような負の自己感）を導く可能性さえあることを考えておかなければなりません。これについては先にも少しばかり触れました。

　このことは保育現場でもっと真剣に考えてほしいことの一つです。というのも，保育者の子どもへの働きかけは，子どもの肯定的な意味での「なる」を次々に引き出すためのものであると思い込まれている一方で，その働きかけが子どもにとって否定的な意味合いをもつ場合があることや，それゆえに否定的な自己感を助長する可能性があることに保育者は気がついていないことが多いからです。

86

実際，ある園の発表会前の予行練習を見せてもらったとき，5歳児たちは「地獄の惣兵衛」の劇を演じていました。保育者はその劇がうまく展開するように，どの子にも前向きに取り組んでほしいと考えていたのでしょう。大きな声で，子どもたちに促す言葉をかけ，忘れた次のセリフを促し，うまくセリフを言えたときには褒め，劇中の動きの順番を間違えた子どもには叱責に近い強い言葉がかかっていました。こうした保育者の熱の入れ方は，発表会を間近に控えて劇に取り組んでいる園の保育者には，当然のものと思われるかもしれません。しかし，これでは子どもたちが劇の主役なのではなく，主役は指揮を執る保育者になってしまっています。そこにもってきて，劇の終わりに観客に向かってお辞儀をする段になったとき，それまでステージに上がるのを拒んで劇にも参加せずいたMちゃんを，保育者は強く手を引いてステージに引っ張り上げ，一緒に頭を下げるように求め，それに応じようとしないMちゃんを強く叱責する言葉をかけたのでした。私はまだこんな発表会がなされているのかと唖然としました。そこで劇が終わってから，そういう対応でよいだろうかと疑問を呈してみましたが，保育者は，みんなが一緒に劇をするところを保護者が見にくるのだから，最後の挨拶を一緒にさせるのは当然だろうと，なぜ私が疑問を挟むのかが理解できないといった様子でした。保育者の厳しい対応がMちゃんにどのように受け止められているか，Mちゃんのいまの負の心の動きが，それまでのMちゃんの自己感にどのように影響するのかなど，ほとんど考えられていない感じでしたが，それは，みんなで一緒に劇をして，みんなが同じように「なる」を達成するのが保育だという考えが強くあったからでしょう。

　これは大人からみた願わしい「なる」を早く実現したいという場合にしばしば見られる保育者の焦った対応だと思います。そこに，「なる」をどのように目指すのかの大きな問題があります。そしてこうした強い対応は，今般の新指針や新要領に見られる小学校との接続を意識した教育重視という動向と簡単に結びついてしまわないか，指針や要領の成り行きが大いに気になるところです。

第Ⅰ部　理論編

2）保育者の「養護の働き」と「教育の働き」の質が重要

　これまで見てきたように，「なる」に向かうことには喜びや満足が待っているだけでなく，挫折や失敗も待ち受けている場合があることを考えておかなければなりません。ここに，発達が単純な成功物語の連続ではあり得ず，失敗と挫折による失意と否定的な自己感に陥る危険性と常に背中合わせになっている事情があります。それゆえ，子どもが「なる」に向かう際の保育者の側の対応（「養護の働き」と「教育の働き」）も単純なものではなく，その質が問われることにならざるを得ません。

　実際，保育者にとって，子どもの「ある」を受け止める「養護の働き」の質が良ければそれで終わりというわけにはいきません。保育者には子どものいまの「ある」を受け止めながらも，いまの「ある」を乗り越えて成長していってほしいという願いがあります。そこで保育者は，それまでその子が培ってきた経験を踏まえ，その子のいまの心の動きを接面で感じ取りながら，もうそろそろいまの「ある」を超えて「なる」に向かってもよいのではないかと思いはじめます。そのとき，ではどのように誘いかけようか，それとも誘いかけを待って，子どもの側に変化が現れてくるのを待とうかという，「教育の働き」を紡ぎ出すタイミングや向け方を考えなければなりません。そこが「養護の働き」と「教育の働き」の微妙な兼ね合いと述べてきた部分で，そのタイミングはマニュアル化できるものではありません。それを決めるのは「接面」から子どもの前向きの気持ちが感じ取れるかどうかです。

　子どもの側にも，保育者の期待がぼんやり分かったり，周りの子のすることを見て，自分もしてみようかなと思うようになったり，周りの子のすることに前よりも興味が引かれるようになったりと，その子の内部に高まるものが生まれてきます。そこから自然に新たな「なる」への挑戦が生まれてくる場合もありますが，それはそれまで培ってきたものがたくさんあって，自己肯定感が立ち上がったり，さまざまな自信（自己効力感）をもてたりするからです。しかし多くの場合，子どもが自分一人で「ある」を超えて「なる」に向かうというのは難しいことが多く，自分でやりたいと思っても，すぐにそれに取り組むこ

とができず，先生が一緒にしてくれないか，先生が助けてくれないかという依頼心も働きます。そして友だちの誘いかけが口火になったり，保育者の適時の誘いかけが口火になったりして，ようやく「挑戦」する気持ちが子どもの内部に湧き起こり，こうして一歩が踏み出されるという場合が多いと思います。

　そうしてみると，願わしい「なる」への変化も，自然に生まれてくるものではなく，自分のそれまでに培った力と周りからの働きかけとがうまく嚙み合わさって生まれてくるものだという事情が分かります。そしてその過程には失敗や挫折がつきものだということも見えてくるでしょう。うまく願わしい「なる」に進めるのか，一旦はつまずいてもなお「なる」に向かえるのか，それとも，つまずいたところですぐに諦め，後ろ向きの気持ちになってしまうのかは，いつも微妙です。ですから，そのときのその子の心の動きに沿って対応を変えていくのが本来の保育者のあるべき対応なのです。そのことを忘れて，ひたすら「頑張れば良い結果が生まれる」という号令かけになっていないかどうか，保育する営みは単なる頑張らせ方の問題ではないことを銘記しておかなければなりません。

　ですから，保育者の「養護の働き」と「教育の働き」が必要であるというだけでは不十分で，その質が問われることになるのです。実際，「なる」に向かう子どもの心の動きから，すぐさま「なる」の変化が導かれるほど単純ではありません。新たな「なる」の芽が確固とした「なる」の変化を導くまでには，保育者側の適切な誘いかけや励ましや，いまの努力を認めることや，「なる」に繋がるような「教える」働きなどの「教育の働き」が必要なことはもちろん，その背景に，いつも子どもの心の動きを見極め，「失敗しても大丈夫，先生が見ていてあげる，あなたならきっとできる」という保育者の「養護の働き」が必要です。また周囲の友だちの励ましも力になるでしょう。こうして保育者への信頼や周りの友だちへの信頼が「失敗しても大丈夫」という自己信頼（自己肯定感と自信）に繋がったとき，失敗してもさらにそれを続けようという意欲や努力が生まれてきて，ようやく「なる」が生まれてくるのです。

　このように見てくると，一人ひとりの子どものこれまでの育ちを見据えない

第Ⅰ部　理論編

まま，この年齢段階だからこういう活動をさせてという，保育カリキュラムに沿った一斉型の保育だけでは，子どもによっては負の経験を溜め込み，負の「なる」への変化をもたらす危険を孕むものだということを考えておかなければなりません。できたことを喜ぶだけでなく，できなかったときの保育者の対処の仕方が子どもを育てるうえでは肝心なのです。「保育する」営みにとって，「心を育てる」ことが喫緊の課題だと私が主張するのもそのためです。

　このように「ある」と「なる」を考えることを通して，これまで述べてきた「養護の働き」と「教育の働き」をもう一段掘り下げて考えることができたように思います。そのことが保育者の描くエピソード記述の読み方にも反映されてくるに違いありません。

第Ⅱ部　実践編

第**3**章

0，1歳児への保育者の「教育の働き」

第1節　この章の目的

　0歳児，1歳児というと，これまでは「預かる」「お世話する」という考えの下でその対応が考えられてきた長い歴史があります。しかし，最近は急速にこの時期の子どもの保育希望が増え，そのこともあって，この時期の保育にこれまで以上に社会の関心が向けられるようになりました。新指針でもその間の事情を反映して，この時期の子どもの記述が分厚くなり，丁寧な保育が合言葉にもなりつつあるようです。

　しかしながら，まだ自分の意思を言葉で表現できないこの時期だからこそ，保育者は子どもの思いや心の動きを接面から敏感に感じ取ってそれに丁寧に対応することが求められます。食事や排泄などの身辺自律に向けた関わり方の丁寧さよりも，むしろ子どもの思いを感じ取る丁寧さ，感じ取ったことに応じる丁寧さが求められていると言ってもよいでしょう。

　「いま，ここ」での子どもの思いや心の動きは，ただ子どもの傍らにいるだけでは分かりません。子どもの下に保育者が気持ちを持ち出すことがそこに接面が生まれるための条件です。接面が生まれて初めて，子どもの思いや心の動きが保育者に摑めてくるのです。そのように接面が生まれるということは，「いま，ここ」での子どもと保育者の関係性が動態としてあるということを意味します。それを裏返せば，動態としての関係性のなかに接面が生まれ，そこから子どもの思いや心の動きが感じ取られるのだと言ってもよいでしょう。こ

93

第Ⅱ部　実践編

うした動的関係性の機微は，その接面の当事者である保育者がエピソードに綴って初めて明らかにできるものです。

　その接面から紡ぎ出される保育者の対応は，大きく子どもの思いを受け止める「養護の働き」と保育者の願いを伝える「教育の働き」に分けて考えることができますが，この二つの働きは，別個にあるものではなく，微妙に絡み合っています。それはエピソード記述を通してしか摑めないような微妙さです。

　これまでは「お世話する」という観点が強かったためもあって，保育者の対応は子どもの信頼感や安心感などに繋がる「養護の働き」と結びつけて考えられやすく，そこに「教育の働き」が入ってくるとは考えにくかったかもしれません。そしてそこに，従来の保育論において3歳未満児は「保育」，3歳以上が「教育」という混乱した議論が被さってきたことも，この時期の子どもへの「教育の働き」の考えをよりいっそう理解しにくくしたかもしれません。

　そのなかで，子どもの思いを受け止めるという「養護の働き」を下敷きに，子どもの意欲がもっと前に出るように，子どもの興味がもっと広がるように，あるいは大人が願うことにもっと関心が向くようにと願って，大人が子どもに向ける働きが私の言うここでの「教育の働き」です。これまで，この0歳児や1歳児に向ける「教育の働き」を取り上げたエピソード記述はあまり見られませんでした。というよりも，本当は「養護の働き」と結びついたかたちで「教育の働き」が働いていたにもかかわらず，読み手である私のなかにエピソードの文中に「教育の働き」を読み取る構えが十分なかったために，それをしっかり取り上げることができなかったというべきかもしれません。

　ともあれ，この時期は基本的には子どものいまの「ある」を周りの大人がしっかり受け止めることが基本ですが，そのことのなかにすでに「なる」に向かう兆しが現れはじめています。これまでは「養護の働き」を基調にした信頼感と自己肯定感の議論に隠れて，その兆しを取り上げることが弱かったように思いますが，それは保育者の0歳児，1歳児に対する「教育の働き」に十分に目が向かなかったことと重なります。

　以上のことを踏まえて，本章では8本の0歳児，1歳児のエピソード記述を

第3章 ０，１歳児への保育者の「教育の働き」

取り上げ，それを通して，この時期の子どもの育てられて育つ姿のなかに保育者の「養護の働き」と「教育の働き」の絡み合いを見届け，またそれを通して，いまの「ある」の姿のなかに小さな「なる」への兆しが現れはじめているところを明らかにしてみたいと思います。そのためには，「保育する」という営みを動態として見ること，子どもと保育者の関係を動的関係性として見ること，さらにそこに接面をつくり出すことが欠かせません。そのことを通して従来の保育論との差異を明らかにするのが本章の目的です。

第2節　一連のエピソード記述から

❖エピソード１：「Wちゃんとミルク缶──良かれと思って……だけど私の空回り」

N保育士

〈背　景〉

　Wちゃん（１歳１カ月）は，母親の仕事復帰に合わせて，４月17日からの登園となった。ほかの二人は休みで，WちゃんだけのH組であった。Wちゃんは初めてとは思えない何ともいえない貫禄と落ち着きぶり。歩行ができるので，スタスタ（どすどす！）と，自分の気になるところへと歩いて行き，おもちゃを触って見ている。「おーい，私はここにいるよー」と，思わず声をかけたくなるほど，自分で黙々と探索をしている姿がとても頼もしく感じる初日であった。

　母親は若いが，落ち着いた雰囲気の人である。一見，無愛想でとっつきにくい雰囲気もあるが，「家ではグズグズがひどいと怒ってしまい，反省です」と，連絡帳でこぼすことがあった。「私もそうだったよ。我が子は小学生になったけど，あの頃とはまた違ったことで怒ってばかり。私も反省……」と返事を書くと，「先生もなんですね！　ありがとうございます！」と，それから少しずつ登降園の際に話をするときもにこやかになったように感じる。初めてのことだらけの母親にも心を寄せながら，子どもたちとの毎日を大切にしていきたい

95

第Ⅱ部　実践編

と感じていた。

〈エピソード〉

　4月の下旬頃，ペットボトルのジュース（飲むヨーグルトの容器に花紙が入ったもの）を6本，タッパーに入れてジャーと，自分の頭の上から落としていた。何度も何度も繰り返している。コツンと時々広いおでこに角が当たって顔をしかめていた。痛くないものでもっとできるといいかなぁと思い，ミルク缶（蓋に直径4センチくらいの穴が開いている物）とチェーンを出してみた。私が出すとすぐにWちゃんは興味を示してやってくる。

　私が穴にチェーンを入れて見せると，「おっ！」と，反応をしてくれる。じーっと，私の手元を見て，自分もやってみるが，長いチェーンの先だけを入れるので，チェーンの重みで缶の外側に落ちてしまう。しかし，そんなことでは諦めず，眉間にしわを寄せながらももう1回挑戦する。また，落ちるチェーン。だんだんと眉間にしわを寄せるだけでなく，厳しい表情になってきた。その表情を見て，「お願い，何とか入ってー！」と，心のなかで願う私。そして，もう1回Wちゃんがやってみると……，入った！　ニンマリと笑い，缶のなかを覗きこみ，「ふーん」と，笑う。私が「やったね，Wちゃん，入ったねぇ」と，拍手をすると，また笑顔になった。コツを摑んだのか，先を入れて反対の手で押さえ，少しずつ入れていく。こんなふうに両手を使って，自分で考えながら遊ぶ姿に驚き，目が離せなかった。入れる度に，缶のなかを覗きこんで，ちゃんと入っているかを確認しているWちゃんがとても可愛い。しばらくすると，満足したのか，離れていった。そうかと思ったら，手足の長いカエルのぬいぐるみを持って戻ってくる。まさか……と思ってワクワクしながら見ていると，カエルの足を一生懸命缶のなかに詰めようとしている。入らないので，また眉間にしわがより，力ずくで入れようと頑張るが，入らない。肩で「ふんっ」と息をして，ドアのところに見えた1歳児A組のNちゃんのところへと行った。せっかく入れようとしていたカエルがもう少し入るように，と思い，ミルク缶のふたを取ってみた。缶の半分ほどの穴になるので，チェーンもカエルも入れ

96

第3章　0，1歳児への保育者の「教育の働き」

やすい。しかし，その日はもうそれでは遊ばなかった。

　その後も，何度かチェーンを出してはいたが，Wちゃんは入れるよりも，振ったり舐めたりする。どうして入れなくなったのかなぁ，という思いがある一方で，「ぽっとん落としをするミルク缶とチェーン」という遊び方でなくても，Wちゃんがいま楽しんでいるのは，チェーンそのもので遊ぶことなのかなという思いとで，揺れていた。

　次の日，良かれと思って取った蓋だが，Wちゃんにとっては「ちょっと難しい」のが良かったのかも！とふと思い，もう1回蓋を付けてみた。すると，私が蓋を付けているところからじっと見ていたWちゃんがすぐにやってきて，右手でチェーンを入れようとする。でも，やっぱり前のようにチェーンの重みで落ちてしまう。次は両手で入れてみるが，やはり入らない。「くっそー！」という心の声が聞こえてきそうな表情で，チェーンから手を離して，Wちゃんは缶をじーっと見つめる。私がもう一つの缶でやってみると，その様子を隣でじーっと見つめ，私が使っていたミルク缶でWちゃんもやってみると，チェーンが入った！　そして，ようやくニンマリと笑って，缶のなかを覗きこみ，満足したかのようにまた保育室の探索をはじめた。

〈考　察〉

　ミルク缶に向き合うWちゃんから目が離せなかった。それは，Wちゃんとミルク缶のあいだにドラマのようなものを感じ，1歳なりに右手でやったり，両手にしてみたり，他の缶を使ったり，何度もやってみたりと，いろいろと考える姿に驚いてワクワクしたからだ。

　それにしても，「大きなお世話」だった私。穴が小さいからなかなか入らない，入れてみたかったカエルも入るように，と思って蓋を外したが，Wちゃんにとっては「なんかちょっと難しい」ことが魅力的だったのだと感じて反省をした。このエピソードを描きながらふと，Wちゃんが押し車に何個もボールを乗せ，でも走ると乗せ過ぎたボールがこぼれおち，また拾って乗せ，また走るとこぼれて……を繰り返してしていたことを思い出した。保育者が先回りす

97

第Ⅱ部　実践編

ぎたり，子どもが楽しんでいることからズレた対応をしてしまったりすること
もあるが，その子が何を楽しんでいたのかにもう一度想いを巡らせながら，一
緒に遊びを楽しんでいきたいと思った。

◆私からのコメント

　保育者の対応に反応するWちゃんの思いや様子が読み手にまざまざと分かる
のは，接面で起こっていることの描写が優れているからでしょう。保育者の思
いとWちゃんの思いが接面で交叉するのが分かるとともに，Wちゃんの興味の
広がり，物事への意欲などがしっかり伝わってきて，最初の誕生を迎えて間も
ない0歳児クラスの子はこういう世界を生きているのだなぁと読み手に思わせ
てくれます。このような描写を通して初めて，子どもの心の動きを論じること
ができるのです。

　缶の中にチェーンを入れることに興味をもち，それを試みるけれどもうまく
いかず，それでもあきらめずにまた試み，さらにそこに工夫が入ってくるとい
うWちゃんのいまの姿は，まさに意欲溢れる0歳児クラスの子の姿を示してい
ます。それを確かめながら，どうしてあげたらもっとWちゃんの思いが叶うか，
そのための配慮をできるだけしようという書き手の気持ちもよく分かります。
そして，簡単に入れやすいようにしてやればよいということでもないらしいこ
とが次第に分かってきます。「良かれと思って……だけど私の空回り」という
副題が読み手にもなるほどとよく分かりました。子どもが何を楽しんでいるの
か，子ども目線になってそれを接面から感じ取るのが「養護の働き」ですが，
それを下敷きに，その楽しみがもっと広がるように配慮するところが「教育の
働き」です。そのように二つを切り分けて述べるとかえって違和感があります
が，それほどこの二つの働きは背中合わせになってWちゃんに向けられていま
す。これが0歳児クラスの子と保育者との関わり合いなのだと思います。

　良かれと思う配慮は，そのように働きかければWちゃんはもっとこの遊びに
のめり込んで，ポットン落とし風のこの遊びをもっと楽しんでくれるのではな
いかという書き手の思いから生まれていますが，それはWちゃんにいまの「あ

第3章　0，1歳児への保育者の「教育の働き」

る」を一歩踏み越えることを促す意味をもっています。そこにこの配慮を「教育の働き」と呼ぶ理由があるわけですが，それほど，子どもは現状を止揚する（乗り越える）ことに向かって旺盛に動いていく存在だということでもあるでしょう。そこにこのエピソードと理論編の議論との繋がりを見出すことができるように思います。

　それにしても，時々刻々変化するWちゃんの気持ちが，まるで実況中継されるかのように伝わってくるのは，書き手が接面から感じ取る力が豊かだからでしょう。こういう対応を読むと，「養護の働き」や「教育の働き」の質にも言及したくなるところです。

　いま0歳児保育では「丁寧な関わり」が合言葉のようですが，オムツの換え方，授乳の仕方，離乳食の食べさせ方，等々，関わり方の丁寧さの議論がほとんどで，接面から子どもの心の動きを摑むところの丁寧さの議論が乏しいのが気がかりです。このエピソードのように子どもの心の動きを接面から丁寧に感じ取ると，このような丁寧な保育が自然にできるのです。「良かれと思ってこう関わってみる」というのは「教育の働き」ですが，それがうまくいかないときに，違うかな？　と思うところがポイントで，そこで方向転換できるかどうかも，接面から子どもの心の動きを見定めるところから生まれています。何気ない0歳児クラスの保育場面ですが，保育者と子どものあいだでどれほど複雑な思いと思いが交叉しているかがよく分かります。

　理論編では，「保育する」という営みが動態としてあること，また子どもと保育者の動的関係性が問題であること，さらには書き手の当事者性が問題であることに触れましたが，このエピソードを読めば，なぜこれらの概念が必要になるかも分かるのではないでしょうか。こうしたエピソードで示される動態としての「保育する」営みと，指針に描かれている静止画のような子どもと保育者の描写がどれほど違っているかは，もはや言うまでもありません。

99

第Ⅱ部　実践編

❖エピソード２：「はっぱ，のるかなぁ」

W保育士

〈背　景〉

　０歳児12名を４名の保育士で担任している。４月に入園して８カ月を一緒に過ごし，子どもたち一人ひとりがそれぞれのペースで生活に慣れ，大人との関わりのなかで安心して過ごせるようになってきた。自分の思いを体いっぱい表現し，それに応じてもらうことで大人との関係を深くし，それを基盤に安心して過ごせる大人の元を自ら離れ，自分のしたい遊びを見つけ楽しむようになってきた。周りの様子をじっくり見ながら，人に気がついたり，関わろうとしたり，人からの関わりを受け入れたりし，それが友だちとの関係にも広がりつつある姿が見られる。

　Oちゃん（１歳７カ月）は，天真爛漫という表現がぴったりの女児。言葉の理解も進み，給食時，「Sくんとまんまいってくるね」とOちゃんに言うと，笑顔でばいばいと手を振ったり，年長児に指さしで"柿とってほしい"という思いを伝えたり，人との関わりも積極的で広がりを見せてきている。

　Sくん（11カ月）は抱っこしてほしいという自分の思いや，自分ではどうしようもない不快感などを強く泣いて訴える時期に，思いを受け止めてもらって過ごし，少しずつ私の膝から抜け出して，周りの環境に関わるようになってきた。また歩けるようになったことが嬉しくて，時々尻もちをつきながらも歩き，行動範囲が広がり世界が広がっていくことを楽しんでいるように感じる。

〈エピソード〉

　秋が深まり，木々の葉が自然から色をもらって黄色や赤に染まりはじめた。空気の冷たさを感じる朝一番，園庭に出た。０歳児の部屋からは一番遠い位置に桜の樹がある。「今日はその葉っぱで遊ぼうかな」とのんびり歩いている私の後をOちゃんがたったったと走るようについてきていて，私と一緒に葉っぱを集めながら触る。「つめたいなぁ」「ぱりぱりやなぁ」「きいろ」「あか」と言

第3章　0，1歳児への保育者の「教育の働き」

いながらOちゃんに葉っぱを渡し，私がひらひらと落としたり回したりしてみせると，うまくはできないが，それを懸命に真似をするOちゃんに，「じょうず～」と言うと嬉しそうに笑顔を返してくれる。私が頭に葉っぱを載せると，"わあ，のっかった"というように笑ってOちゃんは手を伸ばしてくる。頭から葉っぱが落ちたので私が「おっこちた」と言うと，首を傾げて「おっこちた」の真似をする。そんな遊びをしてかなりの時間が経ったところで，私とOちゃんのいるところに，長い距離を一人でSくんが歩いてきた。「Sくん，来てくれたん，Sくんもする？」とSくんに葉っぱを見せ，Sくんの頭にも葉っぱを載せると，嬉しそうに少し首をすくめながら，受け入れた。すぐに葉っぱが落っこちたのをそばにいたOちゃんが見ていて，その葉っぱを拾い，「ん？ん？（これする？）」と言いながらSくんの頭に載せようとする。Sくんも嬉しそうに少し頭に意識をもっていき"のっかるかな"と載ることを待っているような様子でいる。Oちゃんは"あれえ，のらへんなぁ，むずかしいなぁ"というかのようにSくんの頭の上に何度も載せようと一生懸命。私がそんな二人の様子をそっと見守っていると，Oちゃんは"これ，むずかしいわ，でもたのしい"と言っているような満面の笑顔を私に向けてくれた。

〈考　察〉

　Oちゃんは私と楽しく遊んだことを映し返すかたちでSくんにもしてあげたいという気持ちをもった様子だった。「一緒に遊ぶことが楽しい」「喜んでくれることが嬉しい」「自分がしてもらって嬉しいことを人にもしてあげたい」という気持ちが感じられて，Oちゃんの気持ちがさらに一歩前に進んだように感じた。Sくんはまだ歩きはじめて日が浅く，自分から遠い距離を歩くことがこれまではなかった。しかし，私が桜の樹の下にいてOちゃんと楽しそうに遊んでいる様子を見つけ，「なにしてるんだろう」「なんだか楽しそう」と自分から遊びに来たその心の動きに，Sくんの気持ちが前に進んだことを感じた。

　Oちゃんは「先生がしてくれた楽しいことをSくんにしてあげられて嬉しい」気持ち，Sくんは「先生がしてくれた楽しいことをOちゃんもしてくれて

第Ⅱ部　実践編

嬉しい」気持ち，二人それぞれの気持ちが伝わってきた。Oちゃんと私，Sくんと私，という子どもと大人の関係のなかに接面を感じることは多いが，それを超えたところにOちゃんとSくんとのあいだにある接面が見え，"「私は私たち」の気持ちは0歳児でもあるのではないか"と感じられた。

　Oちゃんは大人がしている行為の裏にある大人の心の動きをはっきり理解しているわけではないだろうが，私の優しい心の動きがOちゃんに届いて，Oちゃんの心のなかに優しい心が生まれたのだと感じた。それが友だちとの関係に広がり，たくさんの子どもたちのなかに優しい気持ちが生まれて優しい気持ちを持ち合う。それが心に沈殿して子どもたちの心の基盤になればと願う。また，このエピソードに取り上げたように，自然のなかに生きている自分を感じ，自然から力をもらえることを知っている大人になってほしいと思う。環境と関わり周りの自然に触れて実体験として学んだり，心を動かして感じたりすることが生きる大きな力となる。0歳児でも感じることができる自然との関わりを大切にしていきたい。大人が感じていることに子どもが気づけるように，そんなふうに0歳児にも「教育の働き」を考えていけるのではないかと考える。

◆**私からのコメント**

　晩秋の季節に，園庭の色づいた桜の葉っぱを集めながら，書き手が葉っぱをひらひら落としたり，回したりすると，その動きを0歳児クラスのOちゃんが真似ようとし，それを「じょうず～」と認めるとOちゃんは満面の笑顔になります。そこで書き手が葉っぱを頭に載せてそこから葉っぱを落とすと，それも面白く，「おっこちた」と書き手が言葉を添えると，その真似をするという具合です。そこにSくんがきたので，Oちゃんは同じように葉っぱをSくんの頭に載せようとしますが，なかなかうまくいきません。そして「むずかしいなあ」と言っているかのように笑顔になったという，いかにも0歳児だなと思わせる楽しい遊びの風景を紹介してもらいました。「葉っぱで遊ぶ」という何気ない遊びのなかに，書き手の思いが子どもの思いと繋がる感じが随所にあって，こんなふうに子どもと保育者の思いが重なり合っていくのだなと読み手に感じ

第3章　0，1歳児への保育者の「教育の働き」

させる内容でした。

　また，そこに月齢が下の歩きかけたばかりのＳくんがやってきたところで，Ｏちゃんは自分が保育者にしてもらったように，Ｓくんの頭の上に葉っぱを載せようとしますが，なかなかうまくいきません。その"うまくいかないなあ"というＯちゃんの思いを接面から書き手が共有するところもエピソードならではの部分でしょう。

　保育者との一対一の関係のなかで経験したことを，他の子どもにすぐに引き写して関わるあたりにも，0歳児の旺盛な興味の広がりと，経験したことをすぐにも試してみようとする前向きの気持ちの動きを見ることができます。そして，いまの「ある」の姿のなかにもうその「ある」を乗り越える（止揚する）兆しが現れているのを見て取ることもできるでしょう。加えて，興味を広げ，経験したことをさらに拡充する動きが子どもの当たり前の姿に見える裏には，保育者の丁寧な「養護の働き」がＯちゃんに届いて，保育者とＯちゃんとでつくる世界が安心感に包まれていることも重要な意味をもっているでしょう。

　Ｏちゃんだけを見れば「乳児は外界に旺盛な興味を示して事物に関わろうとする」と客観的に描写されてもよさそうですが，しかしＯちゃんがいま見せる姿は保育者との動的関係性のなかで見られるものであって，それが分断されれば，このような姿はまず見られなくなるでしょう。そこに，「いま，ここ」の動態を見る，動的関係性を捉えるという新しい保育論の主張点の意義があります。

❖エピソード３：「子どもの目線になって感じた子どものこころ」

Ｋ保育士

〈背　景〉

　0歳児クラスのＡちゃん（1歳5カ月）は，一人っ子で入所した当初は初めて母親と離れる生活，初めての環境，初めての人にとても強く不安を感じており，泣いて母親の姿を探す日々が続いた。保育園生活に慣れるまでは，1対1

第Ⅱ部　実践編

で関わっていないと保育士を求めて泣いて訴えていたが，保育士とじっくり関わるなかでゆっくりと信頼関係を築いていき，いまではのびのびと安心して保育園生活を送ることができている。母親もとても穏やかな人で，降園時にAちゃんが帰ろうとしなくても「まだ遊びたかったんだねえ，でもAちゃん帰ろうかあ？」とAちゃんの気持ちを汲み取りながら受け止め，Aちゃんが帰る気持ちになるのを待つ姿がある。家庭でもAちゃんのペースに合わせて丁寧に気持ちを受け止めてもらえているんだろうなと感じ，保育園でも入所当初に比べて保育士に強く甘えることはめったになくなり落ち着いて過ごしている。Aちゃんはとてもマイペースで，ごろんと寝転がり，ちゅっちゅっと指しゃぶりをしながら，周りの様子，お友だちが遊んでいる姿をじーっと観察して，興味が向いたら遊びに参加し，参加してはまたくつろいで……という感じでいわば"手のかからない子"である。毎日の保育ではどうしても泣いている子たちへの対応が中心になってしまうなかで，クラスの子どもたちが落ち着いて過ごしていたときのAちゃんとのエピソードである。

〈エピソード〉

いつものように畳の上で指しゃぶりをしながらごろんと横になってくつろいでいるAちゃんの姿があった。"今日もマイペースだなあ"と，私はAちゃんの姿を気にかけながら他の子どもたちとAちゃんのそばで遊んでいた。すると，Aちゃんが何かを見つけたかのようにむくっと起きあがってとことこ歩きはじめる。じーっと畳を見つめた後，突然「ば～い」と下に向かって手をふりはじめた。"虫でもいたのかな"と思いながら「Aちゃん，なにか見えた？」とそばに行ってみたが，虫も何もいなかったので"なんだろう"と私は不思議に思って，Aちゃんと同じ目線の先を見つめてみた。すると，Aちゃんの手のひらの影が畳に映り"バイバーイ"と手を振っているのが見えた。その影を不思議そうにじ～っと見つめているAちゃん。私は"この影に手を振っていたのか～！"と気づいたと同時に，Aちゃんにはこの影がどんな風に見えているのかな？影を自分の手の影と分かっているのかな？何かの生き物だと思っているの

かな？と思って，私もＡちゃんと一緒に手の影をつくって遊んでみた。「Ａちゃん何か来たぞ～！」とＡちゃんの体の影にそ～っと私の手の影をにょろにょろ～っと近づけてみると，びくっ！と一瞬Ａちゃんの体が震えて身構えた後，すぐに私の手の影だということが分かったようで，影ではなく私の手の方の動きを見て「へへっ」と笑って私の影にタッチをして喜んだ。

　それからしばらくＡちゃんと影で遊び，私自身もＡちゃんと同じ目線で影を見つめてみると，影が生き物のように見えておもしろい発見だった。Ａちゃんは普段から，周りをよく観察していて，毎日いろんな出会い，発見があるんだなと感じると同時に，その発見やＡちゃんの心の動きに私はちゃんと気づけているのか，見逃してはいないかとはっとした瞬間だった。

〈考　察〉

　Ａちゃんは"初めて"のことに敏感で，遊びで使う風船や散歩のときに乗るバギー，お絵かきのときにクレヨンで描いたときに紙に色がつくことにでさえも，初めは怖がって泣く姿があった。そんなＡちゃんだったが，発見した影には興味関心があったのだろう。いつになくじっと興味深く見つめていて，"おもしろいな""ふしぎだな"というＡちゃんの思いが伝わってくるようだった。いつもゆったり落ち着いて自分のペースで遊んでいるＡちゃんの姿に，なかなかじっくりと目を向けられずにいたことに気づかされ，このＡちゃんの影の発見を通して，Ａちゃんは何を感じているのだろう？　どんな風に見えているのだろう？と考えるとともに，子どもの目線になること，心を寄せること，一緒に楽しむことで，子どもたちが感じている思いが分かり，あらためて子どもたち一人ひとりとじっくり関わることの大切さを痛感した。普段から泣いている子，自己主張が強い子への対応が先になってしまい，手のかからない子や落ち着いて遊んでいる子に対しては，泣いている子たちに比べて抱っこしてあげる時間が少なく，じっくりと関わりきれていないことにも気づかされた。泣いて抱っこを求めることはなくても，"抱っこしてほしい"気持ちはどの子にもきっとある。そんな気持ちを我慢させているのではないかと思うと"ごめんね"

第Ⅱ部　実践編

という思いでいっぱいだ。

　一人ひとりにじっくりと関わってあげたい，自分も余裕をもって穏やかな心でいたいという気持ちはあるが，大きな泣き声を聞くと自分の気持ちがいっぱいいっぱいになってそれができていないのが現状で，毎日が葛藤の連続だ。Aちゃんの発見を通して，あらためて子どもたち一人ひとりに目を向け，そのときの心の動きの瞬間を見逃さないよう，自分も穏やかにそして柔軟に，あたたかくやわらかく子どもたちを包んであげられるような存在でありたいと思った。

◆私からのコメント

　Aちゃんは入園して慣れるまでは保育者を求めて泣いていたけれども，慣れて安心すると，自分のペースでいろいろなものに興味をもって園で過ごしている様子が〈背景〉から分かります。〈エピソード〉は，Aちゃんが何かを見つけて起き上がったので，書き手が傍に行くと，下を見て手を振っています。何かと思ってよく見ると，自分の影をじーっと見て手を振っているのだということが分かりました。そこで書き手はAちゃんはどんなふうに影を見ているのだろうと思って，Aちゃんの影に自分の手の影が重なるように手を動かしてみると，Aちゃんはへへっと笑って影にタッチをし，それからしばらく二人で影で遊んだという内容です。〈考察〉は，Aちゃんの影の発見を通して，これまで子どもの興味や関心にどれだけ寄り添ってきただろうかと反省するとともに，子どもの目線になって子どもに心を寄せ，一緒に楽しむことで，子どもが感じている思いが分かった，と記されています。接面からそのように感じ取ることができたときに，子どもへの対応が紡がれていくのだというこれまでの私の主張が，よく分かるかたちでエピソードが描写されていると思いました。

　特に書き手が自分の手を動かしてその影をAちゃんの影に重ね，Aちゃんの不思議な思いとそれへの興味を膨らませる対応は，それこそ０歳児クラスの子どもへの「教育の働き」に当たるものだと思います。つまり，書き手の気持ちをAちゃんの心の動きに寄り添わせて（接面をつくって），Aちゃんの「なんだろう，不思議だな」という心の動きを受け止めるという「養護の働き」が下地

106

になっているところで，Ａちゃんの興味をもう少し膨らませてあげよう，こうするともっと面白いよ，どお？という何気ない働きかけがここでの「教育の働き」だということです。言い換えれば，「影で一緒に遊ぶ」ということのなかに保育者の「養護の働き」と「教育の働き」が沁み込んでいて，それが子どもの興味を広げるということですが，ここではそれに加えて，自分の手を動かして影を動かすという，Ａちゃんが自らつくり出した「実験」が興味深いと思います。そして書き手が手を動かして影をつくり，それをＡちゃんの体の影に近づけるようにすることで，Ａちゃんが先生の手の影に気づいたらしいというところも，この「実験」の成り行きとして興味深いところです。こんな楽しみを子どもと共有するうえで，保育者の「保育する」営みに向かう姿勢（ここでは子ども目線になって子どもが体験していることを感じ取ろうとする姿勢）が問われることになるのでしょう。これまでその辺りをしっかり議論してきませんでしたが，こういうエピソードを通して，０歳児を保育する際の「養護の働き」と「教育の働き」の繋がりを考えていくことができればと思います。そのように考えると，私の言う「教育の働き」は単に何かを子どもにさせる働きかけではないことも理解していただけるでしょう。

❖エピソード４：「世界が広がった瞬間」

Ｍ保育士

〈背　景〉

　１歳４カ月のＡちゃん（１歳児クラス）は入園当初から，新しい環境，保育士に戸惑いや不安を見せることなく誰にでも関わろうとし，何にでも興味を示していた。とにかく"自分で触ってみたい！""確かめてみたい！"と活発に動き回っていて，"怖い物無し"という様子に私達も目を離せないほどだ。入所してから３カ月のあいだで，体のバランスがしっかりしてきて，遊びに関しても興味関心が広がり，ますます行動も活発になってきた。そんなＡちゃんだが，入所して保育園での遊びを知りはじめた４月の半ば頃，未満児園庭で遊ん

第Ⅱ部　実践編

でいるといつもと違う様子ですべり台の前でうろうろする姿があった。

〈エピソード〉

　未満児園庭で遊んでいたある日，月齢の高い子どもたちが大型固定遊具の階段や丸太のスロープを上り下りしたり，すべり台をすべったりして遊んでいるなかに，“わたしもやってみよう”と挑戦して遊具を登るＡちゃんの姿があった。小さいながら力一杯体を動かしてスロープを登る姿からは，“なんとしてでも上までいくぞ！”という思いが感じられ，私は危ない姿勢になったときは支えながら，大型固定遊具の上までたどりつくのを見守るようにした。上までたどりつくと，“ここまで来たよ”というように私に手を振り，嬉しそうな表情を見せる。遊具の上からの景色が楽しいようで，しばらく遊具の上で歩き回って周りの景色を眺めているＡちゃんのそばで，数人のお友だちが大型固定遊具に付いているすべり台をしゅーっとすべっていく。その姿を見てか，今度はすべり台に興味をもったようで，すべり台の前に行き，そこから周りの景色を眺めていた。しばらくして，眺めているばかりで一向にすべろうとしない姿に気づいたＢ先生が「Ａちゃん，すべっても大丈夫だよ」と声をかける。怖い物無しのＡちゃんならすぐにすべると思っていたが，なかなか体が動かず，すべり台の前で行ったり来たりを繰り返している。“あれ？　そういえばＡちゃんってすべり台，自分ですべったことあったかな？”と私もそのときに，Ａちゃんの様子に気づいた。思い返すと大型固定遊具から下りるときは，階段から下りるか，保育士に抱っこを求めて降ろしてもらっていたことから，すべり台を滑ることが怖いのかな？と，Ａちゃんの心の動きが見えてきた。すべり台への興味はあり，何度もすべり台の方に来るのだが，“すべりたい……けど怖いなあ……”という様子だったので，「Ａちゃん，先生が支えるからすべってみる？」と，私は声をかけてすべり台のすべり口に誘ってみた。それでもそこからすべろうとはせずに固まっていたため，一緒にすべってあげたら少しでも安心できるかな？と思い，援助しようとしてみた。しかし，Ａちゃんはすべり台のすべり口の前に座って片足を伸ばしたり引っ込めたりして，“すべろうか

108

な？　行けるかな？　でも……"とすべりたい気持ちと，すべることへの怖さ
と葛藤しながら"でもすべってみたいな"と自分で挑戦してみようとする姿が
あった。そこで，その姿や，いま感じている思いを大切にしたいと思い，援助
はせずにそばで見守ることにした。足を伸ばしたり引っ込めたりしているうち
に，だんだん体がずるずると下の方にすべっていき，あと両手を手すりから離
すだけの状態までになった。でもなかなか手すりから手が離せない。"Aちゃ
んがんばれ〜！"と，Aちゃんの挑戦を邪魔しないよう，心のなかで応援しな
がら見守っていると，摑まっている両手の力の限界がきたようで，ぱっと手す
りから手が離れてしまう。しゅーっと体がすべると同時に表情も強ばり，驚い
たようだった。"やっぱり一人では怖かったかな？　もうすべりたくなくなっ
ちゃうかな？"と思いながら，「Aちゃん！びっくりしたね〜！　でもすべれ
たね〜！」と声をかけ，すべり終わったAちゃんの表情を見てみると，"怖か
ったけどおもしろかったよ！"というように，にこっと笑顔を見せてくれた。
それからすぐにまた遊具を上りすべり台の方に向かう姿があった。そしてもう
一度すべり台をすべろうと挑戦し，今度はさっきよりも時間をかけることなく
手すりから手を離して自分ですべることができ，その後も何度も繰り返しすべ
り台をすべって遊んでいた。このことをきっかけに，すべり台をすべるときに
体に感じる風の気持ちよさや，スピードの速さなどの楽しさが分かったようで，
いつのまにかすべることへの怖さはなくなり，いまではすべり台がAちゃんに
とって大好きな遊びの一つになった。

〈考　察〉

　何にでも興味津々で好奇心でいっぱいのAちゃんだが，この日，初めてすべ
り台をすべることに挑戦し，最初はすべることに対して"怖さ"を感じていた。
いままでは何にでも平気で怖い物無しの姿しか見たことがなかったが，今回，
B先生が最初にAちゃんの姿に気づいてくださったことで，私も，Aちゃんの
いままでの遊んでいる姿を思い返し，すべることに怖さを感じている思いの部
分まで気づくことができた。"すべり台をすべる"ということは大人にとって

第Ⅱ部　実践編

は単純なことだし，怖さを感じず平気ですべることができる子たちもいるが，このすべり出す瞬間がＡちゃんにとっては大きなことで，新たな心の動きと出会い，怖さを感じながらもすべったことが，Ａちゃんの遊びの世界が広がった瞬間だったと思う。子どもたちのできないことに手を差し伸べることは簡単だけれど，思いの葛藤を感じることや，自分で挑戦してみようとしている姿を見守ることも大切な援助の一つで，そこから子どもたちの学びにも繋がるのかなと感じさせられた。また，今回の出来事は，Ａちゃんの行動の様子から，思いの部分まで気づくことができたが，Ａちゃんだけに限らず，毎日子どもたちは，いろんな思いを感じて，新しいものと出会い，心を動かしている。そのなかでも，目ではみえない子どもたちの大切な学びの瞬間や思いの変化はたくさんあって，それを見逃してしまっているのではないかとあらためて考えさせられた。大人の感覚で物事を捉えていては，子どもたちの"思い"の部分までは気づけない。子どもたちがいま，何を思って，何を感じているのか，そしてそれに対して自分たち保育者がどう関わり，援助していくかを考えながら，子どもたちの世界が広がる瞬間に立ち会えたらいいなと思う。

◆私からのコメント

　1歳児クラスに入園したＡちゃんは何にでも興味があり，また意欲の旺盛な子どものようですが，入園して日も浅く，まだ大型遊具に付属しているすべり台をすべったことがなかったようです。階段を登って，大型遊具の上から周りの景色を眺め，またすべり台をすべり降りる子どもたちを見ているうちに，Ａちゃんは，すべり台に興味をもったようで，すべり台のすべり口に座り込んで，足を出したり引っ込めたりしています。その様子に引き付けられたところで，書き手はＡちゃんのその様子に「怖いけどすべりたい」という葛藤する思いを感じ取り，その思いを大事にしようと思って，手を添えずに見守ります。そして体がずり落ちかけるのを手で支えていたＡちゃんですが，手で支える限界がきて，すべり降りてしまいます。そのすべる怖さと楽しさの経験が，持ち前の旺盛な意欲と結びつき，何度もすべってすべり台をすべることを楽しみ，すべ

第3章　0，1歳児への保育者の「教育の働き」

るときに味わったスリルはＡちゃんの世界が広がった瞬間だと思ったというの
が，このエピソードの題名にもなったようです。

　さて，このエピソードでは，保育者がＡちゃんの目線になってＡちゃんがい
ま何を経験しているかを感じとろうとする姿勢が第1のポイントだったと思い
ます。その姿勢が自然とＡちゃんとのあいだに接面をつくることに繋がり，そ
の接面からＡちゃんの興味，すべってみたい気持ち，怖い気持ちなどが書き手
に感じ取られ，それがこのエピソードの起点になっています。理論編で，接面
で生じていることがエピソードの起点になると述べたことが，まさにこのエピ
ソードでも裏付けられている感じです。そしてその「怖いけどすべりたい」と
いうＡちゃんの葛藤する思いは，それを受け止める書き手の「養護の働き」の
なかでも，「怖い」を受け止める気持ちと，「すべりたい」を受け止める気持ち
のあいだで揺れ動き，葛藤します。こうして書き手のなかに「どうしてあげた
らいいかな」という迷いが「養護の働き」のなかに生じるわけですが，他方で，
新しいことに挑戦してほしい大人の気持ちもあります。そこで，書き手のその
迷いのなかに，すべりたい気持ちがもう一歩前に出るように誘おうとする「教
育の働き」が始動しかけます。しかしここで書き手は「Ａちゃんは自分ですべ
ろうとしている，その気持ちを後押ししたい」という思いになり，直接手を添
えるのを控えて見守ろうという判断をします。そこが第2のポイントでした。
そして見守りながら頑張れと「心の応援」をするところがここでの「教育の働
き」だったといえるのではないでしょうか。つまり，保育者が主導して「すべ
らせる」のではなく，Ａちゃんのすべりたい意欲を感じ取って，その意欲を心
で応援しようというところに，ただ見守るだけではないＡちゃんの意欲を後押
しする「教育の働き」を見て取ることができるということです。保育者が実際
に背中を押してすべったという結果を早く出し，それを褒めて再挑戦を促すと
いうよく見られる保育者の対応は，必ずしも子どもの思いに沿った対応ではあ
りません。ここに，接面から子どもの思いを感じ取ることが保育する営みの起
点をなすという理由があります。視点を変えれば，Ａちゃんの「いま，ここ」
の「ある」を丁寧に受け止めることが，Ａちゃんの「なる」に向かう気持ちを

111

第Ⅱ部　実践編

後押しすることになったといえるでしょう。

❖エピソード5：「ぎゅっと掴んだ手」

T保育士

〈背　景〉

　私は1歳児14名のクラスを3人の保育士で保育をしている。Yくん（1歳9カ月）はこの4月に入園してきた。小学校の兄と3歳児の姉との3人きょうだいで，Yくんは末っ子である。両親にはとても可愛がられて育っている。入園してくるまで親元を離れたことがなく，初めての保育園生活になかなか慣れずに泣いている日が多かった。夏のはじめ頃まで日中は担当保育士である私の後追いをすることが続き，私とYくんとの距離感やどのように関わっていけば安心して生活できるようになるかなど，毎日のようにクラスで相談しながら保育を進めていた。朝，母と別れるときに私が抱っこで受け入れると母の方に手を伸ばして大声で泣いていた。

　その頃，クラスでザリガニの飼育をはじめた。するとそれまでほとんど言葉がでていなかったYくんが飼育ケースを指さして突然「あーっ！」「あっ，あっ」と声を出すようになった。園庭で捕ったセミなどの虫も怖がることなく，触ったりする姿が見られ，Yくんは生き物が好きだということも分かった。そんなYくんも夏中盤頃には保育園生活に慣れ，園で自分の好きなものを見つけたことで，私の後追いをする姿や泣く姿はほとんど見られなくなり，笑顔が見られるようになってきた。

〈エピソード〉

　その日もYくんはいつものように母に抱っこされて登園してきた。私が「Yくん，おはよう」と声をかけると，私の挨拶にぱちっと目を合わせて"おはよう"と言ってくれた気がした。おむつや着替えの準備をしているあいだもYくんは母にしがみついていた。そしてYくんの体調や昨日の家での様子などを母

第3章　0,1歳児への保育者の「教育の働き」

と話して,「じゃあ,Y,行ってきます」と母が言ったので,私は何も言わずにそっと両手を出してみた。するとYくんがすっと私の方に手を伸ばし,初めて自ら母と離れた。私は驚きと同時にYくんが一歩踏み出してくれたことをとても嬉しく思った。母が「Y,タッチ」と言って手を出すと,Yくんも右手を伸ばして母にタッチしたので,母も驚きを隠せない様子だった。母はとても嬉しそうで,少し上ずったような声で,「Y,じゃあね」と言って,足早に保育室を出て行った。そのとき,私の背中に回したYくんの左手がぎゅっと私のTシャツを摑むのが分かった。私はこのぎゅっと摑んだ左手が,いまのYくんにとっての精いっぱいの "いってらっしゃい" ではないかと感じた。誰にも見えないように私のシャツをぎゅっと摑んでバイバイできたYくんの強さに私は嬉しくてとても愛おしい気持ちになり,ぎゅうっと抱きしめた。そのあと,私はYくんを抱っこしたまま,「ばいばい,泣かないでできたね,Yくん,すごい」と二人で内緒話をするようにそっと伝えてみた。Yくんは "うん,うん" と大きくうなずいた。すると,私のTシャツを摑んでいたYくんの力がふっと抜け,私は "もう大丈夫だ" と感じた。ゆっくり抱っこから降りたYくんは大好きなザリガニの飼育ケースのところに歩いて行って,いつものようにザリガニを指さし「あー!」と私に "先生もみて" と訴えてきた。私は「アカくん(ザリガニの名前),おはようやなあ」と言って,私はYくんと一緒に飼育ケースを覗いた。

〈考　察〉

　慣れない環境,人,生活,Yくんにとって初めてのことだらけの保育園生活。不安で泣いてしまうことがあるのも当然だったと思う。しかし,私にぴったりくっついて離れられず,私が他の子の着替えを手伝おうとするだけで激しく泣いてしまうような状態が続いていた。この状態がなかなか改善されず,クラスで相談しながら,あえて少し距離を置いてみるなどの試行錯誤をしつつ,私も日々悩んでいた。職員間の話し合いで,やはりもうしばらくは私ができるだけYくんのそばでじっくり関わっていこうということになり,一緒に行動するよ

第Ⅱ部　実践編

うにした。どうしても離れなければならない場面では,「もどってくるからね」と声をかけて, 私の居場所を知らせるような対応をとっていた。そんなYくんと言葉でないところで初めて心が繋がったと感じた瞬間が私にとって衝撃的で, そして何よりも嬉しかったので, それをエピソードに記すことにした。

　Yくんにとって気持ちに大きな変化があったのは担任の一人が持ってきたザリガニがきっかけだったと思う。口をぽかんと開けてじーっと飼育ケースを見つめ, 時々「あっ, あっ（先生も見て！）」とアピールしたり, 一緒にお世話したりしてきた。園庭でセミの声が聞こえるようになってきた頃,"さすがに大きな鳴き声のセミは怖がるだろうな……"という私の予想に反して, 鳴くセミを目の前にしてもYくんはまったく動じず, 自ら人差し指で触れることさえできた。その頃から生き物の絵本を手にすることが多くなり, Yくんは生き物を見たり触ったりすることが大好きなのだということがはっきり分かった。

　今回のエピソードで, ぎゅっと摑んだ左手にYくんの心のなかの葛藤を感じた。母と離れたくない, でも保育園は楽しいという二つの思いの選択のなかで, 初めて自らバイバイをすることを選んだのだと思う。大好きな生き物がたくさんいること, そして保育園が安心できる場所になったことがYくんの背中を押したのではないかと考える。

◆私からのコメント

　このエピソードは1歳児で新入園したYくんの, 登園時に母と別れる場面を取り上げたものです。「私の挨拶に対してぱちっと目を合わせて"おはよう"と言ってくれた気がした」や,「Yくんの左手がぎゅっと私のTシャツを摑むのが分かった。私はこのぎゅっと摑んだ左手がいまのYくんにとっての精いっぱいの"いってらっしゃい"ではないかと感じた」という部分は, まさに「接面」で起こっていることを自分の体験として描いた部分です。1歳児と目が合ったときに, 保育者であれば誰もが"おはよう"と言ってくれたと感じ取るわけではないでしょうし, YくんがTシャツを摑むのを誰もがYくんの精一杯の"いってらっしゃい"だとは感じないでしょう。そこに「接面で感じ取られる

114

第3章　0, 1歳児への保育者の「教育の働き」

ことにはその人の当事者性が絡む」と述べたことが関わっています。それまで
Yくんの担当として，保育園に慣れずに泣き続けるYくんにしっかり対応して
きたという書き手のこれまでの経験と，子どもの思いを丁寧に受け止めて対応
するというこの園の職員が共有している価値観などがこの書き手の当事者性を
構成していて，それがこのような感じ取り方（体験の仕方）を導いているので
す。その体験をこのように描くところに従来の活動の記録とは違う，「接面の
当事者が自分の体験を描く」というエピソード記述の特徴があります。

　また〈考察〉のところで，別れる場面がいつも大変だったというこれまでの
流れのなかで，「初めて心が繋がったと感じた瞬間が私にとって衝撃的で，そ
して何よりも嬉しかったので，それをエピソードに記すことにした」とこのエ
ピソードを取り上げた理由に触れていますが，その「心の繋がり」は接面の当
事者にしか実感できないものです。これまで自分の体験したことは，第三者に
よって確かめることができないから主観的なものだとされて，客観的な記録に
盛り込んではならないとされてきたのですが，しかし，接面の当事者としてこ
の「心の繋がり」を実感したことは，実際の保育する営みにおいては極めて大
切なことです。それまで丁寧に「養護の働き」をYくんに向けてきて，少しず
つ自分がYくんに信頼してもらえているのかなと感じてきてはいたものの，ま
だ本当の実感にまでなっていなかったのでしょう。そんななかで得たこの日の
「心の繋がり」の実感は，Yくんの信頼感を実感することでもあったでしょう。
それが嬉しかったという書き手の思いに繋がったのだと思います。

　そして，ようやく母とバイバイができたというところに，Yくんの「なる」
への変化を見て取ることができます。時間が経過すればいずれ泣かなくなると
いうことではなく，Yくんの心のなかで，「ママと別れるのは嫌だけど，先生
がいれば大丈夫」というふうに折り合いをつけられるようになってきたことが
ここでの「なる」の意味でしょう。こうして，保育者との温かい関係のなかで，
またザリガニへの興味から保育園が楽しいことで溢れていることを実感するな
かで，母とバイバイができるようになるという小さな「なる」が実現されてい
くのです。

115

第Ⅱ部　実践編

❖エピソード6：「ちゃんと私だけを抱っこして」

T保育士

〈背　景〉

　1歳児クラスのAちゃん（1歳11カ月）は今年度入園し，表情豊かでとにかく元気いっぱいの女の子。ここに入園する前は，他の園に通っていて集団生活の経験もあったためか，ここでの生活に慣れるのも早く，他の新入園児よりも保育士に甘えてくることも少なかった。しかし，最近になり新しい場所や人との生活に慣れてきて，自分の思いが通らないと友だちに手を出してしまったり，保育士に泣いて訴えてきて保育士とのじっくりとした関わりを求めてきたりすることが多くなってきた。

　Yくん（1歳8カ月）は，穏やかで控えめな性格。泣いて訴えるときもか細い声で泣きアピールも控えめだ。しかし，小さいながら周りの状況がよく見えていて，保育士に甘えたいときには隙を見てちょこんとひざに座りにきたり，抱っこを求めてきたりと，上手に保育士に甘えている。

　こんな二人が15時のおやつ後に見せたのがこのエピソードだ。15時のおやつ後は，玩具を出して室内遊びを楽しむが，なかなか遊びが続かず，お迎えも気になって保育士に甘えたい気持ちがみんな強くなる時間帯だ。

〈エピソード〉

　人数が多いため15時のおやつ後，月齢の高い子は一時保育室の方に移動し，二部屋に分かれて過ごしている。この日も，月齢の高い子に声をかけていると“行きたいけど，どうしよう……”と迷っているAちゃんの姿があった。結局，他の友だちに先を越されて行きそびれたために機嫌を悪くし，その後，友だちとトラブルになってしまった。そんな，Aちゃんの姿を見て他の保育士が声をかけ，一時保育室へと連れて行ってくれたのだが，機嫌は悪くなる一方。泣いて1歳児室へ戻ってくると私の膝の上に座りにやってきた。私の膝の上に座っていると気持ちが落ち着くようで次第に涙も止まる。しかし，いつもこの時間

116

第3章　0，1歳児への保育者の「教育の働き」

になると抱っこを求めてくるＹくんが“ぼくも一緒に座らせて”とやってきた。両方の甘えたい気持ちを受け止めてあげたいと思った私は，Ａちゃんを右の膝にずらし半分ずつで座らせることにした。すると，私との一対一の関わりがよかったＡちゃんは再び泣き出し，“ここは私の場所，一人がいいの”と言うかのように，Ｙくんを手で押して私の膝から無理矢理降ろそうとした。私のなかで，“二人の気持ちを両方とも受け止めたい”という思いがまだ強く，また，友だちに手を出してしまったその行為だけに目を向けてしまった私は，「Ａちゃん，押したらバツ。ＹくんもＡちゃんと一緒で抱っこがいいんだって。だから半分こ」と少しきつい言い方をしてしまった。もちろんＡちゃんは納得できず，また怒られたと思ってさらに激しく泣き出してしまった。その後しばらく黙って見守っていたのだが，他の保育士の膝も空いているのに私の膝の上から動こうとせず泣き続けているＡちゃんの姿を見て，“Ａちゃんは私に気持ちを受け止めてほしいのだ。なのに私は，ただ膝の上に座らせているだけで，しかも怒ってしまった。全然，気持ちを受け止めてあげられていない”と，ふっと思った。そこで，まだ声を上げて泣いているＡちゃんに「Ａちゃん，Ａちゃんは一人がよかったんだ。でも，先生ちゃんとＡちゃんのこと抱っこしているよ」と声をかけ直し，ギュッと自分の方へ引き寄せた。そして，一緒に座っているＹくんにも同じように……。すると，Ａちゃんはこの一言で安心したのか泣くのを止め，気持ちを落ち着かせはじめた。Ｙくんも，自分もちゃんと受け止めてもらっていることを感じ，気持ちが満たされたことで，友だちの姿も受け入れられるようになったのか，そっと泣いていたＡちゃんの頭に手を伸ばし優しくよしよしと撫でてくれた。私からも，そしてＹくんからも“大丈夫だよ”と気持ちを包み込んでもらったＡちゃんは，その後“一人抱っこ”を求めることはなく，満足するまで保育士の膝の上に座り，満足すると好きな遊びへと向かっていた。

〈考　察〉

　1歳児クラスで30名という，いままでにない人数の多さに全然余裕がない状

第Ⅱ部　実践編

態で動いている自分がいる。いろいろな場面で"子どもの思いを受け止める"と簡単に言葉に出したり，日誌の反省などに記したりしているが，実際は生活の流れや安全面・子ども同士のトラブル等を気にするあまり，自分がどこまで子どもたち一人ひとりの思いにしっかりと向き合い，分かろうとしているのか……と反省する。甘えたいとき，"先生，抱っこ"と抱っこを求めてくる子どもたち。いまあらためて振り返ると，抱っこしながら何か他のことをしていることが多く，ただ抱っこしているだけでその子の気持ちを受け止めていることにはならない。この年齢は，まだ言葉で自分の思いを表現できない分，しっかりと向き合い表情や仕草などを見ながら保育士がその子の思いを引き出さなくては思いを受け止めることは難しい。こんな大切なことを教えてくれたのが今回のエピソードだった。今回，私がＡちゃんの気持ちを受け止めてかけた言葉が本当にあの言葉でよかったのか，本当にＡちゃんの気持ちを満たすことができたのかは分からない。しかし，しっかりと受け止めた気持ちを言葉に出して"○○ちゃんの気持ち分かっているよ"と伝える大切さを知った。また，自分を受け止めてもらえていると感じると，他の子どもを受け入れたり，同じように受け止めようとしたりすることに繋がることもあらためて分かった。これから，しっかりとその子の思いに心を向け丁寧な関わりを大切にしていきたい。

◆私からのコメント

　２歳の誕生日が近づいた１歳児のＡちゃんとＹくんは，Ａちゃんは表情豊かで元気いっぱい，Ｙくんは穏やかで控えめと対照的な様子です。おやつ後に泣いて１歳児室に戻ってきたＡちゃんが書き手の膝に座りにやってきたところに，Ｙくんも座らせてと来たので，書き手は半分ずつ座らせようとしますが，Ａちゃんはここは自分だけの場所だと泣いて譲ろうとせずにＹくんを押して降ろそうとします。そこで書き手は「Ａちゃん押したら×，半分こ」と強く言い，Ａちゃんはさらに怒って泣いてしまったのをみて，ようやく書き手はＡちゃんは気持ちを受け止めてほしいのだということに気がつき，Ａちゃんをぎゅっと抱きしめると，ＹくんがＡちゃんの頭をよしよししてくれたこともあって，よう

118

やくＡちゃんの気持ちがほぐれたという内容です。〈考察〉のところでは，１歳児30人という保育体制もあって，「受け止める」ことが大事といっても……という気になっていたけれども，今回のエピソードを通して，「受け止める」ことの意味が分かったとまとめています。

　「受け止める」という保育者の働きは，その多くは短時間の心の動きで十分で，その子にずっと関わり続けることではありませんし，ましてやその子の思いをそのまま叶えてあげることではありません。半分こじゃなくて自分だけを抱っこしてというＡちゃんの思いはその接面から分かりますから，「そうだね，一人だけで抱っこしてほしかったんだね」とＡちゃんの気持ちは受け止めることができます。それがここでの「養護の働き」ですが，それはＡちゃんが一人だけで両膝に座ってもいいよという意味ではありません。「養護の働き」をそのように示して，あなたの気持ちは分かったよと伝えながら，でも「Ｙくんも抱っこしてほしいと思っている，Ａちゃんと一緒だね，Ｙくんも本当は一人で抱っこしてほしいんだけど，半分こでもいいと思っているんだよ，Ａちゃんも半分こでＹくんと一緒に抱っこされてほしいな」という保育者の願いを伝えるところが「教育の働き」でしょう。このようにここでは「養護の働き」が「教育の働き」と連動して子どもに振り向けられているのが分かります。

　ある保育者は，二人の子どもが自分の膝に座りたいと言ってきたときに，二人にお願いして自分の両膝に半分こずつで座らせたけれども，そのときに，「それでもそれぞれの子どもに向ける気持ちは半分にしたわけではない」と述べていました。つまり，片方の膝に座った子どもに「いまこの瞬間」に保育者が気持ちを向けるときには，たとえ一瞬であっても，その子に自分のすべての気持ちを向けるのだという強い思いをそのエピソードのなかで述べていました。二人の子どもの思いを同時に満たすことはなかなかできませんが，その折り合いをつけるときに持ち出されるのが「半分こ」なのです。こうした日々の対応が，子どものなかで「いまそうしたい」という思いが叶わないときに，「あとでそうしてもらう」というように自己調整できるための経験として蓄積されていきます。そうしてみると，子どもの「ある」を受け止める地道な対応が，い

第Ⅱ部　実践編

ずれ新たな「なる」に繋がっていく事情も見えてくるのではないでしょうか。

❖エピソード7：「おはなしの世界」

M保育士

〈背　景〉

　Aくんはこの7月に2歳になったばかりの男の子。1歳になった頃に入園して，私とAくんは約一年間毎日一緒に過ごしてきた。入園当初から食が細く，食べることになかなか興味がもてない状態がいまも続いている。一方，言葉を話しはじめるのが早く，自分でおしゃべりすることも絵本を読んでもらうことも大好きである。絵本をみんなで見るときは，最前列に座って最後までとても集中しておはなしの世界に浸っている。

〈エピソード〉

　給食の時間，両手をテーブルの上に出さずに，ぼうっとしているAくん。自分から食べようという気にならない様子が見られる。「Aくん，一緒に食べようか？」と声をかけて隣に座る。「わぁお肉，おいしいよー，Aくんも食べてみたら？」と少しおおげさに食べてみせてから，Aくんの口にスプーンを運ぶが，やはり口を開けようとしない。そんなやりとりが何回かあった。なかなか食べようとしないので，気分を変えるつもりで「Aくんはさっき三輪車に乗ってたねぇ，みんなでようい どん！して，たったかたったか走ったりもしたねー，面白かったねー」と話しかけると，Aくんもにこっとして「うん，Aくんはね三輪車のったの，ようい どん！して，たったかたったか走ったの」と話しながら，午前中園庭で遊んだことを思い出している。「また遊ぼうねぇ。お肉さんとご飯さんもいっしょに遊ぶかもね」とAくんに話しかけると，「うーん，そうだねえ」と返事が返ってくる。そこで，ごはんとお肉をスプーンに乗っけて「ちょっとAくんの所に行ってみようか？ピーンポーン！Aくんいっしょにあそぼう！」とスプーンを口に持っていくと，「いや！」と言いながらもにやり

120

第3章　0，1歳児への保育者の「教育の働き」

とした表情を見せる。またやってほしそうなので，「えー，しょんぼりしょん
ぼり，やっぱりもう一回行ってみよう！ピンポーン！」と口元にスプーンを運
ぶと，目をきらっとさせて，思いっきり口を開けてスプーンを受け入れ，もぐ
もぐもぐした。ああ，やっと食べてくれたとほっとすると同時に，あまりのA
くんの変わりっぷりにわくわくする。さっきまであんなに頑固に口を閉じてい
たのに，気分が乗ってくるとこんなにも変わるものなのか。私は，お肉さんや
ご飯さんになってよかった，と喜びながら，Aくんが食べたお肉とごはんは体
内に取り込まれて本当にAくんと三輪車するんだろうな，おはなしだけど本当
のこと，本当のことだけどおはなし，それがなんだか面白いなと思った。

〈考　察〉

　ご飯を食べるということにおはなしの光があたったことで，Aくんの心がぐ
っと動いた。心が動くと体も動く。その瞬間に立ち会えた気がした。こんなに
も目がきらりとして表情豊かになり，大きく口を開けて食べようとするものな
のか。Aくんの素直な表情がまぶしかった。ここでのお話は単なる嘘ではなく，
目の前のことに対する一つの切り口だったのだろうと思う。そしてそれは無数
にある。同じ風景を見ても人によっていろいろな見方があるように。言葉を獲
得しつつあるAくんは，言葉によって目の前の出来事や目の前の世界を捉える
ようになってきている。そんな成長を感じさせられたひとときだった。

◆私からのコメント

　1歳児のAくんはこの7月で2歳になったということですが，入園当初から
食が細く，食べることに興味がもてない反面，言葉が早く，絵本を読んでもら
うことが大好きな子どものようです。〈エピソード〉は，給食のときにAくん
が自分から食べようという気持ちにならない場面での書き手の対応を取り上げ
たものです。書き手が「いっしょに食べようか」と誘い，「うあー，お肉美味
しい」と大袈裟に声をかけて食べてみせてから，一口Aくんの口にスプーンを
運びますが，やはりAくんは口を開けようとしません。何回やってみてもダメ

121

第Ⅱ部　実践編

です。そこで給食前の楽しかった三輪車の話をするとＡくんが乗ってきたので，また遊ぼうねと話しながら，その遊びのイメージに沿って「お肉さんとご飯さんも一緒に遊ぶかもね」と話しかけると，Ａくんは「うーん，そうだねえ」と言うので，お肉とご飯をスプーンに載せて，「Ａくん，いっしょにあそぼう！」とお肉とご飯に言わせてみると，Ａくんは「いや！」と言いながらも，笑顔になっているので，「しょんぼりしょんぼり，やっぱりもう一回遊びに行ってみよう！」と再度スプーンをＡくんの口元に持っていくと，Ａくんは今度はそれを受け入れて食べたという内容です。

　いつもの食べさせるパターンではうまくいかないので，お肉やご飯がＡくんの口に遊びに行くという，おはなしの世界のような対応をしてみたら，うまくいったということのようです。〈考察〉で，「Ａくんの心がぐっと動いた，心が動くと体も動く，その瞬間に立ち会えた気がした」と書いているのは，まさに「接面」で起こっていることの描写です。「こんなにも目がきらりとして表情豊かになり，（中略）Ａくんの素直な表情がまぶしかった」と書き手は書いていますが，それは書き手がＡくんとのあいだに接面をつくることができたからこそ把握できたことです。そしてその接面での二人の気持ちの動きから「ごはんが口に遊びに来る」というイメージがＡくんにも広がり，そのご飯を受け入れることができたのでしょう。こうした子どもの心の動きに沿ったちょっとした工夫が，ここでの「教育の働き」でしょう。その際，食べてほしいという願いを直球で伝えるのではなく，おはなしの世界のことに変えて変化球で子どもに伝えようとしたことが，ここでの「教育の働き」が功を奏した理由だったのだと思います。そしてそのような変化球が投げられたのは，子どものいま食べたくないという思いを接面から感じ取っていることが背景にあったからでしょう。もしも接面がないままに保育者の側の食べてほしいという思いだけで関わっていたら，結局は直球を投げることになって，Ａくんはその誘いかけに乗れなかったでしょう。そのことを思うと，子どもの心がこのように動く瞬間をつくり出すことができた書き手の力量に感服する思いがしました。これも大きく見ればＡくんの今の「ある」の姿ですが，そのなかにいまの場面のような「なる」

122

第3章　0，1歳児への保育者の「教育の働き」

への兆しが生まれ，そうしたことを積み重ねていくなかで，本当の「なる」，つまり食べることに積極的になるという願わしい姿が導かれてくるのだと思います。

❖エピソード8：「車，おおきくなったね」

H保育士

〈背　景〉

　1歳児15名，担任3名で保育している。私は主任だが，時々フリーの立場で保育に入っている。春先から子どもたちはロッカーに備え付けのかごの衣類を全部引っ張りだしてはそのかごのなかに入って繰り返し遊ぶ姿が見られた。そこで担任は大小さまざまな段ボールを保育室に用意した。するとさっそく子どもたちは段ボールのなかに入って遊びはじめた。なかには折り畳んだ段ボールの上で遊ぶ子どももいた。数日間，遊び続けると段ボールが破れてくる。その破れた段ボールにシールを貼り，なぐりがきをして十分に遊んだ後で，新しい段ボールを補充していくようにしていた。そのうちに，子どもたちはそれぞれの段ボールに好きな玩具や人形を入れてマイハウスのようにして遊ぶ姿を見せるようになった。お昼寝のときにはお気に入りの人形やぬいぐるみや車などをそこに入れて布団を掛けるなど，子どもたちにとってはマイハウスは大事なものとなっていった。そして昼寝から目覚めると真っ先にマイハウスを覗く子どもたちの姿も見られるようになった。

　YちゃんとTくんは4月生まれで語彙数も多く，保育者や友だちとのやりとりも積極的に行う。保育者の模倣遊び（ピアノを弾く，絵本の読み聞かせをする，人形のお世話をするなど）が好きで，お手伝いもやりたがるリーダー的な存在の二人である。10月生まれのNくんは友だちが遊んでいる玩具に興味を示し，その玩具を取り上げたり崩したりする。玩具が手に入るとポイっと手放し，興味を失い，次々と興味を動かしていく。身振りや指さしで自己表現をすることもある。その一方で，噛みつきや引っ掻き，保育室を出ていくなどの負の行

第Ⅱ部　実践編

動も見られるので保育者は目が離せないが，明るい性格で笑顔が絶えない男の子である。担任とよく追いかけごっこをしている。私は主任をしており，夕方，電話の取次ぎで保育室に行ったときの出来事である。

〈エピソード〉

　保育室に入ると，子どもたちはそれぞれのマイハウスで遊んでいた。一つの段ボールにYちゃんとTくんが入り座っていた。「せんせい」と手招きするのでそばに行き「なあに？」と言うと，Yちゃんが「車に乗ってお買い物，行く」と言うので，私は車が発車するイメージで段ボールを左右に少し揺らしてやった。するとその揺れが楽しかったようで，「もう1回」と言う。そこで「車，出発しまーす，ブッブー」と言って段ボールを前方方向に動かした。YちゃんとTくんは少しバランスを崩した。そのバランスを取るのが楽しかったようで，Tくんが「もう1回」と言う。「出発しまーす」と言って今度は段ボールを引いた。動く瞬間にバランスを保とうと構え二人は笑い出す。数回続けて遊んでいると，そこにNくんが入り込んできた。YちゃんとTくんはNくんを見ながら体を寄せ合ってスペースを空けた。Nくんはその空いたスペースにすとんと座った。Yちゃん，Tくん，Nくんと目が合った。そこで「出発しまーす」と段ボールの車を動かすと，Nくんはバランスを崩した。次に動かすと揺れに反応してくすっと笑った。Yちゃんが笑ったNくんをみた。そして3人で顔を見合わせてニッと笑い合い，私の方を見た。「車，出発しまーす，ブッブー」と遊んでいると，とうとう段ボールの車が破れてしまった。私は破れることも想定していたが，3人にとっては驚きだったのだろう。3人ともバランスを保とうと踏ん張りながらもゆっくりと倒れていった，倒れ込んだ後，3人の動きが止まった，周囲にいた子どもたちも3人を見つめた。一瞬の静けさの後，Yちゃんが笑い出した，つられるようにTくんもNくんも笑い出した。すると周囲の子も笑い出した。私も一緒に笑った。その破れた段ボールの車をみて「車，大きくなったねー」とYちゃんが座り直した。Tくんは少し間をおいてそこに座った。NくんがYちゃんとTくんのあいだにねじり込むように座ろ

124

うとしたとき，Ｙちゃんは鼻の頭に皺をつくり，困ったような表情をした。Ｔくんはとくんに「どけて」と言わんばかりに手を伸ばしかけた。その瞬間，私は「車が動くので，みなさま離れて座ってくださーい」と運転手のアナウンスのように言うと，3人は私の顔を見た。するとＮくんはずりずりと体を横に移動させた，私はＮくんに笑顔でうなずいてから，「出発しまーす」と言った。Ｙちゃんもとくんも私を見ていた。それぞれと目を合わせ，ニッと笑いあった。そこで私は破れて床の上に広くなった段ボールの端をもって動かしてみた。その上に乗っている子どもたちはバランスを取らなければならない。私の方も転倒の危険があるので子どもたちを見ながら動かす必要があった。3人は少し動かすだけでキャッキャと笑った。私が「出発しまーす」というと，周囲で見ていた子どもたちが次々と乗ってきた。Ｙちゃんの「みんな，乗ったねー」を合図に「バスが出発しまーす，ブーン」と段ボールを引くと，子どもたちが体に力を入れるのが表情や動きで分かるほどだった。私も子どもが7人乗ったことで段ボールを引くタイミングが難しくなり，見計らっていると，子どもたちは私の表情や動きを見て身体に力を入れようとする姿も見られた。私が表情を緩ませると子どもたちもニヤッと笑い，真剣な表情をすると子どもたちも身構える姿を見せるなどのやりとりが続いた。Ｎくんも「んっ，んっ」と催促する。これに応え，「バス，○○に出発しまーす」「○○に到着」などと言って，子どもたちとやりとりを交わしながら繰り返し遊んだ。段ボールが動く度に笑い声が響いた。

〈考　察〉

　保育室での子どもたちの様子を見ていると，Ｎくんがそばに来るだけで何かされるのではないかと構える姿を見せる子どももいる。ＮくんがＹちゃんとＴくんの笑い声に誘われるように段ボールに入り込んだとき，Ｎくんの表情からはトラブルになるような要素を感じなかった。ＹちゃんとＴくんはＮくんの表情や手足の動きからすっと車の座席を空けてやったのではないかと思う。もしＮくんを拒否するような様子を見せていたら，Ｎくんの「遊びたいのに！」と

第Ⅱ部　実践編

いう思いが先行し，周囲から見ると乱暴に見える行動をとっていたかもしれない。1歳児クラスの子どもは，「自分の物，自分の場所，自分でしたい」という思いが育ち，所有意識も強くなっている。まだ相手への気遣いなどは難しい年齢だからこそトラブルも多い。YちゃんとTくんは発達も早く，並行遊びから少人数の集団での遊びへと移行していく時期に差しかかっている。二人が場所を空けてNくんを受け入れたこともよかったのだろう。3人で笑い合い心地よい緊張感を共にすることでNくんも一緒に笑い合うことができたのはとても嬉しかった。段ボールが破れた後のNくんは少し興奮気味で二人のあいだに入り込みたかったのだと思う。でも「離れて座ってくださーい」の声に反応して行動を抑制し移動できたのは，楽しい気持ちで遊びを続けたかったからだと思う。そのときに叱るような口調にならなくてよかった。楽しい雰囲気を壊さず，次の遊びが展開できてよかったと心から思う。もしかしたらいままでも，Nくんの気持ちの表現からくる行動を単に乱暴な行為と捉えてしまっていたことがあるかもしれない。保育者がNくんの行動や姿から，もっとNくんの気持ちや思いを察知し，友だちと同じ空間を一緒に遊び，笑い合えるような働きかけが必要だったのではないだろうか。こうしたやりとりをたくさん経験して人との関わり方を子どもたちも学んでいっているのだと感じた。また段ボールが破れたとき，「あーあ，残念，おしまい」ではなく，笑いへと転じ，車からバスへと遊びが展開できたのは，Yちゃんの「車，大きくなったねー」の一言に尽きる。YちゃんとTくんが一つの箱に入り込み，マイハウスから車へとイメージを広げたところで，私がタイミングよく反応できたことによって，遊びが展開し笑い合うことができた。段ボールをほんの少し動かすだけで，子どもたちと笑い合い呼吸を合わせて遊ぶ瞬間がもてた。またそこに大人が加わることで1歳児クラスでも少人数の集団で遊びを展開する面白さを感じることができた。壊れても破れてもいい，段ボールがその子だけの空間になったり，数人で共有して遊ぶ特別の空間になった。車やバス，お買い物ごっこなどのイメージがそこに広がり，魔法のように子どもの心を捉える遊びの一つになった。子どもが大人の表情や動きを見て，身体を緊張させたりバランスを保ったりする面白さ

第3章　0，1歳児への保育者の「教育の働き」

を楽しむ姿も興味深かった。Nくんと一緒に愉快な楽しい時間をもてたのは，
YちゃんとTくんのおかげだったと思う。

◆私からのコメント

　〈背景〉から，保育者がさまざまな段ボールを保育室内に用意すると，1歳
児たちがその段ボールに入って遊ぶようになり，日にちが経つとそれが破れ，
破れるとそこにシールを貼ったり，なぐり描きをしたりし，それから新しいも
のに変えていくという流れのなかで，子どもたちはそれぞれが自分用の段ボー
ルをマイハウスとして扱うようになっていったという経緯が分かります。

　〈エピソード〉は，その段ボールを車に見立てて保育者と子どもたちが遊ん
だという内容です。主任の立場の書き手が保育室に入ると，YちゃんとTくん
がマイハウスに入って遊んでいます。Yちゃんが「車に乗ってお買い物，行
く」というので，自動車をイメージして書き手がそのマイハウスを揺らすと
「もう1回」と喜んだので，「車，出発しまーす，ブッブー」と声を挟んで揺ら
すとYちゃんがよろけ，それがTくんには面白くて，「もう1回」と催促しま
す。そうして繰り返して遊んでいるところにNくんが来たので，二人は体を寄
せてスペースをつくり，そこにNくんが入って，また書き手が車を揺らすのを
3人で楽しみますが，子どもたちがバランスを崩したところで段ボールが破れ
てしまいました。一瞬の後，子どもたちは笑い出し，破れた段ボールを見て，
Yちゃんが「車，おおきくなったねー」とつぶやき，他の子もその上に座りま
す。書き手は「車が動くので，離れて座ってくださーい」と運転手が言うよう
に声をかけてまた段ボールを動かすと，箱状のときとは違うので，子どもたち
は座ったままバランスを取らなければなりません。書き手の動かすタイミング
と子どもたちが体を緊張させるタイミングが合うようになり，子どもたちの楽
しみが増します。そこに他児もやってきて，最後は「バスが出発しまーす」と
いうかけ声に変わって，何度もその出発時の揺れを子どもたちで一緒に楽しむ
ようになったという内容です。

　〈考察〉は，自分の思いの強い1歳児だからトラブルも多いけれども，今回

127

第Ⅱ部　実践編

のように同じ揺れを楽しむことを通して，トラブルにならずに友だちを確かめ合う機会になったとまとめていますが，その通りだと思いました。しかしそれも，子どもたちの様子を見て，またトラブルになりかねないところで，「車が出発しまーす」の声を挟み，子どもたちが揺れに対処するように身構えるのに合わせて段ボールを動かすというふうに，書き手が子どもたちの遊びの楽しさを引き出すように関わったことがあったからでしょう。トラブルメーカーとみなされがちなNくんですが，それまでにも今回のようにNくんの楽しいという気持ちを引き出せるように関わっていたら，Nくんの見せる姿も変わってきていたかもしれないという〈考察〉も納得できるものでした。

　YちゃんとTくんの二人だけでも段ボールでの遊びを自分たちで工夫して楽しめたかもしれませんし，その後の展開は保育者主導ではないかと疑問をもつ人もいるかもしれません。しかし，ここでは「車に乗ってお買い物，行く」という子どもたちの言葉を手がかりに，その遊びのイメージがさらに膨らむようにもっていこうとしたところがポイントでした。ですから，ここでの書き手の対応は間違いなく「教育の働き」といってもよいものだと思います。闇雲に，こうして遊ぼうという保育者が主導した働きかけではありませんでした。だからこそ，子どもたちの遊びがここまで楽しい遊びに発展したのです。段ボールが，みんなの乗る自動車になったり，バスになったりというように，保育者の入り方のちょっとした工夫が，その遊びをより楽しいものにする誘いかけになることが分かります。

　幼い子どもに何かをさせて，大人の期待する「なる」を早く導こうとするのではなく，この時期にこのように楽しい遊びを十分に経験して，面白いことがいっぱいある，面白いことがいっぱいできるという経験を積み重ね，自信や自己効力感など，肯定的な自己感を培うことが，これからの「なる」へのバネになると考えるべきでしょう。

　まとめると，この書き手の対応は，子どもたちの思いを見定めてそれを受け止めるという「養護の働き」と，遊びがもっと楽しいものになるように保育者が誘うという「教育の働き」とを結びつけて子どもたちに振り向けられていた

第3章　0，1歳児への保育者の「教育の働き」

から，このような楽しい遊びを導くことができたのです。揺れを楽しみ，バランスを保とうと体に力を入れるなど，子どもたちの感じる力動感の変化が遊びの根本にあることもよく分かるエピソードだったと思います。

第3節　各エピソードの要約と本章のまとめ

エピソード1は，何といってもWちゃんがチェーンを缶に入れようとする意欲的な姿が印象的ですが，保育者がWちゃんの思いを接面から感じ取って，そこからよかれと思う働きかけをしたことが，実は大きなお世話だったことに気づくというところも，0歳児を保育する営みを考えるうえで大きなヒントを与えてくれるように思いました。

またエピソード2は，葉っぱを頭に載せてもらうという保育者との遊びの面白さ，またOちゃんが保育者に自分がしてもらったことを月齢が下のSくんにもしてあげようという振る舞いの可愛らしさが印象的ですが，そうしたOちゃんの振る舞いの裏に保育者とのこれまで積み上げてきた関係性が息づいていることが分かります。

エピソード3は，Aちゃんの自分の影の不思議に興味を示す可愛らしい姿が印象的ですが，書き手が自分の影をAちゃんの体の影にくっつけるようにもっていく何気ない働きかけが，実はAちゃんの興味を広げる「教育の働き」の意味をもつものだということが分かる内容でした。

これら3本の0歳児たちのエピソードはみな，動態を描く，接面の当事者としての自分の体験を描くというエピソード記述の特質がよく表れていて，またそれぞれの保育者の当事者性も議論したくなる内容だったと思います。0歳児を保育する営みが，決して大人の側が主導して次々に何かをさせる「お世話」ではないことも明らかになったのではないでしょうか。

エピソード4は，初めてすべり台に挑戦するAちゃんを取り上げたものですが，Aちゃんの「怖いけどすべってみたい」という葛藤する思いを保育者が接面から感じ取って，手を添えるのか見守るのかを考えるところや，「心の応援」

129

第Ⅱ部　実践編

がAちゃんの背中を押す「教育の働き」の意味をもつところに，このエピソードから多くの示唆が得られるように思います。

エピソード5は，母との分離場面で何とか泣かずに保育者に抱かれたけれども，保育者のTシャツをぎゅっと握るその様子に，いまのYくんの精いっぱいの「いってらっしゃい」を感じ取ったというところが何といっても心に残る場面だったと思います。しかしそれも，書き手がYくんとのあいだに接面をつくり，Yくんの思いを受け止めようとしていたから摑めた内容だったと思います。そしてそこに，いまの「ある」を一歩踏み越えようとする動きが見られるというところにも，この時期の子どもの特徴的な姿が見て取れるように思いました。

エピソード6は，保育者の膝に一人だけで座りたいAちゃんに対して，保育者が「半分こ」を求めるところに，一人の子どもの思いを尊重することと，他の子どもの思いも同時に尊重することとをいかに兼ね合わせるかという保育の難題が現れていることがよく分かるエピソードでした。行動のうえでは半分こだけれども，いまこの瞬間に気持ちを向けるところは全力だと考えれば，この難題が一部解けるかもしれないことが示唆されるところが興味深かったと思います。

エピソード7は，食べることが苦手なAくんから，どのようにして食べる気持ちを引き出すかという「教育の働き」を考えるなかで，絵本の好きなAくんだったこともあって，肉やご飯がAくんの口のなかに遊びに行くという即興のおはなしをつくって働きかけてみたら，Aくんがそれに乗ってきて，食事がうまく進んだという内容のエピソードです。ここでも，闇雲に保育者の願いに引き込むのではなく，子どもの興味に沿って対応を考えようとしたところに，保育者の「養護の働き」と「教育の働き」の繋がりを見ることができるように思いました。

エピソード8は，子どもたちの段ボール遊びに保育者が関与して，子どもたちの遊びのイメージを一歩前に進めるちょっとした働きかけをしたことが，子どもの遊びを膨らませ，その遊びの楽しさのなかに，気になる子どもも巻き込んで一緒に楽しい遊びを経験できたというエピソードでした。ここでは，子ど

130

第3章　0，1歳児への保育者の「教育の働き」

もの興味や楽しさがもう少し広がるように保育者が段ボールを動かして車が動くイメージを強めたことが「教育の働き」の意味をもったように思われました。

＊

こうした8本の0歳児，1歳児のエピソード記述を振り返ってみると，あらためて接面で子どもの思いを感じ取ることが保育する営みの起点となることが分かります。そして，保育する営みが本来，動態としてあるものだということも，エピソードに見られる子どものいきいきした姿に確かめることができます。そしてそこでの保育者は，単に決められた対応を振り向ける人ではなく，子どもの思いに沿って対応を紡ぎ出す人だということも見えてくると思います。そのような対応のなかで，保育者の「養護の働き」と「教育の働き」が結びついて，小さな「なる」を誘う働きかけになり，そこから子どもの一歩前に出る姿が出てくるとまとめることができるように思われます。

それにしても，0歳児や1歳児が自分の世界を広げていく意欲旺盛な姿にはあらためて目を見張るものがあります。その「なる」への変化のきざしが日々見られるのがこの時期の特徴でもありますが，そのような目に見える変化のきざしの裏に，保育者の保育する営み，つまり「養護の働き」と「教育の働き」があることを確認することができる8本のエピソードだったと思います。それを言い換えたものが「子どもは育てられて育つ」という文言だったといってもよいでしょう。

131

第4章

「ある」を受け止めることから「なる」への兆しへ

第1節　本章の目的

　これまで子どもの「いま，ここ」の「ある」をしっかり受け止める「養護の働き」が保育する営みの基本だと述べてきました。それは，その「養護の働き」によって保育者への基本的信頼と自分への自己肯定感が生まれ，そこから意欲が湧いてきて，外界への興味が広がったり，さまざまなことにチャレンジする気持ちが起こったりするからです。そしてそうした気持ちが確かなものになるように保育者の「教育の働き」が振り向けられることによって，子どもに新たな「なる」が導かれてくると考えるからです。もちろんここでも，その二つの働きは保育者が接面から子どもの心の動きを感じ取ることに基礎を置いています。それを通して，「養護の働き」に「教育の働き」が結びつくさまが見えたり，「教育の働き」の裏に「養護の働き」が動いているのが分かったりして，この二つの働きの繋がりや重なりがこれまで以上に明らかになるでしょう。保育する営みは，ある意味で，すべてこの二つの働きの微妙な絡み合いからなるものですが，ここでは特に「ある」を保育者にしっかり受け止めてもらううちに，子どもの側に「なる」への兆しが現れてくるところに力点を置いてエピソードを見ていきたいと思います。

　一般に大人は子どもに対して，これができるようになる，あれができるようになると，子どもに早く「なる」の変化が現れてくることを期待します。それは保護者であれ，保育者であれ，誰にも共通する大人の思いですが，それが発

第Ⅱ部　実践編

達の目安に沿った期待なのか，それとも子どものいまの「ある」の姿に根差した期待なのかの違いは大きな意味をもちます。また子どもが不安や葛藤を抱えているとき，それを周りの大人が温かく受け止めてそれを慰撫することは，子どもがその不安や葛藤から抜け出して「なる」に向かう気持ちになるために欠かせない保育者の対応だといえます。逆に子どもの負の心の動きに対応することなく，大人から見て願わしい姿を期待して一方的に強く働きかけることは，子どもの負の心の動きをさらに増幅させ助長する恐れがあります。そうしてみると，負の心の動きをしっかり受け止めて慰撫することは，単に慰めることを超えた意味，つまりその子の肯定的な「なる」を導く可能性に繋がる意味をもつはずです。

　以上のことを5本のエピソード記述を通して明らかにしていくのが本章の目的です。

第2節　一連のエピソード記述から

❖エピソード9：「一度だけのパンツ」

N保育士

〈背　景〉

　Tくん（3歳1カ月）は，4月より私の担当児となった。昨年からの持ち上がりで，去年は担当ではなかったが日常生活や遊びのなかで，何となくだが本児のことは把握していた。一見穏やかで，あまり手がかからず好きな遊びをじっくりと楽しむ子どもである。4月生まれということもあり，体も大きくおしゃべりも上手。身の回りのことも自分でやってみようという意欲的な姿が見られる。その反面，登園時などにひどく泣くことがあり，保育室に入ってきたかと思うと，泣いて暴れ部屋のドアを蹴ったりすることが1歳児クラスのときは見られた。新しいことには慎重で，周りの様子をじっくり観察した後で参加したり，不安気な表情を見せたりしていることもある。しかし，気分が乗ってく

ると言葉巧みに話し，歌やダンスをして陽気な姿を見せてくれることもある。特に母親には自分の気持ちをまっすぐにぶつけているように感じる。泣きわめいたり泣き暴れたりしても，そんなＴくんの姿をお母さんは受け止めて，Ｔくんの思いや気持ちに沿いながら関わっているように感じられる。

　2歳児クラスに進級し，新しい環境に戸惑ったりするのではないかと心配する私をよそに，Ｔくんは思ったよりもいきいきした様子で過ごしていた。ただ，朝の受け入れ時に担当がいないときは，長い時間泣いたりすることもあった。友だちとの関係ではＨくん（2歳11カ月）と気が合うようで，二人で一緒にいることがよく見られた。

〈エピソード〉

　新年度がはじまりひと月ほどたった5月のある日。まだ少し落ち着かない様子があるものの，子どもたちも新しいクラスに慣れ，日々保育士や友だちと楽しんで過ごしていた。生活面では自立へと意欲的に向かう子が数名見られる。そんななかＴくんも自分で着替えなどを行い，自分のことは自分でしようとする姿がよく見られた。排泄面では排尿間隔が長く，登園してから午睡後までおむつが濡れていないことがほとんどで，トイレに誘うと気分が乗ったときは一緒に行くことがある。「行かない」と言うときは本当におしっこをしたくない様子で，私も無理強いしないようにし，Ｔくんからたまに出る「おトイレ行ってみる」の言葉を待つようにしていた。布パンツへの移行も考えていたが，Ｔくんの様子や性格を考慮し，とりあえずお母さんには引き出しに布パンツを用意しておいてほしいことを伝えてあった。お母さんも特に早くおむつをとりたいといった感じはなく，Ｔくんの「おむつでいたい」という気持ちを優先している様子だった。

　食事前，おむつ替えをしようと何人かの子どもに声をかける。いつもは「行かない」と言うことが多いＴくんだが，その日は珍しく「おトイレ行ってみる」と言う。気の合うＨくんも一緒のおむつ替えとなり，二人でおむつ替えの椅子に座りズボンを降ろす。Ｈくんは布パンツで過ごしていて，その日は車の

第Ⅱ部　実践編

柄のパンツで嬉しそうに保育士に見せてくれる。「Hくんのお兄ちゃんパンツかっこいいね」と私がいうと，照れくさそうに微笑むHくん。その様子を見ていたTくんが，「Tくんもお兄ちゃんパンツはいてみる」と言う。まさかTくんから言い出すとは思いもしなかったので，びっくりした気持ちと嬉しい気持ちを抑えきれずに，「うん！わかった！　そしたら先生，Tくんあのパンツ持ってくるから待ってて！」と言い，早歩きで保育室に戻り衣服棚からパンツを持ってくる。私が持ってきたパンツに自分で足を通してはき，「Tくんお兄ちゃんパンツだよ，ほら～」と私やHくんに嬉しそうに見せる。「本当や，Tくんよく似合っているね，いまからごはんやし，またお布団はいるときにおむつにしようね」と言うと「うん」とうなずく。その後食事が終わるまでの40分ほどだが布パンツで過ごし，午睡前にはおむつに替えた。

　それから半年ほど経つが，Tくんはあれ以来，布パンツをはいたことは一度もない。リュックにパンツを入れ自宅から持ってくるものの，衣服棚に入れることは嫌がり，時々「Tくんのリュックにお兄ちゃんパンツはいっとるよ」とにんまりした表情で私に見せてくれる。また，「お二階さん（以上児クラス）になったら，水筒持って，お兄ちゃんパンツはくんだ」ともよく話してくれる。思えば，5月のあのときが，これまで私の見たTくんの最初で最後のパンツ姿だった。

〈考　察〉

　この日（5月18日）のパンツ姿からTくんのパンツ姿は半年経ったいままで一度も見ていない。排尿の間隔も長く，おむつでもトイレでしたいことや，濡れてしまったことを私に言葉で教えてくれるので，すぐにパンツに移行できるのになーという気持ちが私にはある。しかし，そこにはTくんの気持ちを一番大切にしたいという私の強い気持ちもある。きっとTくん自身，パンツになる時期がきたんだということは何となく周りの雰囲気で感じとり分かっていると思う。そしてTくんなりに，いろいろ思ったり考えたりして葛藤している部分もあると思う。できたらTくんがパンツをはく瞬間に立ち合いたいなという思

いもある。でも，不思議と私のなかには「もしTくんがパンツをはく日がこな
かったら……」という不安はなく，「いつかTくんからパンツをはく，と言っ
てくれる」ということを楽しみに待つ気持ちの方が大きいのだ。保育士をして
いると子どもが何かを成し遂げたり，できるようになったりしたときに喜びを
感じる瞬間があるが，私は子どもの気持ちに沿ったうえで，そのことを子ども
と一緒に喜ぶという気持ちをいつまでも大切にしたいと思っている。

　Tくん自身がまた「パンツをはきたい」と言う日がくると信じて待ちたいと
思う。

◆私からのコメント

　「信じて待つ」というのは，保育者から時折聞かれる言葉ですが，たいてい
は，「いま，ここ」で手を出さない，言葉をかけないという意味であることが
多く，しかも子どもに気持ちを向けることを忘れてしまったまま，綺麗ごとと
して言っているにすぎない場合がしばしばあります。これに対してこのエピソ
ードの最後のところで示された書き手のこの言葉は，正しい意味での「信じて
待つ」なのだと思います。早い「なる」への変化を期待する保育者が多いなか
で，子どもを主体として受け止め，子ども自身のテンポでできることが身に付
いていけばよいというこの書き手の保育姿勢には，教えられるものがありまし
た。

　「一度だけのパンツ」というテーマを見て，このエピソードを読み進めなが
らこのテーマはどういう意味なのだろうと考えていましたが，いま現在でもま
だおむつが取れないTくんの「最初で最後の」お兄ちゃんパンツだったのだと
いうことが，エピソードの最後のところまで読んでなるほどと納得ができまし
た。

　何かが早くできるようになることを焦らずに，書き手のように「その子のな
かにそうしようという気持ちがまず起こって，それからそれが実際にできるよ
うになることを，その子と一緒に喜ぶという気持ち」は，早くできることが増
えてほしいと思っている保育者にはなかなかなれない気持ちでしょう。それが

137

第Ⅱ部　実践編

正しい意味での「信じて待つ」ということなのだとあらためて思いました。

　この「信じて待つ」姿勢は，いまの「ある」を受け止める姿勢だと言っても
よいと思います。もちろん，保育者がTくんの「ある」を受け止めるこの姿勢
のなかには，いつかは布パンツになってほしいという期待，つまり「なる」へ
の期待が含まれているはずです。ただし，その期待を先行させて早く「なる」
を実現させようと強く働きかけるのではなく，Tくんのなかに「もう布パンツ
にしよう」という気持ちが自然に起こってくるまで待とうという姿勢が，この
書き手のTくんの「ある」を受け止める姿勢だということでしょう。これは単
に，「いまのままでいいよ」という単なる現状肯定ではなく，現状を止揚する
動きが現れてくることを期待しながらの現状肯定であるところに注意したいと
思います。

　ただ，集団生活のなかでは，すでに布パンツになった他児から「まだ紙パン
ツの赤ちゃんだ」というような否定的な評価が向けられたり，いまはゆったり
構えている母が，他の母親たちから紙パンツのことを指摘されて急に焦り出し
たりすることも視野に入れておかなければなりません。集団はどうしても「み
んな一緒」を求める空気をもっているからです。そのことを踏まえたうえで，
「ある」を受け止めているうちに「なる」への兆しが現れてきても，急いで
「なる」の変化を追い求めないゆったりした姿勢を保育者がもつことは大事な
ことだと思いました。

❖エピソード10：「手が冷たかったね，一緒にしようね」

Y保育士

〈背　景〉

　2歳児クラスのMくんは0歳児クラスから入園し，現在3歳を迎えました。
私は0歳児クラスの頃からMくんの担任として関わっています。私は今年，保
育士歴15年目を迎えました。

　Mくんは，兄一人，姉二人の，4人兄弟の末っ子です。二人の姉は卒園児で，

そのうち小学3年生の姉は0歳児から入園していました。その姉が人との関わりが希薄で表情が読みにくく，手立てを考えて関わってきたこともあり，Mくんも入園当初から大切に見ていこうと職員集団のなかで話し合い，関わってきました。

　Mくんは言葉が出るのもゆっくりで，指さしもほとんど見られなかったので，Mくんの思いが摑めず，悩みながら保育をしてきました。そこで，Mくんの視線の先を追って何を見て何を感じているのかに気づきたいという思いで関わるなかで，「カーカー（カラス）いるねぇ」等と声をかけ，思いが一致すると，ニコッと笑い共感できたと感じられるようになってきました。3歳を迎えた現在も，まだ発音が不明瞭で，上手く言葉で自分の思いを表現できないことも多く，ひっくり返って泣くことも多々あります。Mくんがどういう思いだったのかを摑んで，それを代弁しながら気持ちを立て直すことができるような生活にしていきたいと思っていた頃のエピソードです。

〈エピソード〉

　外での雪遊びから帰ってきたときのことです。Mくんは身体が冷えやすいこともあり，泣きながら室内に入ってきました。周りの友だちがジャンパーを掛けたり自分の身支度をしたりしているなか，Mくんはいまにも泣き崩れそうな様子です。身体が冷えてつらい状況をどうにかしてほしいというような表情のMくんですが，いままでも声をかけた瞬間に泣き崩れてしまい，余計に泣かせてしまった……と感じる瞬間が何度となくありましたから，私はどう声をかけたら，Mくんの思いに近づけるのだろうと考えていました。その直後，一緒に担任をしているI先生が「Mくんもジャンパー脱ごうか？」と声をかけた途端にMくんの目から涙が溢れ，泣き崩れてしまいました。I先生も困ってMくんに声をかけますが，なかなかMくんは立ち直りません。私はMくんを見て，Mくんはとにかく寒くてつらいのではないかと感じていたので，「Mくん，寒かったねー，こんなに手が冷たいものねー。まずは手，あったかくしようね。ストーブで暖めようか？　おいで。ここ。あったかいよ」と暖房のそばを指さし

第Ⅱ部　実践編

てみました。すると，泣いていたMくんの目がパッと開き，私の方を見つめました。そして，コクリとうなずいて自ら立ち上がり，手を温めに行きました。そして，手を温めながら「Y先生！　今日，一緒にご飯食べようね！」と声をかけてきたのです。いつも，食事のときには，早く食べたいという思いの方が強く，誰かと一緒に食べたいと伝えてくるようなことはなかったので私は驚き，「いいよ，絶対ね，約束ね！」と答えました。そして，「ジャンパーも一緒に掛けちゃおうか？」と声をかけると，「うん！」と応え，自ら身支度を済ませました。立ち直りに難しさを抱えていたMくんの成長と，思いが通じたことに喜びを感じた出来事でした。

〈考　察〉

　クラスのなかで何がきっかけで，気持ちを崩してしまったのかが分かりにくく，頭を悩ませてしまう子は必ず数名はいます。持ち上がりの担任だからこそ，その子の不快感は何なのかを探り気づいてあげられなくてはいけないのでしょうが，付き合いが長くなるほど，馴れ合いになってしまい，手立てが滞ってしまうことが私自身，多々ありました。私も先に声をかけてくれたI先生のように，Mくんの力になりたいのに，上手くいかないことの連続でした。時々，Mくんが上手く立ち直ったと思っても，その後に私に「一緒に〜しよう」と求めてくるような様子はいままで見られなかったので，このとき初めて思いが通じ合えたのかもしれません。

　0歳児から手立てをしてきたMくんがもっともっと笑顔が増えるような生活を送れるよう，これからも関わっていきたいと思います。

◆私からのコメント

　接面から「外が寒かった，手が冷たい，どうにかして」というMくんの切実な思いが摑めた書き手と，部屋に入ったらジャンパーを脱いで掛けて，と子どもたちを導いていかなければと思って見ているI先生との対比が興味深く，あらためて「接面」の大切さが見える感じのエピソードだったと思います。〈背

140

第4章　「ある」を受け止めることから「なる」への兆しへ

景〉を読むと，Mくんの言葉の育ちが遅れ気味で指さしもなかったので，Mくんの視線の先を追って，何を見ているのか，何を感じているのかに気づきたいと思ってきた，とあります。このMくんの気持ちに寄り添う姿勢は「接面」をつくる姿勢そのものですから，書き手が今回の場面でMくんの思いにいち早く気づくことができたのはその姿勢が大きな要因だったのでしょう。

　子どもは風の子とよくいいますが，寒い戸外での遊びを切り上げて入室したときに，寒いのは平気，外遊びは面白かったと思う子どももいれば，寒くて我慢できなかったと顔をしかめる子どももいるというように，寒さの感じ方には大きな個人差があります。入室したらジャンパーを脱いで掛けてというのが決まりになっているとしても，寒がっている様子の子には，まずはかじかんだ手を温めてという対応も必要でしょう。いま個人差といいましたが，ここでは接面から感じられる寒がっている様子の個人差の意味です。Mくんの場合は，書き手がその接面からその寒がり方が半端ではないことを感じ取り，かじかんだ手を温めることが先決とストーブに誘ったところは，まさに子どもの気持ちに寄り添った対応だったといってもよいでしょう。その対応がMくんには「先生はぼくの気持ちを分かってくれた」と思えたから，後で「一緒にご飯を食べよう」というMくんからの誘いになったのだと思います。つまり，Mくんの「ある」を受け止めた保育者の「養護の働き」が，Mくんの内面に嬉しい気持ちを呼び起こし，それがMくんから肯定的な言動を引き出すことに繋がったということです。こういうことの積み重ねが，Mくんのその後の「なる」への変化に繋がっていくのだと思います。

　ところで〈背景〉のなかで，カラスを見ていて「カーカーいるねぇ」と声をかけたときに，思いが一致してMくんがニコッと笑い共感できたというふうに，Mくんにようやく言語理解に関する大事な変化が起こってきたことが分かりますが，それがいつ頃の時点だったのか，最近のことだったのか，2歳児になった当初だったのかが分かるとよいと思いました。というのも言葉の発達が遅いという理解を下敷きにしてこのエピソードを読んでいると，最後のところで「Y先生！　今日，一緒にご飯食べようね！」とMくんがはっきり言葉で言え

第Ⅱ部　実践編

た一文が，唐突に感じられ，もうこんなに上手に言葉を使えるようになっているのだと思ってしまったからです。発語が遅い子どもでも周りの言うことはよく理解していて，話し出すと急に言葉が流暢になるというケースもよくありますが，〈背景〉を読む限りでは，どうもそうではないらしく，周りの言葉の理解もゆっくりな感じを受けました。そういうわけで，2歳児の後半でこれだけの文章を言葉で言えるなら言葉の心配はいつ乗り越えたのかなと思ってしまったのです。またそこから考えると，お姉ちゃんのこともありますから，家庭ではこれまでMくんにどういうふうに関わってきたのかも知りたいところだと思いました。

❖エピソード11：「Rくんをおんぶしたいなー！」

U保育士

〈背　景〉

　2歳児クラスのRくん（3歳1カ月）は父，母，弟（6月で9カ月）の4人で暮らしています。Rくんは1歳のときから入園している継続児です。私は今年度より本園に異動し，2歳児クラス12名をI先生と二人で保育をしています。I先生は昨年度からの持ち上がりです。昨年弟が生まれ，Rくんの母親は現在育児休暇をとっており，Rくんは毎朝母親と一緒に登園してきます。4月は新しい環境や新しい担任に緊張したり，不安な思いから涙が出たりする子も多く，Rくんからも緊張や不安を感じました。抱っこしてもらいながら登園し，靴を脱がせてもらっている間は母親の体にもたれかかるようにして甘えていました。しかし，母親と離れるときには寂しそうにはしているものの，泣いたりする姿はいままで一度もありませんでした。その後部屋に入ると，ごろっと寝転がったり，ぼーっと友だちの遊ぶ姿を見ていることも多かったです。きっと新しい環境や担任に不安を感じているのだろうと思い，朝のかばんの整理などはRくんと一緒にしたりしてきました。Rくんはひらがなが読めるので自分でお気に入りの絵本を読むのが大好きです。Rくんのことをもっと知りたいと思い，

142

第4章 「ある」を受け止めることから「なる」への兆しへ

「Rくん絵本読むよー！」と大好きな絵本を読んだりして楽しい気持ちを共有し，少しずつでもRくんと気持ちを繋げていけたらいいなと考えていました。

Rくんは話をしているときに視線が合いづらかったり，突然大きな声で叫ぶこともあったりしました。遊びも車で遊んだり，走ったりするなど一人で遊ぶ姿が多く見られます。また，気持ちを表情に出して表現することが苦手な面もあり，Rくんの考えていることや感じていることに寄り添い共有することができたらと思い毎日を過ごしていました。Rくんは興味があることは自分から話したり応えてくれたりしますが，その他のことは話さなかったり違う話をしたりするなど会話が噛み合わないことも多く，Rくんとのコミュニケーションの難しさも感じていました。"Rくんはいま何を感じているんだろう""何を思っているんだろう"とRくんの気持ちの分かりにくさを感じていた6月中旬頃のエピソードです。

〈エピソード〉

朝の登園時の出来事です。登園してきた子から保育者と一緒に朝のかばんの整理をして，いつものように終わった子から好きな遊びをして過ごしていました。遊んでいたIちゃんが「おしっこでる」と私に教えにきてくれました。Iちゃんはお姉さんパンツになったばかりだったので「Iちゃんすごいね！　教えてくれてありがとう。先生と一緒におしっこ行こうか！」と声をかけIちゃんと隣の1歳児クラスにあるトイレにいきました。そのときはまだRくんは登園してきてはいませんでした。その間登園してきた子はI先生が迎えてくれていました。Iちゃんのトイレが終わりクラスに向かって歩いていると，事務室で園長先生と一緒にいるRくんの姿が見えました。廊下から見えたRくんの表情はとても悲しく寂しそうに感じたので"Rくんどうしたんだろう……登園してきたときに何かあったのかな"と思い，私も事務室に入りました。「Rくんおはよう」と声をかけると下を向いていたRくんがぱっと私の顔を見つめました。その表情からは，"悲しい"という思いと同時に"先生待ってたよ"という思いが感じられました。そして，園長先生が「Rくん，U先生来たよ。行っ

143

第Ⅱ部　実践編

ておいで」と声をかけると，すっと私の方へ来て手をつないでくれました。一緒にクラスへ戻るとＩ先生がＲくんの登園してきた様子やＲくんの悲しい思いについて詳しく教えてくださいました。

　いつもは母親との登園ですが，この日は母と父と弟の４人で登園し，Ｒくんは嬉しそうにしていてとてもよい表情だったそうです。しかし，母と父と弟と離れるときに寂しさから大きな声で泣き出したということでした。Ｒくんが登園時に泣いたことは初めてで，Ｉ先生も「こんなに感情を出して泣くＲくんの姿を初めて見た，でもよかった」と話しておられました。私はこの話を聞いて，いままでのＲくんの姿が思い浮かびました。Ｒくんなりに寂しい思いを我慢しながらいままで頑張ってきたんだなと思い，これまで出すことができなかった寂しい思いをこの日初めて出すことができ，本当によかったなと感じました。

　私と一緒にクラスに戻ってきたＲくんは，涙は止まっていましたが，その表情から寂しい思いをまたぐっと我慢しているように感じました。"がまんしなくていいよ""泣いてもいいんだよ"という思いでＲくんをぎゅっと抱っこして背中をさすり，Ｒくんに「寂しかったよね。もっとお母さんやお父さんやＨくん（弟）と一緒におりたかったよね」と声をかけると，Ｒくんの目から我慢していた涙が再びぽろぽろと溢れ出しました。「Ｒくん，寂しいときは我慢しなくてもいいんだよ。寂しくなったり悲しくなったりしたら先生のところにおいで」と声をかけると，Ｒくんは泣きながらうなずいてくれました。しばらく抱っこをしているとＲくんの気持ちも落ち着いてきた様子でした。おやつを食べる準備をするためにＲくんをおろして「Ｒくん，今日のおやつ何かなー？一緒に準備する？」と声をかけました。Ｒくんはその言葉には何も反応せず，まだ抱っこをしてもらいたそうに私に近づいてきます。その姿からは"もっと先生と一緒にいたい""甘えたい"という思いが強く感じられました。私は，「先生，Ｒくんをおんぶしたいなー！」と言ってしゃがんでおんぶをする仕草をしました。これまで「おんぶする？」と声をかけてもＲくんはさっと逃げてしまい，一度もおんぶしたことはありません。今回もきっとＲくんは逃げてしまうだろうと思っていました。しかし，Ｒくんは嬉しそうに私の背中にしがみ

第4章 「ある」を受け止めることから「なる」への兆しへ

ついてくれました。Rくんがこうして自分から甘えてくれたのは初めてでした。いままでは抱っこはしたことがありますが，何となく距離を感じていました。しかし，このときのRくんは完全に私に体をあずけ，背中にほっぺたをひっつけるようにしてくれていました。こうしたRくんの体のあずけ方から，Rくんとの気持ちの距離がぐっと縮まったのではないかなと思い，とても嬉しかったです。

　おんぶをしながらおやつの準備を終え，Rくんをおろして「Rくんおんぶできて嬉しかったなぁ！　ありがとうね」と伝えると温かくて優しい笑顔が溢れており，私も本当に嬉しくなりました。「おやつもおいしそうだね！　一緒に手洗いに行こう！」と声をかけると手を洗い，嬉しそうにおやつに行くRくんでした。

〈考　察〉

　私はこれまでRくんに対して“いま何を考えているのだろう”“どんな思いでいるんだろう”と気持ちを向けながら丁寧に関わりを続けていくと，いつかは私に気持ちを出してくれるようになるのではないかなという思いで関わってきました。この日，事務室にいる悲しそうなRくんに声をかけたときに，私に向けてくれたRくんの表情から“先生待ってたよ，悲しいよ，助けて！”といういろいろな思いが感じられました。何よりもRくんが私を求めてくれたことが嬉しかったし，Rくんの“ぼくをみて！”という思いといま向き合って関わることができなかったらきっとRくんはこれからも気持ちを我慢していく，いま，Rくんとじっくりと関わりたい，と強く思いました。「先生，Rくんをおんぶしたいなー！」という言葉はそんな思いのなかからとっさに出たものだったように思います。いま思うと私の気持ちが強く動いた場面だったと感じています。

　Rくんと少しだけ繋がることができたかなと思い，とても嬉しかった時間でした。これからはRくんが少しずつ気持ちを出してくれるかもしれないなと思っています。

145

第Ⅱ部　実践編

◆私からのコメント

「自分は新担任で初めてのクラス運営に必死である」「そのためにRくんとはまだ信頼関係がしっかりできていない」「Rくんには赤ちゃんの弟がいて，母は育児休暇で赤ちゃんと家にいる」。この3つの事情を踏まえれば，書き手とRくんのあいだに信頼関係が生まれるまで，またRくんが安心してクラスで過ごせるようになるまで，いろいろ紆余曲折があるだろうと予測がつきます。そしてこのエピソードの展開は，まさにこの予測どおりの展開になったことを示しています。

　以上はこのエピソードを外側から眺めたコメントですが，少しエピソードのなかに立ち入って見ると，こうした願わしい展開になったのは，書き手が接面からRくんの思いを汲み取り，それに応じようとしてきたからだということが分かります。朝，両親と弟が送りに来て，自分だけが園に残されるという状況は，Rくんにとって寂しいという言葉では済まされない複雑な思いをもたらしたに違いありません。それが大泣きになり，そこに現れた書き手をみて，その不安な気持ちを支えてくれるのは先生しかいないという思いを伝えてきたのでしょう。「我慢しなくていい，泣いていい」という先生の対応は「養護の働き」そのものです。それが温かくRくんを包むように働いたので，Rくんの気持ちが次第に和み，甘えたい気持ちを感じたところで，「先生，Rくんをおんぶしたいなー！」という言葉が生まれました。これはRくんの甘えたい気持ちを受け止める「養護の働き」から生まれた言葉であると同時に，「もっとしっかり甘えていいんだよ」と先生の気持ちを伝える「教育の働き」の意味をもつものであると思います。そしてその二つの働きを通して二人のあいだに信頼関係が築かれていくのです。

　まだしっかりした信頼関係ができていないときに保育者の示す「養護の働き」は，子どもからすれば「先生に温かく包んでもらえる」「先生は自分のことを分かってくれる」というふうに受け止められます。そのような対応の繰り返しから，次第に先生がいれば安心，先生大好きの思いが生まれ，次第に先生への信頼感がしっかりしたものになっていくという経緯をたどります。それが

146

「ある」から「なる」へと述べてきた子どもの側の変化の様子です。そうして
みると，事務室の場面で生まれた接面とそこから導かれた一連の対応は，信頼
関係がしっかりしたものになるという，願わしい「なる」への変化の先触れと
なるものだったといえるでしょう。「信頼関係は大事」とはどの保育者も口に
することですが，このエピソードに見られるように，まずは保育者の側に子ど
もとのあいだに接面をつくろうとする構えが普段からあり，そのようにして築
かれた接面から感じ取ったものに沿って対応することが信頼関係に繋がるので
あって，単に褒めればいい，一緒に遊べばいいということではないことを，こ
のエピソードは示しているように思われます。

　下に弟妹が生まれたとき，上の子が２，３歳であるような場合，今回のＲく
んのように甘えられない寂しい気持ちから，気持ちが不安定になるのはある意
味で当然でしょう。今回はそれに担任も新担任になったということですから，
Ｒくんの不安定な気持ちはさらに強まったものと思われます。そんなとき，元
担任の力も借りるなど，園全体としてこのような状況に置かれた子どもへの対
応を考えてもらいたいものだと思いました。

❖エピソード12：「裸足で水遊び楽しかったね」

Ｕ保育士

〈背　景〉

　Ｒくん（3歳児）のクラスは新入児2人（一号認定），継続児7人（二号認
定）の全員で9人のクラスです。Ｒくんは昨年度から入園の継続児で，私は今
年度から担任をしています。

　Ｒくんは父，母と3人で暮らしていますが，両親共に仕事で忙しいため，送
り迎えはほとんど祖父がされています。祖父は，Ｒくんをとても可愛がってお
られ，Ｒくんも祖父のことが大好きです。

　4月，慣れない保育環境に，朝は祖父となかなか離れられず，「じいちゃー
ん，じいちゃんがいいー！」と言って泣いていました。私は「そうだね，じい

第Ⅱ部　実践編

ちゃんがいいよね」とRくんの気持ちに寄り添いながらRくんが安心できるよう，抱っこをしたり，スキンシップを取ったりして関わってきました。そのうち，Rくんの方から「手になんか書いて」と言ってきたので，手の甲におじいちゃんの顔や，Rくんの好きなバスや車を描きました。描いてあげると嬉しそうに笑ってくれるので毎朝，Rくんの手に何かの絵を描き，そのやりとりを楽しむようにしました。Rくんも，朝泣いていても手の甲に絵を書いてもらうことで，少しずつ涙も止まっていき，よい表情になり，それがRくんの気持ちを切り替えるやりとりになっているように感じていました。少しずつ落ち着いてくると，Rくんが「先生つかまえて〜」と言って逃げ，私に追いかけごっこを仕掛けてきたり，「先生ジュースいりますかー？」とジュース屋さんごっこを誘ってきたりして，Rくんの方から少しずつ私に関わってきてくれるようになりました。

　外遊びでは，Rくんから「先生一緒に遊ぼう」と誘ってくれ，私も"Rくんが誘ってくれて嬉しいな"という気持ちで「遊ぼう！」と応えて外に出ますが，新入児で不安定な子どもがほかにもいるので，その子どもに関わることが多く，Rくんとなかなか遊べずにいました。そのため，Rくんはみんなと一緒に園庭に出るものの，しばらくすると「先生，なかで遊ぶね〜」と言ってすぐに保育室に入り，一人で遊ぼうとすることが多く，申し訳ない気持ちでいました。"Rくんと一緒に外で楽しめる遊びを見つけたいな""楽しんでいるRくんの笑顔が見たいな"と思っていましたが，なかなかRくんと遊べずにいたので，どこかの時間でRくんとしっかり遊ぼうと思っていたところでした。

〈エピソード〉

　この日は（5月下旬）天気もよく，みんなで園庭に出て遊ぶことにしました。クラスの子どもたちと私は裸足になって出ましたがRくんは裸足を嫌がり靴で外に出ました。Rくんは，汚れたり濡れたりするのが嫌で，手を洗った後など服が少しでも濡れると「濡れたー」と言って泣きそうになります。

　この日は新入児で気持ちがまだ不安定な子どもが気分よく遊んでいたため，

第4章 「ある」を受け止めることから「なる」への兆しへ

私は"今日はRくんと外遊びを楽しむぞ"という思いで「Rくん何して遊ぼうか？」と声をかけてみると「工事のおじさんしよう」とRくんが言いました。「いいね！しよう」と言ってRくんと砂場に行くと，ほかの子どもたちは，砂場に穴を掘っていました。Rくんもスコップを持ってきて，「Rも穴掘るー！大きい穴つくるよ」と言いながら，はりきって楽しそうに穴を掘っていました。Rくんは大きくなったら工事のおじさんになると言っているので，"Rくんは工事のおじさんになりきって穴を掘っているのかな。可愛いなー"と思いながら，「工事のおじさん頑張れー！ 大きい穴を掘ろう」と言いながら私もRくんと一緒に穴を掘るのを楽しみました。Rくんは楽しそうに一所懸命，穴を掘っていましたが靴のなかに砂が入り，それが気になったようで，「先生靴に砂が入ったー」と言って悲しそうな顔になりました。「砂取ろうか」と言ってRくんと一緒に靴のなかの砂を取りました。靴のなかの砂がなくなると，また嬉しそうに穴掘りの続きをしますが，またすぐに靴のなかに砂が入りそれが気になって泣きそうになります。Rくんの足についた砂を払いながら"裸足になったら気にせず遊べるけどなー。一回裸足にしてみよう！ 嫌がったらまた靴を履けばいいから"と思い「Rくん裸足になったら砂も入らんし気持ちいいよ～」と言ってサラサラの砂場の上にRくんの足を下ろすと，Rくんは足を砂の上で動かして，感触を感じながら「気持ちいい～」と言いました。私は"Rくんが裸足の気持ちよさを感じてくれて嬉しい！ Rくんと一緒に裸足の気持ちよさを感じよう"と思い，「Rくん，ほんとだねー！ すごい気持ちいいね～」と言いました。Rくんは嬉しそうに裸足のまま穴掘りの続きを楽しみました。大きい穴ができていくと，ほかの友だちが次から次へとその穴に水を入れるので，Rくんも「Rもする」と言って，バケツで水を汲み，穴に流すことを繰り返し楽しみました。Rくんの服は濡れていましたが気にせず友だちと一緒に楽しんでいました。"いつも濡れるのを嫌がるRくんが，濡れることより，楽しい気持ちの方が強いんだ，すごく楽しそう"と嬉しく思いながら「Rくんいいねー楽しいね」などと声をかけて，私も一緒に楽しんでいると，同じクラスのMちゃんが，みんなが溜めていっぱいになった水のなかに「わーい！」と言っ

149

第Ⅱ部　実践編

てジャンプをして入り，Rくんにたくさん水しぶきがかかりました。私は"泥水がたくさんかかって，Rくん嫌がるかなー"と思いましたが，Rくんは"おもしろい！"という表情で，RくんもMちゃんの真似をして水のなかにジャンプをして入りました。水はバチャーンと飛び散りRくんのズボンはズブ濡れになりましたが，それも気にせずすごく楽しそうにMちゃんと笑っていました。二人は「カエルみたいだね」と言いながら，ジャンプをして水のなかに入るのを繰り返し楽しみ，ダイナミックに思い切り泥んこ遊びを楽しんでいました。

　この日は最後まで外に残って，泥んこ遊びを楽しむRくんでした。外遊びが終わり，部屋に戻るとRくんが笑顔で「先生，水遊びすごく楽しかったね！」と言ってくれました。

〈考　察〉

　いつも，外遊びのときに「先生一緒に遊ぼう」と誘ってくれていましたが，新入園の子どもと関わることが多く，なかなか外でRくんとじっくり遊ぶことができず，すぐに部屋に入ってしまうRくんに"誘ってくれていたのに一緒に遊べなくてごめんね"と申し訳ない気持ちでいました。エピソードのこの日は"今日はRくんと外での遊びを楽しむぞ"と思っていたので，Rくんとたくさん遊べ，Rくんも思い切り楽しんでくれたので嬉しかったです。

　いつもは少しでも濡れると気になって泣きそうになるRくんですが，裸足になって，濡れることを気にせず，汚れることも気にせず，思い切り楽しんでいる姿にびっくりしました。裸足になってみると，思っていたより気持ちよく，周りの友だちも楽しく遊んでいることから濡れたり汚れたりすることを気にせず，Rくんも楽しくいい気持ちで遊べたのではないかと思いました。靴のままであれば，靴のなかの砂が気になって思い切り楽しめなかったと思いますし，遊びも広がらなかったと思います。少し強引ではありましたが，裸足に誘ってよかったなと思いました。エピソードの日の降園時には，Rくんが「明日も工事ごっこしよう」と言ってくれました。そして，次の日，また裸足になって泥んこ遊びをRくんと楽しみました。その後も，Rくんは「また，水をためて遊

150

第4章 「ある」を受け止めることから「なる」への兆しへ

ぼう」と誘ってくれ，一緒に時間いっぱい泥んこ遊びを楽しんでいます。

　今回の関わりで，苦手なことや嫌いなことを“それでいいよ”にしてしまうのではなく，気持ちに寄り添いながら，ときにはこちらから誘いかけて導いていくことで，楽しいことが増えたり，好きなことが増えたりしていくのだなとあらためて感じました。Rくんと一緒にいろんな遊びを楽しみ，Rくんの“楽しい！”と感じる笑顔が増え，遊びがたくさん広がっていくといいなと思っています。

◆私からのコメント

　「子どもの思いを受け止め，保育者の願いを返す」これが保育の基本だと述べてきましたが，このエピソードはその基本を実践した内容だったといえます。新担任である書き手にRくんが次第に慣れて，安心できる存在になるまで，登園時に手の甲に絵を描くという試みがなされ，そこからRくんが書き手に働きかけてくるようになったことが〈背景〉から分かります。〈エピソード〉は，新入児にどうしても手がかかって，それまでRくんとじっくり遊べないでいたけれども，この日は一緒に遊べる状況だったので，戸外でRくんと一緒に遊ぶことになったという展開です。工事の人のイメージで砂を掘る遊びになりますが，砂が靴に入って気になります。裸足は嫌がるRくんだったので，書き手はどうしようかと思いますが，Rくんの様子をみて，「裸足になったら砂も入らんし，気持ちいいよ」と声をかけてみました。この声をかけるところがこのエピソードのポイントの部分です。つまり，裸足は嫌という気持ちを受け止めながら（「養護の働き」），「でも裸足になったら気持ちいいよ，もっと遊べるよ」という思いを伝えていますが，それが私の言う「教育の働き」です。それは保育者の思いを一方的に向けた言葉ではなく，Rくんの遊びへの入り込み方を見極めたうえでの誘いかけです。それが功を奏して，Rくんは工事遊びに夢中になり，それまでは嫌がっていた濡れることさえ厭わなくなったのです。

　こうしてそれまでは嫌がっていたことがそれほど抵抗なく経験できると，それが自信になり，Rくんの世界が広がります。そこに子どもの成長があるのだ

151

第Ⅱ部　実践編

と思います。「養護の働き」が下地をつくり，そこに「教育の働き」が重ねられると，子どもに新たな「なる」への変化が生まれてくると理論編で述べてきたことが，こういう保育の展開によって跡づけられる思いがしました。

　Rくん自身，靴に砂が入った状態では気持ちが悪く遊びにくいと思っています。気持ちよく遊びたいという気持ちがあるところにかけられた保育者の，「靴を脱いで裸足になると気持ちよく遊べるよ」という言葉は，ですから，先生の思いを伝えただけでなく，Rくんの一方の気持ちよく遊びたいという思いに応える言葉でもあったことが分かります。そこに，「教育の働き」が「養護の働き」（子どもの思いを受け止める，思いに応える）と繋がっていると述べてきた理由があります。その意味で，このエピソードも，「ある」を受け止めることから「なる」へという文脈で理解できる内容だったといえます。

❖エピソード13：「Rちゃんのまゆげ」

T園長

〈背　景〉

　法人もまったく違う3保育園が集まり，特に年長児の交流保育と職員の共同学習に取り組んでいます。交流保育も取り組んで数十年になるので，年長児以外の他園の子どもたちとも馴染んできています。特に4歳児は交流保育で他の園に行くと「次は私たちの番だよ」と言わんばかりに集まってきて積極的に関わりを求めてきます。そんな子どもたちの姿に交流保育のよさを感じるとともに，自分の園の子どもたちと同じように愛おしさを感じています。

　Rちゃんは私がS保育園に行くと必ず「T先生が来た」と満面の笑顔で寄ってきて，お話をしてくれたり，ちょっかいを出してふざけてきたりする4歳児の女の子です。初めはほかの子を誘って数人で話しかけてきていましたが，いまではほかの子が「Rちゃん，T先生来たよ」と教えるほど，「T先生は私の友だち」と思ってくれているようです。S保育園のI園長に聞くと「下に赤ちゃんが生まれて，とても喜んでいるけれど，しっかりしている子なので頑張っ

てお姉ちゃんをやっているかもしれない。寂しい気持ちもあるのかも……。ご両親もまだ若く，子どもよりも自分たち優先という感じを受ける」ということでした。

〈エピソード〉

　S保育園に行くと，今日もRちゃんが飛んできて「T先生また来たの？」と嬉しそうに駆け寄って来てくれました。Rちゃんの心にどこか寂しい気持ちがあることを聞いていたので，しゃがんで目を合わせて話を聞いていました。

　そこへRちゃんよりも一つ年下のLちゃんが，Rちゃんと私が向き合って話しているところに突然飛び込んできて私に抱きつきました。突然のことでビックリしているRちゃんと私。私はしばらくそのままでLちゃんをよしよしと抱いたまま背中をさすっていました。そしてふと真向かいに立っているRちゃんの顔を見ると，眉毛の両端がみるみる下がってくるのが分かりました。笑顔は消えて，こんな悲しそうな顔を子どももするんだと思うほどでした。その後Lちゃんは満足したようで，すぐにお部屋へ戻って行きました。私はRちゃんの切なさが分かり，すぐに「Rちゃんも抱っこしようか」と声をかけると，初めは両手を振って「いい」と言っていましたが，その顔には「本当は抱っこしてほしい」という思いがあることを感じました。「Rちゃんも抱っこしようよ」とまた声をかけると走ってきて抱きつきましたが，嬉しいやら恥ずかしいやらどうしていいのか分からず，抱っこされながら身体をのけぞらせていました。「T先生はなんでRを抱っこしたい？」と聞くので，「そりゃあRちゃんが好きだからだよ」というと，満足そうにうなずいてお部屋へ戻って行きました。

　その様子をS保育園のI園長に話し，Rちゃんを抱っこしたときにピタッと抱っこされる感覚がなくて，そのことが気になることも伝えました。I園長はRちゃんの気持ちを察してくれて，翌日に「Rちゃんを抱っこしたいなぁ」と言って抱っこをしたそうです。Rちゃんはまた「なんでRを抱っこしたいの？」と聞くので，「T先生に頼まれたんだよ。Rちゃんを抱っこしてあげてねって約束したの」と伝えると，Rちゃんは嬉しそうに笑い，今度は身体をあ

153

第Ⅱ部　実践編

ずけるように抱っこされたとのことでした。

〈考　察〉

　交流保育のなかで園の垣根を越えてどの園もよりよい保育を目指しています。そしてどの園の子どもも自分の園の子どもだと思って接するようにしてきました。ですからどの保育園の子という感覚ではなく，Ｒちゃんの「私を見てほしい」というアピールを見て寂しさに気づき，私とＩ園長と２日続けてＲちゃんと関わることになりました。

　Ｉ園長がＲちゃんになぜ自分を抱っこするのか？と問われたときに，「Ｔ先生と約束したから」と言ったのは，自分の園のＲちゃんが他園の私のことを好きな気持ちを尊重してくれたのだと思います。そして今日はいないけれどＴ先生はＲちゃんのことを忘れてないよと伝えてくれたのだと思います。

　Ｒちゃんを抱っこしたときに，年齢的に抱っこは恥ずかしいという気持ちももちろんあったと思いますが，Ｒちゃんの場合は「抱っこされることに慣れていない」感じがしました。４歳の子が抱っこをされることが日常にないということに寂しさを感じました。問題行動があるわけでもない，とても明るい表情のＲちゃんの一見，子どもらしい何不自由のない生活のなかにも，保育者として気づいてあげたい寂しさがありました。

　でもＲちゃんは今日もおそらく元気に妹を可愛がり，友だちと遊び，私が遊びに行けばまた，「Ｔ先生〜」と駆け寄ってくることでしょう。

　表面的な元気さに惑わされず，子どもの内面を見ようと努力したい。そしてその寂しさに寄り添い過ぎずに，子どもらしい明るさの後押しができたらと思います。いつも子どもとの場面では自分の子ども時代の記憶が呼び覚まされます。50歳離れたＲちゃんと私にも共通する子ども時代があり，子どもなりの喜怒哀楽があって成長していくので，寂しさも栄養にできるような保育を目指したいと思っています。

第4章 「ある」を受け止めることから「なる」への兆しへ

◆私からのコメント

　このエピソードは交流保育の意義という観点からも読んでみたいエピソード
です。私はこの仲良し3園が交流保育をしていることをかなり前から知ってい
ました。この3園が関わるエピソード検討会に私が参加したときにも，エピソ
ードに取り上げられた子どもについて，当該園の園長が知っていることは当然
としても，他園の園長たちが実によく知っていることに感心したものですが，
それは交流保育を経験していたからだと聞いて納得がいきました。今回はその
交流保育の実際をエピソードに描いたものです。

　このエピソードは書き手のT園長が仲良し保育園の一つのS保育園を訪ねた
ときのもので，中心になる登場人物はT園長を友だちのように思っている4歳
児のRちゃんです。Rちゃんは赤ちゃんが生まれて喜んでいるけれども寂しい
気持ちにもなっているらしいと園長同士のあいだで話し合われていたようでし
た。

　書き手が訪問すると，Rちゃんが飛んできて，「T先生また来たの」と嬉し
そうです。そこに年下のLちゃんが書き手に抱きついてきたので，Lちゃんの
背中をよしよししていると，真向かいに立っているRちゃんの眉毛がみるみる
下がって，「こんなにも悲しそうな顔をするものか」と思うほどだったようで
す。Lちゃんはよしよししてもらって満足して部屋に戻って行ったので，Rち
ゃんを「抱っこしようか」と誘うと，最初は「いい」と拒みますが，書き手は
その接面から「本当は抱っこしてほしい」という思いを感じ，もう一度誘うと，
走ってきて抱きつきます。しかし抱っこされながら，嬉しい気持ちと恥ずかし
い気持ちがあるのか，のけぞる感じがあり，Rちゃんは「T先生はなんでRを
抱っこしたい？」と聞いてきたので，「Rちゃんが好きだから」と答えると，
満足して部屋に戻って行ったようです。

　このときのピタっと抱っこされる感じがなかったことをS保育園のI園長に
伝えると，翌日，I園長も「Rちゃんを抱っこしたい」と言ってRちゃんを抱
っこします。するとまたRちゃんは「なんでRを抱っこしたいの？」と聞くの
で，「T先生に頼まれたんだよ，Rちゃんを抱っこしてあげてねってT先生と

155

第Ⅱ部　実践編

約束したの」と伝えると，Rちゃんは喜び，身体をあずけるように抱っこされたという内容です。

〈考察〉では，Rちゃんがしっくり抱っこされなかったことに触れ，4歳の子が抱っこされる日常がないという寂しさを書き手が感じたことがあった模様です。「明るい表情で，何不自由ない生活をしているRちゃんだけれども，そのなかに保育者として気づいてあげたい寂しさがある」「表面的な元気さに惑わされず，子どもの内面を見ようと努力したい」という文章にはハッとさせられるものがありました。

このようにエピソードが綴られるのも，頻繁に交流があり，Rちゃんについても I 園長とのコミュニケーションがしっかりできているからでしょう。自園の子どもだけでなく，他園の子どもも自園の子どもと同じように大事にしようと思っているからこそ書けるエピソードだったと思いました。

しかし，このエピソードを本章に収録しようと思ったのは，交流保育のよさを論じるためではありません。子どもの「ある」を受け止めることの意味を考えさせるものがこのエピソードに含まれていると思ったからです。交流保育でやってきた他園の園長先生は，子どもから見ればたいていのことは優しく温かく包んでくれるいわばお祖母ちゃん的な存在なのでしょう。そんな優しい存在にすっぽり包んでもらうことは，子どもにとって無条件に心地よいものであるに違いありません。「なんで抱っこしたい？」という R ちゃんの問いは，自分が無条件に愛されていることを確認したい気持ちから出ているに違いありません。「自分を無条件に」という思いのなかには，「自分だけを特権的に」という思いも被さっているに違いなく，だからこそ，L ちゃんが T 園長によしよししてもらっている現実が受け入れがたく，それほどまでに悲しい顔つきになったのでしょう。そして翌日の I 園長に「なんで抱っこしたい？」と同じ問いを向けるのも，「自分だけが無条件に，特権的に愛されている」という思いを確認したかったからに相違ありません。その問いの裏には，赤ちゃんが生まれて自分がいま家庭で十分に甘えられないという思いもあったでしょう。

家庭や現実の保育の場では，自分だけが無条件に愛されるということは難し

156

く，いろいろな制約が被さってきます。それに対して，交流保育のときに訪れる他園の園長先生は普段とは違う特別な存在として，つまり自分の「ある」をすっぽり受け止めてくれる存在としてRちゃんには好ましく見えるのでしょうし，自分がその先生から愛されているということを確かめたい気持ちに駆られるのでしょう。本当はどの子も「無条件に自分だけを特権的に愛してほしい」と思っているはずで，その思いが満たされれば，どの子も内側から力が湧いてきます。普段は叶わないそうした願いが，交流保育の場では叶うかもしれないという思いが，Rちゃんの「T先生大好き」の思いの裏にあるように思いました。そしてそのように「ある」を受け止めてもらえることが，Rちゃんの自己肯定感と自信に繋がり，家庭では甘えられなくても，一歩前に出て「なる」に向かう気持ちが湧いてくるのだと思います。

　「受け止める」という保育者の「養護の働き」は，理屈のうえでは「無条件に」ではあっても，普段は何らかの制約のなかでの「受け止める」に止まらざるを得ません。その点で，他園の園長は制約をあまり考えなくてもよいので，その「無条件に」を比較的満たしやすく，それが子どもから見れば他園の園長は「お祖母ちゃん的」で甘えやすいのでしょう。赤ちゃんが生まれたばかりで家庭で甘えられない子どもにとって，自分の甘えたい気持ちをしっかり受け止めくれるT園長が，自分のことをずっと気にかけてくれているという自園のI園長の話は殊更に嬉しいものだったに違いありません。こうして，「ある」をしっかり受け止めてもらえれば，自分のなかの「お姉ちゃんになる」という「なる」への気持ちも立ち上がってくるに違いありません。

第3節　各エピソードの要約と本章のまとめ

　エピソード9は，周りの影響もあって，2歳児クラスのTくんが初めて自分から布パンツをはいてみると言い，一度はいてみますが，その後半年が経過しても布パンツに移行することはなく，その日はいて見せたのがいままでの最初で最後だったという風変わりなエピソードです。大方の保育者は早い「なる」

第Ⅱ部　実践編

を期待して，布パンツの移行を促そうとするところですが，ここで書き手は時期が来ればきっとTくんは自分で布パンツを履くようになるから，それを信じて待つのが保育者の役割だと考え，あくまでもTくんの思いに寄り添おうとします。理論編でみたように，いまの「ある」のなかに「なる」への契機が孕まれているのですから，その「なる」を急がなくても，いまのTくんのペースで十分に「なる」に移行できると判断した書き手の考え方は，「ある」を受け止めるということについて，重要な示唆を与えてくれているように思いました。

　エピソード10は，冬の寒い日に外遊びから帰ってきたMくんが寒さに凍えていまにも泣き出しそうな思いを書き手が受け止めて，外から帰ったらジャンパーを脱いで所定の位置にかけてといういつもの行動パターンを促す前に，まずはストーブに当たって，手を温めてというふうにMくんのつらい思いに寄り添って対応したところ，Mくんの方から「先生，一緒にご飯食べよう」と嬉しい気持ちを伝えてきたという内容のエピソードです。ここでは集団活動の決まりごとを優先するのか，いまのその子の思いを優先するのか，集団保育の難しい局面が取り上げられていますが，自分のつらい思いを受け止めてもらった喜びが，それまで見せなかった願わしい心の動きに繋がるというように，本章の主題に結びつく一例になっているように思います。

　エピソード11は，下に弟の生まれた2歳児のRくんが甘えられない不安な気持ちから大泣きになった場面で，書き手の保育者がその接面からRくんのいまの気持ちを感じ取って受け止め，その甘えたい気持ちを保育者がRくんをおんぶしたいという気持ちに置き換えて対応したことで，Rくんの気持ちが和んだという内容です。不安な気持ちが受け止められて和めば，反転して自分はお兄ちゃんだという前向きの気持ちも立ち上がってきます。そこに，不安を抱えたいまの「ある」を受け止めることが，Rくんの願わしい「なる」の姿を導くうえでも必要であることがよく分かります。甘えられなくていじけたり，不安になっていたりする姿の裏に，自分はお兄ちゃんになるという誇らしい思いも隠されていることが多いので，それをどのように導き出すかにも関わるエピソードだったと思います。

158

エピソード12は，裸足になって遊ぶことを拒むRくんでしたが，砂場の遊びで靴に砂が入り，遊びにくそうにしているので，書き手が裸足になることを提案してみるとその誘いに乗って，思う存分砂場で遊び，さらには水で濡れるのも嫌がっていたのに，他児と一緒に砂場のところにできた水たまりでもびしょ濡れになって遊んだという内容です。多くの場合，保育者がよかれと思う誘いかけに子どもを強引に巻き込むことがありますが，ここで保育者は子どもの思いに寄り添うことを基本にして，砂が靴に入った状態で子ども自身が嫌な思いをしているのを接面から感じ取って，そこから裸足を提案しているところが「教育の働き」としてよかったと思います。そこにも「ある」を受け止める「養護の働き」に「教育の働き」が結びついてきて，その「ある」に含まれる負の部分をいつのまにか乗り越えていこうとする「なる」への動きが生まれることが分かるエピソードだったと思います。

エピソード13は，交流保育に訪れた他園の園長のT先生が，下に妹が生まれて甘えられないRちゃんを抱っこしたときに，Rちゃんが「なんで抱っこするの？」と聞いてきたので，「Rちゃんが好きだから」と答えた際に，その接面からRちゃんの寂しさを感じたのでそれを当該園のI園長に伝えたところ，I園長は翌日，同じようにRちゃんを抱っこしたところ，Rちゃんが再び同じ問いを向けてきたので，T園長と約束したと答えたというエピソードです。交流保育の場を訪れる園長は，子どもにとっては無条件に優しく温かく包むように受け止めてくれる存在と見えるのでしょう。本当はどの子もそのように自分の「ある」を無条件に受け止めてほしいと思っているに違いないことが，Rちゃんの様子からうかがえたエピソードのように思われました。交流保育のよさと同時に，子どもの「ある」を受け止めるというときの，「受け止める質」を考えたいエピソードでもあったように思います。

＊＊＊

以上のような内容の5本のエピソード記述でしたが，従来の大人主導の保育から考えれば，エピソード9では，布パンツへの移行を急がせる対応が，エピソード10では，外遊びから帰ったらすぐに着替えるといういつもの行動を促す

第Ⅱ部　実践編

対応が，エピソード11では，早く泣き止んでお兄ちゃんらしく振る舞うことを求める対応が，エピソード12では，早く裸足になりなさいという対応が考えられるところです（むしろそれが一般的と思われるところです）。

これに対して，ここで取り上げた9～12のエピソードにおいて，保育者はそれとは違う対応をしています。これらのエピソードではみな，接面から子どもの思いを感じ取り，それに寄り添おうとしたところから生まれた対応になっています。

それがどのような結果を生んだかについては，エピソード9では，「3歳児クラスになったら布パンツをはく」というTくんの宣言を導きました。エピソード10では，Mくんから「一緒にご飯食べよう」という嬉しい気持ちを伝える言葉が保育者に向けられました。エピソード11では，Rくんが初めて書き手におんぶされ，書き手にしっかり抱きついて頰を押し当ててくるまでになりました。エピソード12は，それまでは服が濡れるのを嫌がっていたのに，裸足になって服が水浸しになっても泥んこを思う存分楽しめるようになりました。

このように，9～12のエピソードはみな，「ある」を受け止めることが願わしい「なる」への変化に繫がっているように見えます。そしてその変化は主には子どもの心がプラスの側に動く結果として生まれた変化だったように思います。「ある」を受け止めるという「養護の働き」は子どもの心をプラスの側に動かす力をもつのです。そこに「教育の働き」が結びつくと，「なる」に向かう気持ちがしっかりしたものになるのでしょう。

最後のエピソード13は他の4本のエピソードと少し異質な感じもしますが，「ある」を受け止めるというときのその中身を考えるうえで大事なヒントを与えてくれるような内容だったと思います。どの子も本当は無条件にいまの「ある」を受け止めてほしいし，愛されていることを確かめたいと思っているのですが，実際には保育者や保護者にはさまざまな制約があって，そのような子どもの気持ちはなかなか満たしてもらえません。そんなとき，お祖母ちゃん的な存在から無条件に愛されると，子どもはとても嬉しく，それを確かめたい気持ちになります。そしてそれが確かめられれば勇気が湧いてきて，「なる」に向

かう姿も生まれてきます。そこから考えれば,「ある」を受け止めるということには,子どもから見れば自分は愛されているのだと確信できるような質が本当は含まれている必要があるということが示唆されます。このエピソードはそのような文脈で読んでみたいエピソードでもあるように思われました。

　最後のエピソードは別格として,こうして彼我の保育論の立場を対比してみると,新保育論の目指すところがより鮮明になるように思われました。また接面での感じ取り方に書き手の保育者ならではの部分(保育者の当事者性)も表れていて,それもまた理論編の議論を思い起こさせるものだったと思います。これらのエピソード記述を読むにつけ,保育する営みの奥の深さを思わずにはいられません。

第5章

挑戦する心
—— 「ある」から「なる」へ——

第1節　本章の目的

　何かに挑戦する心は，まさに何かの「なる」を目指す心です。その挑戦する心が子どもの内部から立ち上がるためには，子どもの「いま，ここ」の「ある」がまずは周りの大人から肯定され，子ども自身がそれまで培った自己肯定感や自尊感や自己効力感に支えられて，目の前のさまざまな事象に興味を示し，周りの人のすることへの憧れが生まれていることが背景条件として必要です。それを下支えしているのが大人の「養護の働き」であり，その子の興味が広がるように，また憧れが生まれるように，さまざまに誘いかけるのが大人の「教育の働き」です。

　ところが，そのような物事に挑戦する心の動きがなかなか立ち上がってこないと，大人はそれを待てずに，挑戦することを子どもに求め，子どもがその求めに応じて挑戦する動きを見せると，それを喜び，それをさらに促して，願ったように挑戦の結果が得られるとそれを褒め，また次のことへの挑戦を促すという対応をとりがちになります。

　いま我が国の子どもたちの育ちを見ていると，大人に促されて挑戦し，その「なる」の結果を褒められ，次の「なる」へと追い立てられているように見えてなりません。しかもその促しは「教育」という言葉をまとい，「良きこと」とみなされていることが多いのでなおさら厄介です。

　ここには挑戦する心の動きに目を向けるか，挑戦する行為とその「なる」の

第Ⅱ部　実践編

結果に注目するかの大きな視点の違いがあります。私の目指す新保育論からすれば，保育者の保育する営みのなかで，子どもの内部から立ち上がってくる挑戦する気持ちを保育者がいかに受け止めてそれを支えるか，そして立ち上がったその気持ちがしぼまないようにいかに工夫するかが大事で，それが保育者の「養護の働き」と「教育の働き」の役割だと考えます。

　これに対して，従来の保育論では，結果を得るためにいかに挑戦させるか，挑戦することをいかに頑張らせるか，そのために，さまざまな遊具や教育教材や物理的環境をいかに用意するか，またそこで何に挑戦させるかによって，「なる」の結果を導くのが教育であると考えられてきたように思います。

　こうした彼我の考え方の違いを念頭に置きながら，挑戦して願わしい結果を得ること以上に，ひるむ気持ちや葛藤する気持ちを乗り越えて挑戦しようと思ったことが何よりも心の育ちには大事であるという観点から，保育者の描くエピソード記述を読んでいきたいと思います。その際，いまの「ある」を保育者に受け止めてもらうこと（「養護の働き」）によって得られる保育者への信頼感と安心感を背景に，子どものいまの思いが一歩前に出るように働きかける保育者の「教育の働き」が誘い水になって，子どものなかに「なる」に向かう気持ちが湧き起こる経緯に注目してみたいと思います。

第2節　一連のエピソード記述から

❖エピソード14：「逆上がりがやりたい」

Ｙ保育士

〈背　景〉

　Ｓちゃん（6歳7カ月）は母，父，兄とで暮らしている。両親ともＳちゃんのことをとても可愛がられており，水泳や英語などの習い事もさせていて教育熱心である。Ｓちゃんは園生活のなかで困り感はほとんど感じられず，大抵のことは自分でできる。しかし，気持ちが少し硬く不器用な部分があり，それを

164

第5章　挑戦する心

安心のできる環境のなかでほぐしていきたいと思っていた。そんなSちゃんの運動会前のエピソードである。

〈エピソード〉

　夏の初め頃から友だちの逆上がりの練習をみて、Sちゃんは自分もやってみたいと思い、挑戦する姿が見られた。Sちゃんが園庭で友だちと鉄棒をしていると「せんせい、足持って」と手伝ってほしいとよく言ってきた。そんなSちゃんに「運動会で一つやるの（前半は17人でのサーキット、後半は一人ずつで楽しんできた遊びを一つする）、どれをやりたい？と聞くと、Sちゃんは少し考えたあと、いつもの小さい声で「竹馬する。S一番高いのに乗れるし、竹馬にする」と言った。このときSちゃんは少し残念そうな、でも少しホッとしたような複雑な表情で言ってきた。この瞬間、"あ……いまSちゃんは逆上がりが本当はやりたいと思ったけど、自信がないんだなあ"と感じた。私は、「じゃあ竹馬にしようか」「でも、先生、Sちゃんが逆上がりを頑張っていることも知っているしなあ」と言い、頭をくしゃくしゃに撫でると、Sちゃんは少し恥ずかしそうに笑いながら「うん」と返事をした。

　予定されていた運動会が雨により1週間延びた。Sちゃんに「雨で運動会延びたなあ」と話しかけると、「せんせい、S、やっぱり逆上がりがいい」と少し照れながら私に伝えてきた。

　園庭に出るとSちゃんはさっそく「鉄棒をしたい」と言い、逆上がりの練習をはじめた。何度も諦めずに逆上がりに挑戦する姿を見て、このSちゃんの諦めない、やってみようという気持ちを大切にしたい、丁寧に見守ろうと強く思った。やっている途中に人差し指の付け根にマメができ、痛そうにする姿があった。とても痛がっていたので、「ちょっと休憩しようか」と声をかけるが、Sちゃんは「うーん、やる」と言い、なおも練習を続けた。この言葉を聞いたとき、"Sちゃんのやる気に負けたなあ……"とSちゃんの力強さに嬉しさを感じ、心がくすぐったくなる気持ちになった。とてもイキイキした表情をしていたので、私が「楽しい？」と聞くと、「えー、楽しいで」と笑顔で答えた。

165

第Ⅱ部　実践編

その後，何度か一緒に練習をしていると，急にくるっと1回まわった。Sちゃんと私は顔を見合わせながら，何も言わず大きく目を見開き，二人とも驚いた。私は一瞬何が起きたのか分からず固まっていたが，すぐに「Sちゃんまわったで」と言い，嬉しさからぎゅっとSちゃんを抱きしめていた。Sちゃんはただ「うん」とうなずいた後，少し早口になりながら，「いたー（痛い），Sな，お家でここも（腰のあたり）赤くなってん」と照れ隠しのように急に話をしてきた。私は興奮気味のSちゃんの話を聞き終えた後，「Sちゃん，うれしかったなあ」と言うと，少し照れながら「うん」と返事をした。その後，Sちゃんは私の近くに寄ってきて，「せんせい，S，逆上がり，ずっとやりたい」とにんまり笑いながらこっそり教えてくれた。

〈考　察〉

　運動会は，春からの普段の遊びの姿を見てもらうこと，できることに目を向けるのではなく，「やってみよう」という気持ちや仲間との支え合いを大切にすること，運動会だけの運動遊びで終わらせるのではなく，その後も体を動かす喜びやそこで育つ心の動きを大切にしようと職員間で話し合い，運動会の中身の構成や保護者への伝え方などを考えながら取り組んできた。「できた」という結果だけを肯定的に認めるのではなく，その過程のなかでSちゃんがさまざまな感情にもまれたり，友だちの姿を見たりして，「やってみよう」とチャレンジする気持ちを育んでいくことができたことに嬉しさを感じ，そのなかで起こった目には見えないSちゃんと私の心の動きを書きたいと思い，エピソードにすることにした。

　普段の生活のなかでほとんど困り感はなく，たいていのことは自分でやれるSちゃんだが，どこか気持ちの面が固く，自分から「これがしたい」「あれがしたい」と主張するのではなく，保育士からの言葉を待っている姿があった。また，友だちとのトラブルがあっても自分の気持ちを伝える力も相手の気持ちを考える力も付いてきているなかで，相手に合わせて自分の主張を諦めたり，ぶつかることを嫌がって譲ったりする姿や，何かに挑戦するよりも自分のでき

第5章　挑戦する心

る範囲でことを済ませようとする姿があった。そのため，もっと柔軟に自らさまざまなことに対し，イキイキ，ワクワクとエネルギーをもって関わってほしいという願いをもちながらＳちゃんを見守ってきた。

　今回のエピソードのなかでは，Ｓちゃんの自信をはじめ，さまざまな気持ちに触れる場面があったように思う。自分の気持ちをぐっと抑える場面，不安もあるけどやってみようという気持ちが込み上がってくる場面，できたときに感じた嬉しさなど，さまざまな感情にもまれるなかで，少しずつ強張っていた気持ちがほぐれ，今回の流れのようになったと思う。もしかしたら，Ｓちゃんは運動会が近いということもあり，焦る気持ちもあったのかもしれない。しかし，Ｓちゃんの表情からはそれ以上に楽しさを感じ，私も運動会のことに関係なく，Ｓちゃんの「やりたい」という気持ちに応えたいと思い，一緒にやる気に溢れた気持ちになっていた。Ｓちゃんの心の動きに触れ，近くで見守るなかで，ポンと温かく背中を押してあげたいと思っていた。

　運動会実行委員会や職員会議のなかで，保護者の方に子どもたちの心の育ちの部分も伝えていこうと話していたこともあり，Ｓちゃんの母にこれまでの取り組みの様子や，ちょっと難しいことでも「やってみよう」という気持ちで取り組んできたこと，楽しいと言いながらやっていたときの表情などを伝えた。すると，母は「へぇー，Ｓすごいじゃない」と笑顔で声をかけられ，Ｓちゃんが照れ隠しのように急いで靴をはく姿があった。心の育ちを伝えるということは心が目に見えない分，伝えにくかったり，伝え慣れていなかったりするので，どのように伝えたらよいのか戸惑うこともあるが，少しでも保護者の方と子どもの思いを共有し，温かい空気のなかで保護者と保育者がその子を包むように心を育てていきたいと思った。

　運動会の当日，Ｓちゃんは逆上がりを最初失敗した。しかし，すぐに気持ちを立て直し，思いっきり地面を蹴り，くるっと回った。この様子をみていた昨年度のクラス担任の保育士が，「あそこでくじけないで回った姿は本当にカッコよかった」と言ってくれたので，Ｓちゃんの成長にさらに嬉しさを感じた。運動会が終わってからも友だちと誘い合いながら，「せんせい，鉄棒したいー」

167

第Ⅱ部　実践編

｜　と言ってくる姿があり，その姿を見て，いつも温かい気持ちになっている。

◆私からのコメント

　運動会で何をするかの書き手の問いに，Ｓちゃんは少し考えて「竹馬にする」と言いますが，このＳちゃんの言葉を，文字通りに受け止めて対応するのか，そのときの接面から，本音は逆上がりをしたいのに，できないから次善の策として竹馬と言ったのだと見るかは，その後の展開に大きな違いを生みます。これまで竹馬に取り組んできたという背景，竹馬にすると言ったときの小さな声や一瞬，逡巡する様子，少し残念そうな表情や，でも少しほっとしたような複雑な表情，という細かいＳちゃんのそのときの様子の描写は，接面からＳちゃんの戸惑う気持ちを感じ取ることができたからこそのものでしょう。そのようにＳちゃんの心の動きを受け止めるところが「養護の働き」です。そしてここで書き手がかけた「でも先生，Ｓちゃんが逆上がりを頑張っていることも知っているしなあ」という言葉は，「本当は逆上がりをしてみたいんでしょう？Ｓちゃんならできるよ」というふうにＳちゃんを誘い，背中を押す「教育の働き」になっています。そこが「受け止めて返す」と述べてきた「養護の働き」と「教育の働き」が繋がるところです。

　雨で運動会が順延になったおかげで，Ｓちゃんはやはり逆上がりをしたいと言ってきます。そして手にマメをつくりながらも挑戦を繰り返し，遂にまわることができたという結果を手にします。ここはそれまでできなかった逆上がりができたという，まさに「なる」への変化が生まれた瞬間で，それがＳちゃんにとっても書き手にとっても大喜びに繋がったのは当然でしょう。このエピソードは，理論編の竹馬エピソードの議論でも触れたように，頑張らせるのか，自分で頑張るかの違いを考えさせる内容だったと思います。挑戦するというとすぐさま子どもの願わしい姿が思い浮かびますが，挑戦しても結果が出ない場合もあることを念頭に，いまのＳちゃんの力量，これまでの頑張る経験，自分の自己効力感など，Ｓちゃんがこれまで培ってきたものが総動員されて，頑張る気持ちや粘り強く取り組む気持ちを生み出しています。そこを見据えながら，

第5章　挑戦する心

いまのSちゃんの接面での心の動きを摑んでどこまで促すかを考えるところに，保育する営みの難しさが立ち現れています。そしてその難しい実践に取り組んでいるのが書き手という固有性をもった保育者なのです。そのことがよく見えるエピソードだったと思います。

　また運動会に対する職員会議の中身もよかったと思います。特に保護者に心の育ちの部分を伝えていくところの大切さは，Sちゃんの保護者にエピソードの内容を伝えた後の保護者のSちゃんへの言葉かけにも表れていると思いました。運動会当日の失敗と，それにくじけずに再挑戦して成功したことを取り上げたところも，成功したところよりも，くじけなかったところに成長を感じたと言いたかったのでしょう。成功した喜び以上にくじけなかったところを喜ぶ姿勢こそ，新保育論の目指す子どもの心の育ちだと言ってよいと思います。

❖エピソード15：「勇気を出して跳びたい……」

Y保育士

〈背　景〉

　Sちゃんは0歳児クラスから入園し，現在5歳4カ月の年長組の女児です。父，母，弟（当園の0歳児クラス）の4人家族です。両親は普段は仲がよく，保育園の送迎や家庭でも両親共に子育てに積極的です。ただ，母には感情の起伏が激しいところがあり，Sちゃんも，母親と同じく感情の起伏が激しい性格で，3歳児クラスのときからいままで，友だちや大人に威張らない日や怒らない日はないほどです。年長組になってからは，正当な理由でのケンカも多くなってきましたが，疲れている日は，正当な理由もなく，わがままで怒りっぽい日もあり，「友だちがぶつかってきそうになった」等の些細なことでも怒ることがあります。体力がなく，身体を動かすことには苦手なところがありますが，鬼ごっこやリズム運動で楽しそうと思ったことや，やりたいと思ったことには意欲的に向かっていきます。その半面，できないと思うことはすぐに諦めてしまうところがあります。それでも年長になってからは，そばで見守っていると

169

第Ⅱ部　実践編

挑戦する気持ちを見せることもあります。私はSちゃんが2歳の頃から現在まで持ち上がりで担任をしています。

〈エピソード〉

　この日はバスに乗って保育園から遠い公園に水遊びをしに出かけました。ねらっていた水遊びに満足し，公園のなかを散歩していると，たんぽぽがたくさん咲いていました。「保育園中に飾りたい！」と子どもたちが話しはじめ，みんなでたんぽぽ摘みをすることにしました。Sちゃんもとても意欲的に摘んでいました。摘んでいると，茎の長いたんぽぽがなくなってきたので，場所を移動することにしました。「あそこにあった！」と誰かが見つけて向かっていくと，そこには川が流れていたと思われる1メートル幅ほどの段差がありました。水は流れていませんでしたが，段の下は湿っていました。Sちゃんも含め，子どもたちは少し躊躇して，“どうやって向こうへ渡ろうかな？”と，考えている様子でした。みんなは手には大事なたんぽぽ，そして，水遊びのための着替えが入ったリュックを背負っています。少し遠回りをすれば，川を跳ぶことなく行けます。でも「勇気があれば跳び越えられそうだね！」と私が子どもたちに声をかけると，子どもたちは次々に跳び越えはじめました。跳び越え，すぐにたんぽぽ摘みをはじめた子どもたち。跳ぶとき，リュックが邪魔になった子は，川のそばに置いて，たんぽぽだけを持って跳び越える子もいました。工夫して跳んでいるなぁと感じ，あえて「リュックやたんぽぽを置いて跳ぼう」とは声をかけませんでした。

　Sちゃんは，大事なたんぽぽを持ち，リュックを背負ったまま川を跳び越えようとしていました。しかし，なかなか跳ぶことができません。それでも，時間をかけ跳ぼうとしていました。私はその様子をずっと見ていました。たくさん荷物を持っていて跳びづらいと感じているのかな？　せめて手に何も持っていなければ跳べるのかな？と私が考えていたとき，ふとSちゃんと目が合うと，Sちゃんは一瞬困った顔をし，それから諦めて少し遠回りの道を行こうとしていました。私はとっさに「Sちゃん，たんぽぽ持っててあげようか？」と問い

170

かけました。Sちゃんは「うん！」と答えると，私にたんぽぽを渡し，もう一度川の前に戻りました。そして，やっとの思いで跳び越えることができ，「跳べた！」とすぐに私の顔を見ました。「勇気出たね！」と私が声をかけると，嬉しそうな表情で，またたんぽぽを摘みはじめました。

　たんぽぽをたくさん採り終えると，Sちゃんはまた川のところに戻ってきました。普段からできるようになったことは何度も挑戦するSちゃんなので"また跳びたいのだろうな"と見ていると「もう一回跳びたいからたんぽぽ持ってて」とSちゃんのほうから私にお願いしてきました。「いいよ」とたんぽぽを預かると，川を跳び越えてこちら側にきて，それから何度も何度も川を跳び越えていました。

〈考　察〉

　私がほかの子どもたちとたんぽぽを摘むことだけに夢中になっていたら，私は跳びたいけど跳べないというSちゃんの気持ちに気がつくことができず，もしかしたらSちゃんは川を跳び越えるのを諦めて，遠回りしていたかもしれません。日常のちょっとしたことで，子どもは大人にいろんなことを訴えているのだとあらためて感じさせられました。

　跳び越えた向こう側でたくさんたんぽぽを摘んだら，きっとSちゃんはさっき跳んだところまで戻ってくるような気がしてそこで待って見ていました。跳び越すときには大事なたんぽぽをきっと大人に預けにくる。そう考えていると，予想通りSちゃんは跳んだところまで戻ってきて，たんぽぽを私に預けたのでした。

　まだまだ子どものサインを見逃してしまっていることも多くあると思うし，この言葉のかけ方でよかったのだろうか？と考えさせられることがたくさんあります。子どもの小さなサインも見逃さず，これからも保育していきたいと思ったエピソードでした。

第Ⅱ部　実践編

◆私からのコメント

　感情の起伏が激しく怒りっぽい一方で，体力がなく，できないと思うとすぐ諦めるところのある年長女児のSちゃんのようです。公園で水遊びをしてから公園内を散歩しているときに，たんぽぽがたくさん咲いていたことからたんぽぽ摘みの遊びになり，さらにたんぽぽを探していると，1メートル幅の溝の向こうにたんぽぽがたくさん咲いているところが見えます。しかし，そこに行くには1メートルほどの幅の溝をジャンプしなければなりませんし，もしもジャンプして溝を渡らないのであれば遠回りをしなければなりません。Sちゃんは摘んだたんぽぽを手に持ちリュックを背負っているので，跳ぶことを躊躇します。書き手はその様子をじっとみていて，Sちゃんと目が合ったところで，「たんぽぽ持っててあげようか？」と声をかけると，Sちゃんは「うん」と応じ，手が自由になるとその幅を跳び越えることができ，「跳べた」と振り返って書き手の顔を見て，それからたんぽぽをたくさん摘み，帰りには待っていた先生にSちゃんの方から「たんぽぽ持ってて」と話しかけてきて，またジャンプしてその溝を跳び越え，その後も何度もジャンプしていたというのがエピソードの内容です。

　最初に目が合ったときの接面から，Sちゃんの逡巡する気持ちが伝わり，手に何も持っていなければきっと跳べるという書き手の読みも働いて，そこからとっさに「たんぽぽ持っててあげようか？」の声がかかったのだと思います。接面から子どもの気持ちの動きを摑み，それに応じるのが保育する営みですと述べてきたことが，文字通り実践された場面です。しかも，その「持っててあげようか」の声かけは，Sちゃんの「跳びたい，持っていてほしい」という思いを受け止める「養護の働き」であると同時に，「持っていてあげるから跳んでごらん」というSちゃんの跳びたい気持ちを後押しする「教育の働き」が入り混じった声かけでした。跳ぶ力は潜在的にあるのだけれども，跳べなかったらどうしようという不安がその跳ぶ行為を抑えているようなとき，周りにいる大人の一言で子どもの背中を押すと，子どもは跳ぶことができ，それが実際の跳ぶ力になるというのはまさに「なる」に向けた声かけですが，ここでの一言

172

第5章　挑戦する心

はまさにその場面だったのでしょう。何気ない保育者の言葉かけのように見えますが，ここでの声かけは，「ここは跳べばいいのよ，ほら跳んでごらん」と保育者の願いを一方的に伝えるだけの声かけではなく，跳びたいけれども跳べるかなというSちゃんの迷う気持ちを感じ取りつつ，しかも，もうあなたなら十分跳べるよという思いを込めた意味のある声かけでした。この一見した何気ない言葉かけに，「養護の働き」と「教育の働き」が切り分けられないかたちで重なっていることをしっかり考えてほしいエピソードでした。

❖エピソード16：「怖い……けど，あげたい！」

I保育士

〈背　景〉

　3歳児クラスのSちゃん（3歳1カ月）は4月1日生まれの一番月齢の低い女の子です。両親と弟の4人家族で，私は1歳児クラスの入園時から，持ち上がりで担任をしています。Sちゃんは月齢が低いわりにしっかりとしていて，自分のすることに意欲的に向かい言葉で気持ちを伝えることができます。しかし，親からは"できる子"を求める過度の期待が少なからずあるのか，入園当初から表情が固く，つくり笑いをすることがあり，気になっていました。「○○できたよ」と大人に認められることを求めてくることが多いので，"いい子"でいることを頑張っているようにも感じていました。

　以下は，園外保育で近くのS学園（酪農農業専門学校の敷地内）に遊びに行ったときのエピソードです。S学園はたくさんの木々に囲まれた散策路や広い草原，虫探しのできる場所等，自然も多いところです。そのなかに，飼育している牛の近くまで行ける場所があります。大きな動物を見たり，動物に触れて温もりを感じたりする機会はなかなかないので，子どもたちはとても楽しみにしています。2歳児クラスで出かけたときのSちゃんは，牛に近づくこともできず，大人の陰に隠れて遠くから見ているのがやっとでした。5月のある日，3歳児クラスになって初めての園外保育でS学園に出かけることになり，前日

173

第Ⅱ部　実践編

子どもたちにその話をすると，みんな大喜びのなかで，Ｓちゃんも「牛さんいるかなぁ？」「楽しみだね」と友だちに話していました。でも，私は，去年の怖がるＳちゃんの姿が頭をよぎり，"本当に楽しみにしているのかな？""周りに合わせて無理をしているのかな？"と少し心配になっていました。

〈エピソード〉

　園外保育当日，Ｓちゃんはとても張り切って準備をしていて，私は"園外に行くことに期待をもっているのだなぁ"と嬉しく思い，バスへ乗り込みました。バスが着くと子どもたちは牛を目がけて駆け出していきます。そのなかにＳちゃんの姿もありました。「牛さんいたー！」「おっきいね！」と言いながら，Ｓちゃんは自分から牛の方まで歩いていったのです。柵の近くまでは行けないのですが，「キャーキャー」言いながらも笑顔で牛を見つめています。他の子どもたちが足元に生えている草を取り，牛のもとへ近寄っていくのをＳちゃんは後ろの方から黙って見ていました。去年は怖がって大人の後ろに隠れていたのに，こんなに興味深そうに見つめているＳちゃんの表情は，去年の強張った表情ではなく，とても真剣に見えました。私も草を手に取り，牛の口元へ持っていって食べさせながら「大きな口だねー」「わー！　手も一緒に舐められた！」などと離れているＳちゃんにも聞こえるように話しました。牛の近くにいた子どもたちは，私の真似をして草をあげたり牛のお腹に触ってみたり，とっても嬉しそうです。すると，後ろの方にいたＳちゃんが，少しずつ近づいては牛が動くたびにキャーと下がることを繰り返していました。Ｓちゃんは私と目が合い，にっこりと笑顔を見せてくれました。私は"もう怖がってはいない，Ｓちゃんはきちんと自分のなかの恐怖心を乗り越えて，楽しいと思っている"と思い，「一緒にあげてみる？」と声をかけました。すると，自分で草をむしって持ってきたのです。私の後ろからそーっと出した右手には青草がいっぱい握られていましたが，握りしめられた草は指のあいだから顔を出す程度で，牛が動くのと同時に手を開いてしまい，草は足元に落ちてしまいました。いつもの私なら"やっぱり怖いのだなぁ"と諦めていたでしょうが，振り返ってみたとき

のSちゃんの表情に恐怖心を感じなかったし"ちょっと怖い，でもあげてみたい……"と葛藤している様子が分かったので，「もう少し長い草にしてみる？」と一緒に探してみました。今度はSちゃんが私の前に来て，私がSちゃんを後ろから抱き込むような姿勢で一つの草を一緒に握って牛の顔の前に近づけました。すると近づいてきた牛が長い舌で草の先を舐め，Sちゃんが持っていた草を口に運んだのです。一瞬の出来事にSちゃんは目を丸くして私を振り返りました。言葉はなかったものの，その顔は驚きと興奮でいっぱいに感じました。その後すぐに「牛さんSの草食べた！」と友だちにも嬉しそうに話していました。帰りのバスのなかでも「楽しかったね」「またいきたいね」と保育園に着くまでの間，今日の出来事を満足げにお友だちと話していました。

〈考　察〉

　Sちゃんは日常の遊びのなかでは，友だちと遊んでいてもまだまだ大人の隣にいることが多く，自分を見てほしいという姿があります。しかし，今回のエピソードでは，大人と一緒に何かをするという行動のなかでも，大人にべったり依存するということではなく，Sちゃんなりの一歩前進というものを感じました。いままではできないことを避け，できることをアピールして何かができて「すごいね」と言われることを求めていたSちゃんです。でも，今回は，草をあげられたこと自体ではなく，"怖い"けど"あげたい"でも"できない"と葛藤しながらも向かっていったSちゃんがとてもたくましく思えました。あのときの誇らしげな表情が忘れられません。友だちのようにやってみたい！という憧れの気持ちがあったからこそ，今回は自分から行動することができたのだと思います。この経験がSちゃんにとって自信となり，いろいろなことに挑戦する力になっていってほしいと思います。言葉にしなくても溢れてくる子どもの思いを，まっすぐ受け止められるよう，これからも子どもたちに心を寄り添わせて関わっていきたいと思います。

第Ⅱ部　実践編

◆私からのコメント

　家庭での期待が大きいのか，表情が硬く，大人から認められたい思いが強い
３歳児のＳちゃんです。園外保育の日に酪農で牛を飼育している場所にみんな
で行くことになりました。去年は怖がって牛に近づこうとしなかったＳちゃん
ですが，今回は強張った表情を見せません。それでもＳちゃんは牛に少しずつ
近づいては牛が動くたびに後戻りするという具合です。書き手が牛の口元に草
を持っていって食べさせる様子を見た他の子どもたちは，自分たちも牛に草を
やったり牛のお腹に触ったりしています。書き手はＳちゃんも草をあげたいの
だと感じて，「一緒にあげてみる？」と誘うと，Ｓちゃんは「怖いけど，やっ
てみたい」という葛藤する思いのなかで，牛に草をやろうとし，最初はうまく
いかなかったけれども，次には書き手と一緒に長い草を牛に差し出し，そうす
ると牛が長い舌でその草を舐めて口に運んでくれたので，Ｓちゃんは驚きと興
奮でいっぱいになり，帰りのバスのなかでも「楽しかったね」「またいきたい
ね」と話していたという内容のエピソードです。

　〈考察〉を読むと，大人の支えを求めながらではあったけれども，自分から
一歩前に出る姿があったところにＳちゃんの成長を感じた，「怖いけど，あげ
たい」という葛藤する気持ちと，その葛藤を乗り越える前向きの気持ちを感じ
た，それは友だちのようにやってみたいという気持ちがＳちゃんに育ってきた
からだとまとめています。持ち上がりの担任だったので，去年の様子との違い
がはっきり分かったのでしょう。

　園外保育の様子，牛に草をやるときのおっかなびっくりの様子，牛が草を食
べたときの驚きと興奮など，エピソードならではの臨場感がありました。保育
する営みが「いま，ここ」の動態としてあるという理論編の主張がこの臨場感
に現れていると思います。

　このエピソードのなかで，「一緒にあげてみる？」という問いかけは，Ｓち
ゃんがどうしたいのか摑めないところから出た問いかけではなく，Ｓちゃんの
「一緒にあげたい」という思いを摑んだうえで，その気持ちを代弁したような
問いになっているところに注意したいと思います。また「もう少し長い草にし

176

第5章　挑戦する心

てみる？」の問いも，先生からの提案のようでいて，半ばＳちゃんがそう思っていることを代弁したような問いかけだったのでしょう。つまりこの二つの問いかけは，その接面から葛藤する気持ちを感じとるとともに，きっとその葛藤を乗り越えていけると感じてなされているように見えます。言い換えれば，これらの言葉はまさに「養護の働き」と「教育の働き」が切り分けられずに重なりあった言葉としてＳちゃんに振り向けられたものだったように思います。黙って見守っていても，Ｓちゃんは一人で牛に草をやれたのではないか，先生の言葉かけは必要だったのだろうか，と疑問をもつ人もいるかもしれません。しかし，いまのエピソードに見られるような保育者の言葉かけは，子どもがやりたいと思っていることに向けた「教育の働き」として，この時期には必要なものだと私は考えます。ここでの誘いかけは，前のエピソード15と同じく，子どものやろうとする気持ちを一歩前に進める誘いかけであり，こういう誘いかけを保育における「教育の働き」であると考えていく必要があると思います。

　Ｓちゃんのこの一歩前進は，１年前の「ある」の姿から，この１年間の無数の小さな「なる」の経験が再体制化されて，いまの「ある」に結びついてきたからこそ生まれてきたものだったと思います。一人の子どもを持ち上がり担任として丁寧にみていると，そうした子どもの育ちが見えてきます。闇雲に「なる」に向けてすぐさま「なる」を実現させようと焦るのではなく，「ある」をしっかり受け止める対応から，小さな「なる」が生まれ，それが積み重なって，ようやく一段成長した「ある」の姿に結びつくのです。その意味で，このエピソードは理論編の議論にも通じるものがあるように思いました。

❖エピソード17：「かっこいい忍者になる」

Ｉ保育士

〈背　景〉

　Ａくん（４歳８カ月）は今年から異年齢クラス（年中児）に転園してきた子どもである。２歳までは別の保育園に通っていたが，去年は家庭の都合で家で

第Ⅱ部　実践編

過ごしていた。母のAくんに対する関わりが薄く，Aくんは去年，ネット動画を一人で長時間見ている状態だったようである。そのせいか，歯磨きしている友だちの後ろから急に体当たりしたりするなど，一方的で，言動が動画に影響されている姿が気になっていた。また気分の振れ幅が大きく，言葉で自分の思いを表現することが苦手だということもあって，気持ちが高揚すると「きゃー！」と甲高い声を上げて走り回る一方で，思いが通らないと大泣きで暴れてパニックになってしまう状態だったため，その都度，Aくんの思いを相手に代弁したり，相手の思いをAくんに伝えたりしながら関わってきた。また着替えなどの基本的な生活習慣がまだ身に付いておらず，特に食事面ではスプーンを使わずに手で食べたり，いろいろな食べ物を食べる経験が少ないことや咀嚼が弱いことなどから好き嫌いが激しく，見ただけで「嫌！」と大泣きで食べ物を投げたりお皿を払いのける姿があった。Aくんの母にいろいろな物を食べる機会をつくってもらうようにお願いする一方で，Aくんには，毎日スプーンを使って食べることと合わせて「嫌なのはわかるけど，一口は食べてみて」という思いを伝え続けてきた。そのなかで，調理師さんにも「おいしいから食べてみて」と関わってもらったり，周りの友だちや保育士の「おいしいな」と食べる姿を見たりして，Aくんなりに少し「食べてみよう」という気持ちになり，口に入れてみることで味や食感に慣れる経験が少しずつだが積み重なってきていた。

　そんなとき，春からクラスで楽しんできた忍者の修行遊びが発展し，子どもたちが忍者村の師匠に「どうすれば忍者になれますか」と質問の手紙を書くことになった。私は一緒にクラス担任をしているM保育士と相談し，忍者に強い憧れをもっているAくんに「大好きなかっこいい忍者になるために，苦手なものでも頑張って食べてみよう」という気持ちになってほしいという願いを込めて，師匠からの返事を「給食・おやつを残さず食べて強い体をつくること」とすることにした。この師匠の返事をもらってからのエピソードである。

〈エピソード〉

　届いた巻物を私がクラスの年長児と一緒に読むと，子どもたちみんなが「給食もおやつも全部のこさんと食べて強い忍者になる」と目を輝かせながら口々に言いはじめた。Ａくんは私の目の前までグイっと近づいてくると，「おれ全部食べるし」と張り切って宣言し，そんなＡくんから"かっこいい忍者になりたい"という強い思いを感じた。「頑張るぞ，えいえいおー！」と張り切って盛り上がるＡくんとクラスの子どもたちからも"みんなで頑張ろう"というそれぞれの子どもたちなりの思いが伝わり，その輪のなかで楽しそうなＡくんの姿を見て，私は嬉しくなった。

　その日のおやつもそれ以降の給食やおやつも，比較的Ａくんの苦手なものが少なく，また苦手なものは事前にかなり量を減らしておくことや，Ａくんの頑張りもあって，完食することができ，「やったー，今日も全部食べられた」とＡくんもクラスのみんなと一緒に喜んでいたが，ある日のおやつで「きなこもち」が出てきたとき，モチモチした食感が苦手なＡくんの表情が一変した。事前にＡくんのお皿のきなこもちを１個分にも満たないひとかけら分に減らしておいたが，それでも「きゃー！」と何度も悲鳴を上げて泣き叫ぶＡくんに対して，私が「Ａくんが苦手なのは知っているよ，でも調理師さんがみんなのために一生懸命つくってくれたし，これだけは食べてほしいな」と伝えたり，周りの子どもたちが，「甘くておいしいよ」などと言って食べる姿を見せたりするが，Ａくんは泣き止みはするものの，両手で口を押えて"絶対に口に入れるもんか"という表情で首を横に振っている。

　私がどうしたものかと困っていると，クラスのムードメーカー的な存在である年少児のＢくん（３歳11カ月）が近づいてきて，「ほんならＡくんが頑張って食べたらＢくん拍手してあげるわ」と言って両手を顔の前に出して拍手の準備をはじめた。するとそんなＢくんのことを見て，「一緒に拍手してあげようか」とクラスの他の子どもたちがＭ保育士と一緒にＡくんの周りに集まってきた。"Ａくん頑張れ"という応援ムードが広がっている雰囲気のなかで，Ａくんは口をぎゅっと塞ぎ，顔は俯きながらも目だけで私を見つめてきた。その表

第Ⅱ部　実践編

情から私は"嫌だな，でも頑張ったら食べられるかな"というようなAくんの揺れる思いを感じたので，Aくんの目を見つめ返しながら，「かっこいい忍者になるAくんなら，食べられると思うよ」と言った。するとAくんは頑なに口を塞いでいた手をパッと離すとそのままぐっと握り，決心した表情で「おれ頑張る，かっこいい忍者になる」と言うと，「3，2，1」というカウントダウンで勢いよくスプーンを摑んできなこもちを口に入れた。その光景を見守っていた子どもたちから，「お～」という歓声とともにぱちぱちと拍手が起こると，そのなかで「よっしゃー」と言いながらヒーローのようにガッツポーズを繰り返すAくんから，"頑張ってよかった"という気持ちが伝わってきた。Bくんはハッと気づいたように「Aくんがおもちたべられたん，師匠も隠れ蓑術でみてるんちゃうかな」と言ったので，私が「ほんまやな，みてはるかもしれん」と答えた後，Aくんに"頑張ったね"という気持ちをこめて「なあ，Aくん，偉かったなあ」と声をかけてギュッと抱きしめた。Aくんは嬉しそうにBくんの方を向き，「ありがとう」と小さく言うと，Bくんは自信満々で「また拍手してあげるわ」と答え，そんな楽しそうな二人からクラス全体に温かい空気が伝わった。

〈考　察〉

　Aくんはこれまでの育ちのなかで人と関わる機会が少なく，玩具やテレビなどの物との関わりが多かった。しかし，日々クラスの子どもたちと関わるなかで，相手の思いに触れる機会が増えたことにより，少しずつだがAくんのなかの世界が広がってきたように感じている。まだまだ自分の思いが先行し過ぎてしまうことや，思い通りにならないと大泣きでパニックになってしまうこともよくあるが，以前よりもAくんなりに気持ちに折り合いをつけることができるようになってきた。また，「おれ，○○貸してほしかったの」と自分の気持ちを言葉にして相手に伝えられるようになってきた。エピソードのなかで，Aくんが絶対に食べないという気持ちから"嫌いだけど，でも頑張って食べてみようかな"という気持ちへと変化したのは，「Aくんが頑張って食べたら，Bく

第5章　挑戦する心

ん拍手してあげるわ」というBくんの言葉をきっかけに，「一緒に拍手してあげようか」というクラスみんなの思いが広がったためである。ここは，これまでの「私は私」だけのAくんから「私は私たち」も含んだAくんへと，Aくんの世界が一回り広がった一瞬だった。またAくんのなかで“頑張って食べるぞ”という決意に至った決め手は，“かっこいい忍者になりたい”というAくんの忍者への憧れであった。

　そしてここでは，苦手なものが食べられたという「できた部分」ではなく，人との関わりが希薄だったAくんがいろいろな保育者や子どもたちと関わるなかで，「たべてみよう」という気持ちに変化した「心の成長の部分」に目を向けることが大切だと思った。

◆私からのコメント

　4歳児のAくんは他園からの転園児で，去年は家庭にいて，今年度から異年齢クラスに来ることになりました。いろいろな点に気がかりなところのあるAくんですが，好き嫌いが激しく，また4歳児なのに手摑み食べなどもあり，いろいろな物を口にする経験も乏しく，基本的生活習慣の点でも気になるところがあるようです。書き手はそういうAくんの食事問題を，いまクラスで人気の忍者の修行遊びと結びつけられないかと考え，忍者村の師匠に「どうすれば忍者になれますか」とみんなで手紙を書くことにし，それに対して師匠から「給食・おやつを残さず食べて強い体をつくること」という返事がきたと子どもたちに紹介したというのが〈背景〉です。この返事がきて以来，子どもたちは「残さないで食べる」と言うようになり，Aくんも頑張って全部食べていたようです。ところが，大の苦手なきなこもちがおやつに出て，こればかりは絶対に食べないと口を押えて抵抗します。それに対して，周りにいた3歳児のBくんが「Aくんが食べたら拍手してあげる」と言い，みんなもそれに賛同したのでAくんの気持ちも揺れ，みんなの応援のなかでAくんのなかに「嫌やな，でも頑張ったら食べられるかな」という気持ちが湧き起こって，意を決してきなこもちを口に入れて食べると，みんなが拍手し，Aくんもそれが嬉しくて，B

181

第Ⅱ部　実践編

くんにありがとうと言ったという内容です。

　まず，忍者に憧れているＡくんを思って，忍者村の師匠からの返事がくるという状況づくりがよかったと思います。これもＡくんの苦手な思いを受け止める気持ち（養護の働き）に，その苦手を少しでも乗り越えてほしいと願う気持ち（教育の働き）が絡みつくかたちで実現された結果生まれたものでしょう。また，目の前の大人からの言葉には従えなくても，憧れの超越的な人物（想像上の他者）からの伝言があったという状況によって，Ａくんのなかに残さず食べて強い体になろうという思いが生まれたところが貴重でした。また周りが応援してくれて，Ａくんの気持ちが「みんなも頑張っている，自分も」というかたちで，仲間の姿を取り込んで前向きになろうと思えるようになったことも大事な点でした。

　ここでは，苦手に挑戦して，苦手なものも食べられるようになったという行動上の変化を生み出すことに主眼があるのではなく，転園してきたＡくんがクラスのなかに溶け込み，次第に「自分もみんなと同じように」という「私は私たち」の心が育ってきたところが大事なポイントでした。そうした「なる」の変化が生まれる背景には，転園してきてクラスの雰囲気に慣れず，負の行動がたびたび生まれたときにも，保育者が粘り強く「養護の働き」をＡくんに向けて，少しずつ信頼関係をつくってきたことがあったからでしょう。「忍者村の師匠からの返事」という保育者の仕かけが，単に苦手を克服させるための手段としての「教育の働き」だと読み手が誤解しないことも大事ではないでしょうか。

❖エピソード18：「ぜったい登ろう！」

Ｔ保育士

〈背　景〉

　4歳児クラスのＡくんは7月生まれの5歳4カ月の男児。4歳児クラスのシマウマ組は現在，男11名，女9名の20名のクラスで，そのうち19名の子がいま

現在5歳の誕生日を迎えている。友だち同士の関わりが増えてきて，子どもたちで遊びを組み立てて展開することが増えてきた。Aくんは楽しいことをしている友だちの輪に入っていこうと，意欲的に人を求める子である。身体を動かすことが大好きで，鬼ごっこでは最後まで残る！と決めればとことん頑張りぬく根気強さをもっている。情緒面では，相手の気持ちを理解する力が弱い一面がある。一緒に遊んでいても自分の思ったとおりに進めていくことが多く，そういうときに喧嘩になりやすい。喧嘩になると友だちの意見を受け入れられず，Aくんからの一方的なやりとりになってしまうことが多い。周りの状況を感じることが苦手のようなので，日々Aくんの心模様を探りながら他児の気持ちを保育者が代弁して伝えるようにしている。Aくん自身，友だちとの関わりが上手くいかなくてもどかしいという思いをもっているときもあるのかもしれない。それでも友だちと関わりたいという気持ちは毎日あるので，楽しく遊べたという経験をこれからもたくさんしていってほしいと思う。

〈エピソード〉

　雪が降り，スキーウエアを着て園の前の空地へ雪遊びをしに行ったときの出来事である。空地には園の道具小屋があり，屋根は大人の身長ほどの高さで，冬になると子どもでも屋根に登れるほど雪が積もるので，大きいクラスの子が屋根に登って飛び降りて遊ぶことがこれまでもあった。数名（5〜6名）の子どもたちが去年のことを思い出し，屋根に登りたいねと相談していた。まだ雪が積もったばかりで登れるほどの高さまで雪が積もっていない状態なので，私は登るのは無理だろうと思いながらその話に耳を傾けていた。少し離れたところで雪の塊で家づくりをする子がいたので，私はスコップで雪の塊を掘り出していた。屋根に登りたい子たちは屋根のすぐ下に雪の小山を見つけてそこから登ろうと試行錯誤している。登る子の足やお尻を後ろの子たちが支えながら「頑張れ！　登れ！」と応援していた。一人がやっとのことで屋根に登ることができた。次にAくんが登る。

　身体が利くAくんは少しの手助けで，ひょいっとすぐに登ることができた。

第Ⅱ部　実践編

登り終えた子たちは，上から手を差し伸べて引っ張って登ろうとする子を応援するので，私は子ども同士の力はすごいなと感心しながら「頑張れ」と心で応援してその様子を見ていた。5人ほど登ることができて，最後の一人になったKちゃんがいた。Kちゃんはお尻を押してくれる人がもういないので，なかなか登れない。すると上にいたAくんが飛び降りた。私はKちゃんを登らせてあげたくて近寄って「登れる？」と声をかけてみた。それに「Aくんが登るのが上手だからお手本を見せてって言ったの」とKちゃんが答える。Aくんは気合いを入れて登ってみせようとしているが，一人では登れないほどの高さなので，「ん〜登れない」と苦戦していた。私は「雪の塊を運んで積んでみたら？　先生，スコップで雪の塊を掘ってあげるから」と踏み台をつくれるように誘うと，みんな納得して屋根から降りてきた。大きい雪の塊のときには「みんな手伝って！」と自然と声がかかり，みんなで運び続けた。何度も積み上げると子ども一人でも登れるくらいの高さの踏み台ができて，無事にKちゃんも屋根に登ることができた。ほかの場所で遊んでいた子どもたちも登りに来て，屋根の上から見える景色を楽しんだり，下にジャンプして飛び降りたりと満足そうだった。

〈考　察〉

　今回は子どもたちの仲間関係も見たかったし，大人が入ると子どもたちの計画が崩れるのではないかとも感じたので，耳を傾けながら様子を見ていた。Aくんを中心に取り上げたエピソードではあったが，5歳になった子どもたちが仲間同士で力を合わせて目的の遊びを達成しようとする姿に大きな成長を感じたエピソードだった。何より，AくんがKちゃんに必要とされて張り切る気持ちが見えたのが嬉しかったし，友だち同士で相談しながらいきいきと遊んでいる姿が見られて私は嬉しかった。

　子ども同士ではじめた遊びを壊したくないのもあったが，最後に登れない子がいたことが残念だったのであと一押ししたくなった。少しでも遊びやすくなればいいかなと思い，最後に雪の塊で踏み台をつくることを提案した。

　研修のなかで友だち同士のやりとりが大切だということを学んで以来，いま

第5章　挑戦する心

のクラスにどんな仲間関係が育っているのかを見るようになった。0歳児の頃から私が担任として持ち上がってきているが、思い返すと遊ぶときはたいていは大人と一対一、困ったときに助けを求める対象は大人であった。そんな子どもたちだったのに4歳児になって少しずつ変わってきたことに気づくようになった。友だち同士でできないところは補い合う姿が段々増えてきているように思う。子ども同士の関係は今後も途切れず進むと思うし、それを大事にして生活していきたい。年長組になる子どもたちの成長がもっと楽しみになった。

◆私からのコメント

　4歳児後半になると、友だち同士の関わり合いが頻繁に見られるようになり、友だちを意識し、一緒に何かをして、助け合ったり、一緒に楽しんだりという姿がいろいろな場面で出てきます。その過程で互いのイメージがずれてトラブルになることもありますが、それ以上に、みんなで何かをすることにエネルギーが集中し、みんなで何かを制作したり発表したりして達成感を味わうことが増えてきます。今回のエピソードは4歳児たちのそういう前向きの姿がはっきり見えたエピソードだったと思います。

　雪遊びをしているとき、5、6人の子どもたちが大人の背丈ほどの道具小屋の屋根に上って、積もった雪の上に飛び降りて遊ぼうとしていますが、この日はまだ雪がたくさん積もっていないので、簡単には屋根に登れません。少し小山になったところを足場に登ろうとしますが一人では難しく、後ろからお尻を押し上げて何とか登れるという状態です。こうして子どもたちは次々に登りましたが、最後に残ったKちゃんを押してくれる人がいません。そこで先に登ったAくんが跳び降りてきます。そこでそれまで見守っていた書き手が入って、Kちゃんに「登れる？」と聞くと、Kちゃんからは「上手に登れるAくんに、お手本を見せてと頼んだ」とのことです。しかし、Aくんも一人で登るのは無理のようです。そこで、書き手が「雪の塊をたくさん積んで、踏み台をつくったら？　先生も手伝うから」と提案すると、先に登った子どもたちもみんな屋根から降りて一緒に踏み台をつくり、踏み台ができると、Kちゃんも登ること

185

第Ⅱ部　実践編

ができ，他の子どもたちもやってきて登ったという内容です。

　「踏み台をつくろう」という提案をいつ保育者の側から子どもたちに投げか
けるかは保育する側としては難しい問題ですが，子どもたちの自分たちで登り
たいという気持ちを見定めながら，もう一歩踏み出せば，みんなで達成感を味
わえると思えたところで，その提案をしたと書き手は述べています。

　ここはいろいろと考えることができる場面です。Ａくんはお手本を示すため
に降りたようですが，ＡくんがＫちゃんのお尻を押し，上から手を引っ張って
もらってＫちゃんも登れたという結果でもよかったのではないかと言う人もい
るでしょう。あるいは，Ｋちゃんが残ったところで，先生がＫちゃんのお尻を
押してあげればと言う人もいるかもしれません。そうして全員が1回は登った
後で，全員が屋根に上るにはどうしたらいい？と登るための手段を考えるよう
に問いを向ける手もあったかもしれません。そうしたら，もしかしたら雪で踏
み台をつくろうというアイデアが子どもたちのあいだから出たかもしれません。
そのようにいろいろ考えられる場面ですが，子どもたちの様子からして，簡単
にそのアイデアが出てきそうにないと思われたところでの書き手の提案だった
のでしょう。その提案は子どもたちにも「それならできる」と思われたので，
みんなが意欲的に踏み台づくりに取り組み，最後に達成感を味わうことができ
たのだと思います。ここでも早く結果をつくり出そうと焦った対応をしないで，
子どもたちの話し合いを大事にし，それぞれの思いを受け止めることを基本に
しながら，子どもたちの前向きの気持ちの裏にある達成感を味わいたいという
思いに重ねるように提案がなされているところが，簡単にアイデアを出して，
簡単に結果をつくる対応とは違うところをしっかり押えたエピソードだったと
思います。

第3節　各エピソードの要約と本章のまとめ

　エピソード14は，発表会では本当は逆上がりをやりたいのに，まだできなく
て自信がないために，すでにできる竹馬をやりたいことに挙げた5歳児のＳち

186

ゃんでしたが，保育者のSちゃんなら頑張ればできるという誘いかけもあって，迷った挙句に「やはり逆上がりをやりたい」と挑戦することになり，手にマメをこしらえながらも挑戦し続けてどうにか逆上がりができるようになり，本番では1回目は失敗しますが，そこでくじけることなく2回目で成功したという内容のエピソードです。最初にやりたい種目が竹馬だと答えた場面で保育者は接面から本当は逆上がりがしたいのだとSちゃんの本音を感じ取ったことがその後の対応の起点になり，その結果Sちゃんの挑戦に繋がったのだと思います。そして本番で，2回目に成功したこと以上に，一回目で失敗してもくじけずに挑戦しようと向かったところにSちゃんの心の成長を見たというのは，なるほどと納得できるところでした。そこにこのエピソードの意義があったように思います。

　エピソード15は，手に摘んだ花を持ち，背中に鞄を背負った状態では跳び越すのが難しいと思った1メートル幅ぐらいの溝の前で，逡巡し，諦めかけたSちゃんに，保育者は摘んだたんぽぽを持ってあげたらSちゃんは跳び越すだろうかと思って，「持ってあげようか」と声をかけます。その声かけによって，跳び越す勇気が生まれたという内容のエピソードですが，ここでは「持ってあげようか」が「せんせいに持っていてほしい」というSちゃんの思いを受け止める「養護の働き」の意味と，「持ってあげるから跳んでごらん，Sちゃんなら跳べるよ」という誘い・促す「教育の働き」が重なっているところが興味深く，一方的に跳ぶことを促す言葉かけとは違うことに目を向ける必要があると思いました。

　エピソード16は，牛を飼っている牧場見学の園外保育の際に，去年は牛を怖がって遠巻きにしか見なかったSちゃんが，今年は「怖いけど，牛に草を自分の手からあげたい」と思うようになり，保育者に支えられながらその葛藤を乗り越えて，牛に草をあげることができ，その結果に大喜びしたという内容です。ここでも，保育者への信頼感と保育者がそばにいる安心感が背景にあって，自分の興味に沿って挑戦してみようという気持ちが湧き起こり，それに導かれて小さな「なる」を手に入れることができました。つまり，Sちゃんの「ある」

第Ⅱ部　実践編

を受け止める保育者の「養護の働き」が下地として働いているところに,「先生と一緒にやってみよう」という保育者の「教育の働き」が結びつき,それによってSちゃんの一歩前に気持ちが動く瞬間が生まれたということです。

　エピソード17は,食べることが苦手な異年齢クラスのAくんに対して,クラスでいま人気の忍者の修行遊びを工夫して,忍者の師匠から「忍者になるには何でも残さず食べること」という内容の手紙がきたという架空の話を創ったところ,Aくんは何でも残さず食べるようになります。ところが大の苦手なきなこもちがおやつに出たときには,こればかりは食べられないと拒みます。そこに「食べたら拍手してあげる」と一人の子が言ってきて,それに他児も賛同したことによって,Aくんはきなこもちに挑戦し,それを食べてみんなから拍手をもらったという内容のエピソードです。そこには,忍者の師匠という架空の超越的な存在の言葉にAくんが従って苦手に挑戦したということと,他児の応援があって,苦手に挑戦する気持ちになったということの2点が含まれていますが,そのいずれもが「なる」への動機づけとして働いたことが分かります。ここで保育者は「養護の働き」を通して信頼関係をつくりつつ,動機づけの仕かけを「教育の働き」として考えたところがよかったと思います。挑戦する気持ちが,忍者への憧れとクラスの一員として認められたいという気持ちによって動機づけられているところが興味深いエピソードでした。

　エピソード18は,大人の背丈ほどの小屋の屋根に上って景色をみる遊びに挑戦する4歳児たちを取り上げた内容です。下から押し上げてもらって屋根にとりつき這い上るというかたちで次々に屋根に登りますが,最後のKちゃんは押し上げてくれる人がいないので登れません。そこで登るのが上手なAくんにお手本を示してとKちゃんが求めたので,Aくんは跳び降りて登って見せようとしますが,無理です。そこに保育者が介入して,雪の塊を積み上げて踏み台にしたらと提案し,みんなが屋根から降りて雪の踏み台をつくり,それから全員で登ったというエピソードです。子どもたち同士の工夫だけではうまくいかなかったところに,保育者による提案があり,それによってみなが頑張って達成感を得たというところは,提案の前の保育者の見守る「養護の働き」と子ども

188

たちの頑張りを引き出す提案（教育の働き）が結びついた結果だったといえるでしょう。

＊ ＊ ＊

　いずれのエピソードも子どもたちの前に向かおうとする意欲がまぶしいほどですが，この子どもたちの意欲は理論編において，「ある」に含まれている「なる」への契機と呼んだものに拠っています。ここでは保育者の「養護の働き」によって子どもたちとのあいだに信頼関係がつくられていることが背景にあって，「いま，ここ」の子どもの心の動きを保育者が接面から摑んで，何かに挑戦してみたい気持ちを把握し，その気持ちが膨らむような言葉かけや提案を行うことによって，子どもたちの前に向かおうとする気持ちがさらに旺盛になり，小さな「なる」が導かれるという結果になっています。ここでは言葉かけや提案が「教育の働き」の意味をもっていますが，それはカリキュラムに沿って何かをさせようという大人主導の「教育」とは違って，子どもたちの「いま，ここ」の心の動きに沿ったかたちでなされる言葉かけや提案だというところに注目してほしいと思います。エピソード17やエピソード18は第7章「集団活動（遊び）のなかで子どもに何が育つのか」に組み入れてもよい中身でしたが，ここでは苦手や怖さを乗り越えてそれに挑戦する気持ち，簡単にできないことに挑戦する気持ちに着目してこの章に含めてみました。

　嫌々させられて何かをする，頑張ることを強く求められて頑張るという受け身の場面に晒されることの多い保育場面を数多く見るにつけ，子どもの内側から湧き起こる意欲によって物事に取り組んだ結果が，自己効力感や自信に繋がり，目に見える結果以上に大事な心の育ちに結びつく事情をこうしたエピソードから確かめることができるように思われました。

第6章

子ども同士のトラブルは「なる」への跳躍台

第1節　本章の目的

　トラブルはどちらの子どもの心も負の側で動くので，保育者としてもその対応が難しいと感じることが多い場面ですが，「トラブルを通して子どもは成長する」と言われてきたように，まさにトラブルはそこから子どもたちに「なる」への変化が生まれてくるための跳躍台の意味をもつものです。

　しかしながら，従来の保育論では教育5領域の「人間関係」の領域において，道徳性の芽生えや規範の習得という枠組みのなかでこのトラブルの問題が考えられることが多かったように思います。そしてそれを反映してか，多くの保育現場では，保育者がトラブルの解決を図るという姿勢の下で，誰がトラブルを引き起こしたのかを明らかにして，その子には「ごめんなさい」と謝らせなければならない，それが道徳性の芽生えや規範習得の意味だ，と考える傾向が強かったと思います。それは叩いた，泣いたというように目に見える行動を中心にトラブルを考えるからでしょう。

　けれども，トラブルの根底には多くの場合子どもたちの心の問題があります。それぞれが自分の思いに沿って行動する結果，その思いと思いの食い違いが行動上の衝突としてのトラブルになるのです。ですから，幼児期のトラブルは誰が悪かったかを判定することが問題なのではなく，双方の思いがどのように動いたかが問題です。保育者が双方の思いを仲介して調整することで，まずは相手にも自分と同じように思いがあることに気づくこと，そしてそこでどうすれ

第Ⅱ部　実践編

ば衝突しないで済んだかをそれぞれの子どもが考えるようになること，これが保育者の保育する営みの目標だということになるでしょう。

　ですから，子ども同士のトラブルがどのような成り行きになるかは，まさに保育者の「養護の働き」と「教育の働き」の質にかかっています。そしてトラブルの経験を通して子どもがどういう「なる」を目指すのかについては，単に善悪の判断ができる，他者を思いやるようになるという非認知的な力であるよりも，むしろ自分のなかの「私は私」と「私は私たち」の両面の心を自分自身でいかに調整できるようになるかが問題であると思います。保育者の二つの働きがそこで必要になるのは，子どもが自分だけでは二面の心を自己調整することがむずかしく，それには保育者の支えと導きが必要だからです。

　トラブルの場面での保育者の対応についていえば，単に最初に負の行動を起こした子どもを一方的に責めて謝らせるという対応では不十分だというだけではありません。そこでの負の経験がどうすればその子がそれまでにかたちづくった負の自己感に結びつかないように配慮できるかも重要で，そこに保育者の「養護の働き」と「教育の働き」の質が関わってきます。つまり，トラブルへの保育者の対応の良し悪しによって，子どもの願わしい「なる」を導く可能性に結びつくか，子どもの負の自己感を助長することに繋がるかが決まると見なければなりません。

　本章に取り上げる8つのエピソード記述はみな，保育者のこの二つの働きに焦点を当てるものです。子どもがトラブル場面でどのように心を動かしながら，お互いの思いのずれを解消しようとするか，また友だち関係をどのように修復しようとするかに，保育者の二つの働きが関わっていることを明らかにしてみたいと思います。

第6章　子ども同士のトラブルは「なる」への跳躍台

第2節　一連のエピソード記述から

❖エピソード19：「一筋の涙」

T園長

〈背　景〉

　Aくんは多動であることから医療機関で診てもらい経過観察中の5歳男児
で，1歳児クラスに妹がいる二人兄妹です。0歳児から入園しており，小さい
ときから多動気味で，トラブルが絶えないところがあります。トラブルになる
とすぐ手が出てしまったり，友だちが嫌がっていることがなかなか理解できず
しつこく接してしまったりすることが多くあります。見るだけや待つというこ
とが苦手で，何でも触ってみないと気が収まらないという様子がうかがえます。
半面，俊敏で運動が得意です。性格もカラッとしていて長泣きをしたり，拘っ
てぐずぐずしてしまったりということがなく，嫌なことがあってもパッと切り
替えて次に向かう明るさがあります。

〈エピソード〉

　私が絵本を読もうと本を持って保育室に入ると，ADHDの障碍のあるBく
んが床に突っ伏して泣いていました。その向かい側にAくんがいたので，また
二人でケンカをしたんだなと察しました。どちらも手がすぐに出てしまうので，
Bくんが泣いているからといって，おそらくAくんが一方的にBくんを叩いた
のではないだろうと思いました。泣いているBくんを見ているAくんの顔を見
ると，何やらニヤニヤした笑い顔になっています。一瞬，「お互いにやりあっ
たにしても，ニヤニヤ笑うなんて……」と思ったので，「あら，叩いちゃった
の？」と聞くと，Aくんは何も答えず何やら妙にニヤニヤしています。その妙
なニヤニヤ顔を見ていると，「もしかして，笑っているのではなく，困ってい
るのかな？」と思いました。泣かせてしまったけど，どうしていいのか分から

193

第Ⅱ部　実践編

ない。自分だけが悪いんじゃないけど，どう説明していいのか分からない。とにかく，言葉が出てこないこの状況に困って，なぜかニヤニヤして見える表情になってしまっているのでは？と思い，私はAくんに聞いてみることにしました。ニヤニヤしている表情のことは言わず，「Aくん，Bくんを叩いてスッキリした？」と聞くと，黙ったままでしたがニヤニヤした表情が少し変わりました。「それとも，あっやっちゃった。困ったなぁって思ってる？」とゆっくり話しかけると，スッとニヤニヤした表情が消え，私と目が合いました。それからAくんはゆっくり「うん」と小さな声で応えてくれました。私は「そうなんだ。叩いちゃったのは悪かったなって，分かってるんだね。それが分かっているなら絶対に叩かない人になれるよ。私はAくんが叩かない人になれるように応援するからね。大丈夫だよ」というと，Aくんの目から涙が一筋こぼれました。私は一瞬，ドキッとしましたが，その後すぐに普段どおりのAくんに戻り，パッと切り替えたように，みんなの遊びの輪のなかに入っていきました。

〈考　察〉

　大人の価値観をついつい子どもに押し付けてしまう日常があります。Aくんのニヤニヤした表情を見て，それはないよなぁとはじめは悪い印象をもちました。しかしそんなに口ごもることがないはずのAくんがこちらの言葉に反応しないのは，もしかしたら何と言ったらいいのか分からなくて困っているのかな？と思いました。大人から見たらニヤニヤした嫌な表情に見えるかもしれないですが，本人は困っていてこの表情が出てきているのかもしれません。ある意味ではパニックになってそんな表情になったのかなと思いました。声をかける度に，表情が変わり，目が合うようになったことで，私の話がAくんの心に届いているんだと実感できました。それにしても，普段あまり泣くことがないAくんのちょっと意外だった一筋の涙に，こちらがドキッとしました。そしていつもはわんぱくだけれど，やってしまったことに心を痛めるAくんもいるのだなと感じ，我慢が難しいという個性をもった彼の心情も理解したうえで，接することの大事さを知らされました。

第6章　子ども同士のトラブルは「なる」への跳躍台

◆私からのコメント

　多動傾向があってすぐトラブルになるけれども，それを引きずらずにカラッ
として明るい性格だという5歳児のAくんです。〈エピソード〉の冒頭，
ADHDの障碍のあるBくんが泣いていて，そばにAくんがいたので，二人の
あいだでトラブルがあったなと思ったけれども，Aくんが一方的にBくんを叩
いたのではないだろうと考えたのは，書き手が普段からAくんやBくんを丁寧
に見ていて，それぞれの子どもがどんな子どもであるかをしっかり把握できて
いるからでしょう。ところが，Aくんを見ると何やらニヤニヤした表情です。
相手を泣かせておいてニヤニヤした表情をしているなんてと思いながら，「叩
いてスッキリした？」と聞いてみると，Aくんは何も答えませんが，そのニヤ
ニヤした表情が少し変化し，そのときの接面から書き手はふと，Aくんは困っ
てニヤニヤしているのではないかと思いはじめます。ここの部分は接面の当事
者以外には分からないところです。そこで書き手が「あっやっちゃった。困っ
たなあって思っているの？」と聞くと，「うん」とうなずいたので，「悪かった
なって，分かっているんだね。それが分かっているなら絶対に叩かない人にな
れるよ」と声をかけたら，Aくんの目から一筋の涙がこぼれ，その後，Aくん
がいつものAくんに戻ったというエピソードです。

　〈考察〉は，声をかけるたびに表情が微妙に変わり，目を合わせたときにA
くんに自分の話が届いた感じがしたというところは，まさに接面で起こってい
ることを描き出したものでしょう。またAくんの目から涙が一筋こぼれたとき
の，ドキッとした書き手の気持ちは，普段は泣かないAくんなので意外な感じ
があったところからきているようですが，そのドキッとしたことの中身は接面
の当事者にしか分からないところなので，そこをもう少し詳しく描いてもらう
と読み手はもっと書き手の思いに近づけたかもしれません。

　それはともあれ，このエピソードで何といっても大事なのは，Aくんが叩い
てBくんが泣いているという状況下で，すぐさまAくんを叱って謝らせるとい
うようなよく見られる対応に出ずに，「叩いてスッキリした？」とAくんの気
持ちを尋ねたところです。これは「どうして叩いたの？」というAくんの行為

第Ⅱ部　実践編

に向けた問いかけではなく，Ａくんのいまの曰く言い難い気持ちに向けた問いです。そしてこの問いへのＡくんの表情の微妙な変化を受け止めて，「あっ，やっちゃった，困ったな，と思っているの？」という問いが続き，それがＡくんのいまの気持ちを言い当てていたので，Ａくんは「うん」と認めることができたのでしょう。その後で，「悪かったなって，分かっているなら，絶対に叩かない人になれるよ」というフォローは，なかなかできない，この書き手ならではの言葉かけですが，これが正しい意味での「教育の働き」であることを私はここで強調したいと思います。つまり，手が出てしまったけれども，どうしたらよいか分からずに困っているいまのＡくんの気持ちを，書き手がまず受け止め，そのように「養護の働き」がしっかり作動しているところで，叩かない人になってほしいという願いをＡくんに届けるのが本来の「教育の働き」です。書き手のフォローの言葉はまさにそこから紡がれています。

　これに対して，強く叱って行為の善悪を教えるという従来の「教育」は，果たして「叩かない人になってほしい」という大人の願いを伝える対応になっているでしょうか？　またＡくんの「叩かない人になりたい」という気持ちを引き出す対応になっているでしょうか？　保育の場でも，学校でも，書き手のように懐深く対応したら，子どもはどうすれば大人に近づいていけるかを自分で考えられるようになっていくのではないかと思います。「教育」というとすぐさま何かを教え込んだり，お説教をしたり，と考えられがちですが，そうではなく，どうすれば叩かない人になれるかを自分で考えられるようにもっていくのが本当の「教育の働き」です。その点で，このエピソードは本当に貴重だと思いました。

❖エピソード20：「先生，大嫌いじゃない」

S保育士

〈背　景〉

　私は今年度からばら組（3歳児クラス）を担当している。Ｍちゃん（3歳7

第6章 子ども同士のトラブルは「なる」への跳躍台

カ月）は，父・母との3人家族で，お父さんもお母さんも，Mちゃんには優しく関わり，とても可愛いがっている。しかし，Mちゃんのご機嫌をうかがうように関わったり，泣いたときやぐずるようなときには，赤ちゃんをあやすように抱っこしたりする。そのせいか，Mちゃんは自己主張が強いという言葉ではおさまらないくらい，自分の気持ちを爆発させてしまう姿がよく見られる。機嫌よく楽しく遊んでいても，近くに友だちが来ると「来んといて！」と突然叫んで，自分の領域に入ることを激しく拒むような怒り方をする。どこかにMちゃんの怒るスイッチがあって，急にスイッチが入ったかのように大きな声で泣きわめく。Mちゃんは，自分の思いを受け止めてもらうだけでは満足できず，自分の思いが通らないと気持ちはおさまらないし，泣きはじめると，身体ごと保育者の腕のなかや身体のなかにすっぽりと抱きかかえてもらうことを求めてくる。

　こんなMちゃんにどう関わっていったらいいか，職員間で話し合ったりしながら，泣かないで言葉で気持ちを伝えられるようにと願い，Mちゃんの気持ちを受け止めながらMちゃんが自分で泣き止んだときにはそのことを認める関わりを続けてきた。それでも，すごい泣き声と身体いっぱいで怒るMちゃんに，なおしっかり受け止めていくことが大事なのかと，私のなかでも葛藤するところがあり，どうしたらよかったのだろうと自分の関わり方に悩む毎日を送っていた。

〈エピソード〉

　この日，ばら組（3歳児クラス）の子どもたちは，お部屋でごっこ遊びや汽車つなぎ，粘土遊びなど，自分の好きな遊びをしていた。汽車つなぎにはTくん（3歳9カ月）やRくん（4歳0カ月）らが，線路を長くつなげて遊んでいた。Mちゃんは，お気に入りの赤ちゃんのお人形を抱いて遊んでいて，ベビーカーに乗せてお散歩に出かける用意をしていた。私が他の子の遊びの対応をしていてふと目をやると，Mちゃんはベビーカーを押してどんどん汽車つなぎをしているTくんの方へ近づいていく。"あ，ぶつかっちゃう！"と思い，Mち

197

第Ⅱ部　実践編

ゃんの方へ向かいながら，私の心のなかには，Ｔくんも一生懸命つくっているし，そのことをＭちゃんが気づいてくれないかなと願う気持ちもあった。しかし，Ｍちゃんはやはり「どーいて！　Ｍちゃん行きたいの！」とＴくんと線路をベビーカーでドンドンと押してしまい，Ｔくんも「壊さんといて！」と怒っている。Ｔくんが怒るのは当然で，でも，Ｔくんの方にばかりに気持ちを傾けてしまうと，それを察知したＭちゃんは余計に気持ちを爆発させてしまうので，「Ｍちゃん，お散歩に行こうと思った？　通れんかったね」とまずはＭちゃんの気持ちを受け止めながら，二人のあいだに入った。「お散歩やったら，廊下の方の広いところに行ってもいいよ。赤ちゃんと行っておいで」とＭちゃんに言い，Ｔくんには「Ｔくん，すてきな線路作ってたもんね。壊れたら嫌だよね」と話してみたが，もうＭちゃんは泣いて怒っていて，「やだー！　ここがいいのー！」とおさまらなくなってしまった。そして，Ｔくんの方にベビーカーをなおもぶつけていき，Ｔくんも「壊れる！」とＭちゃんに怒って向かっていく。Ｍちゃんの気持ちも分かる，でも，Ｔくんも頑張ってつくったんだ，それを分かってほしい，と私も気持ちが高ぶってきて，「Ｔくん怒ってるよ。一生懸命つくったのが壊れたら悲しいよ。Ｍちゃんがお散歩したい気持ちも分かるけど，Ｔくんの線路だって大事！」とつい強い口調になってしまった。Ｍちゃんが余計に泣くかもしれない，でも，しっかり伝えることも必要ではないかと，私の気持ちのなかでも葛藤がありながら，そう伝えずにはいられなかった。

　Ｍちゃんは，私の言葉に「先生大嫌い，あっちいって」とプイッとそっぽを向く。それでもＭちゃんはどこかに行くわけでもなくそこにいて，じっとしながら怒って，でも泣かずにいた。どうするのだろう，と私の気持ちも少し落ち着いてきて待っていると，怒った顔で「先生，嫌い」ともう一度言った後，「お散歩行く。一緒に行くよ」とぶっきらぼうに誘ってきた。Ｍちゃんが自分で落ち着いて考えたこと，自分でお散歩に行くことを決められたことに嬉しい気持ちが込み上げてきて，よかった……と思った。Ｍちゃんのぶっきらぼうな態度に，私も「うん，お散歩行ってこようか」とさらっと返しながら保育室を出て，一緒に籠のなかの鈴虫を見たり玄関の水槽を見たりしてお散歩をした。

第6章 子ども同士のトラブルは「なる」への跳躍台

だんだんとMちゃんの表情も明るくなり，からっと明るいいつものMちゃんになっていった。一周りして，保育室に自然と戻っていき，ドアを開けて部屋に入ろうとしたとき，「先生，大嫌いじゃない」と，ぽそっと私の顔も見ずにMちゃんが呟いた。顔も見ずに，ぽそっと，ぶっきらぼうに，素直とはいえない態度で伝えてきたその言葉に，素直なMちゃんの気持ちが込められている気がした。私も「先生も，Mちゃん大好きだよ」とMちゃんの後ろ姿に伝えた。

〈考　察〉

　一日中と言っていいくらいに泣いて怒っているMちゃんとの関わりのなかで，Mちゃんが神経を尖らせているような感覚があり，どうしてそんなにトゲトゲしているのだろうか，そんなに怒っていてはMちゃん自身が疲れるだろうな……，そんなに怒らなくてもいいのに，もっと安心して過ごせたらいいのに……と思うことがある。そしてますます激しくなってきたMちゃんの泣き声や怒りに，私の心も迷い，どう関わったらいいのだろう，これでいいのだろうかと先が見えずに悩んでいた。今回の関わりのなかで言われた，Mちゃんからの「先生，大嫌い」と「先生，大嫌いじゃない」の言葉。“先生大嫌い”は，Mちゃんが怒ったときによく言い放つ言葉で，売り言葉みたいなものだと受け止めていた。しかしそのなかでも，本当に大嫌いなのかな，Mちゃんとの関係ができていなかったのだろうか，私はMちゃんにとって安心できる存在ではなかったのだろうかと振り返って考えることもあった。私の不安に思っていた気持ちが，「先生，大嫌いじゃない」の言葉に救われた気がして，目も合わせていないやりとりだったが，心が通った気がした。

　この日，Tくんの気持ちを私も一緒になって伝え，お互いの思いがぶつかりながらも，Mちゃん自身で気持ちを落ち着かせ，どうしたらいいか，どうしようかと考えることができた。これまでなら同じような場面があっても，気持ちを落ち着かせることができず，泣いて怒り続けることが多かったが，今回は，大好きな人形の赤ちゃんで遊んでいたこともあり，続きがしたい気持ちもあったのかもしれない。大好きなことがあることやしたい遊びがあることが，子ど

199

第Ⅱ部　実践編

もにとって気持ちを立て直すきっかけになったり，力になったりするのだと思った。自分のことでいっぱいのMちゃんも，少しずつ，その時々で，自分で気持ちを切り替えたり，自分だけじゃない友だちの思いに気がついていけたりするようになってきた。こういう場面ややりとりを重ねていきながら，だんだんと"自分の思いだけでいっぱいのMちゃん""泣いて怒って訴えるばかりのMちゃん"から，"自分の気持ちを話して伝えられるMちゃん""みんなのなかのMちゃん"に変わっていったらいいなと思う。今回のMちゃんとの時間から，関わり方だけではなく，心をしっかり向けたり，願いを込めたりすることが大切なのだと思った。

◆私からのコメント

　3歳児クラスも年度半ばになると，そろそろ自分の思いを押し通すだけの「私は私」から卒業して，「みんなのなかの私」にも気づきはじめてもおかしくない時期です。ところがMちゃんは自分の思いが通らないと爆発的な癇癪を起し，ただならぬ様子を示すようで，書き手は担任としてそのことが気になり，何とかMちゃんが爆発しないように関わってきたらしいことが〈背景〉からうかがわれます。

　〈エピソード〉は，お人形をベビーカーに載せて散歩に行くMちゃんと，レールを繋いで汽車ごっこをしているTくんとがぶつかり，Mちゃんが自分の思いを通そうとしたトラブル場面です。そこで書き手はMちゃんの思いを受け止めながらも，Tくんの思いをMちゃんに伝えようとします。それが気に入らなくて，Mちゃんは「先生大嫌い，あっちいって」と言い放ちます。ところがそう言いながら，Mちゃんはどこかに行くわけでもなく，そこにじっとしています。そして怒った顔で「先生，嫌い」と言いながら，「お散歩行く。一緒に行くよ」と自分の方から書き手を誘い，一緒に散歩すると機嫌が直り，部屋に戻ると顔も見ずにぽそっと「先生，大嫌いじゃない」と言ったので，書き手は「先生，Mちゃん大好きだよ」と伝えたという内容です。

　〈考察〉では，「先生大嫌い」と言われて信頼関係は大丈夫かと気になってい

ただけに，後で「先生，大嫌いじゃない」とＭちゃんに言ってもらって，ほっとしたという書き手の率直な気持ちが語られています。自分の思い通りを貫こうとする行為が周りを困らせることに繋がっているとき，もしも周りにいる大人がそれにストップをかけずにいると，子どもは自分でもいけないことだと薄々分かっていても，自分で自分にストップをかけることができず，そこでちょっとしたことを言われると，それが引き金になって爆発し，自分で自分を抑えられなくなってしまうことがしばしばあります。Ｍちゃんは家庭でそんな経験を重ねていたのではないでしょうか。

　３歳半ばにもなると，それまでの友だち関係の積み重ねのなかで，そろそろ自分勝手な「私は私」を抑えて，「みんなのなかの私」に気づくことができるようになってきます。友だち同士のトラブルの際に，その子のそうしたかった気持ちを受け止めながら（「養護の働き」），「それをしたら相手の子が困る，あなたも気持ちよく遊べなくなる，そのことに気づいてほしい」という保育者の願いを伝えるのが本来の「教育の働き」です。

　しかしながら，禁止や制止，あるいはときには叱るということを「教育の働き」に含めるからといって，「養護の働き」と切り離して，単に「それはいけません」「それはやめましょう」と言葉をかければよいという意味ではないことを，銘記してほしいと思います。

　この〈エピソード〉でいえば，Ｔくんの線路を壊すことに繋がるＭちゃんの振る舞いは，お散歩に行くためにそこを通りたいというＭちゃんの気持ちを受け止めながらも（「養護の働き」），やはりその行為にはストップをかけ，Ｔくんの嫌がっている気持ちに気づいてほしいと先生が思っていることを，もっとしっかりＭちゃんに伝えてもよかったのではないでしょうか。そしてエピソードのその後の展開から考えると，Ｍちゃんの内面には，すでにいけない自分を止めてほしいという気持ちが少しずつ芽生えてきているようにも見受けられます。それはおそらく，書き手が普段の保育する営みのなかで自分にも意識されないかたちで「養護の働き」と「教育の働き」の両方をＭちゃんにしっかり向けてきたからではないでしょうか。

第Ⅱ部　実践編

　ところで，3歳後半から4歳にかけ，子どもはしてはいけないことをわざとしておいて，「ダメって言って」と周りの大人に禁止や制止を言わせるという不思議な振る舞いを見せることが時々あります。これに関して私は過去に興味深いエピソードを紹介したことがあります（『ひとがひとをわかるということ』（2006年，ミネルヴァ書房，259頁）に収録したエピソードを参照のこと）。これはつまり，自分の内面にはしてよいことと悪いことの分別ができ上がりかけていながら，その「内なる声」に従うことはまだできずに，これまで通り，「禁止や制止は外部の大人からくる」という図式を守ろうとすることから生まれる不思議な言葉ですが，これは規範が内面化される過程を示唆する大変興味深いエピソードです。Mちゃんはもしかしたら，いまそのような時期に差しかかっているのかもしれません。

　これまで私は「養護の働き」を強調するあまり，それと対にされるべき「教育の働き」への言及が乏しかったように思い，やはりこの両者は切り分けられないかたちで対等に論じられる必要があったと反省しています。そういう扱いをしてきてしまったのは，私のなかに，「教育」という言葉への悪しきイメージ，つまり大人が主導して何かを教え込むのが教育というイメージが強くあって，それが「養護の働き」と対にされるべき本来の「教育の働き」にまで被されてしまっていたからでしょう。そうした私の「教育の働き」への及び腰の思いがいつのまにか書き手にも伝わって，書き手のなかに穏やかに禁止や制止を示す本来の「教育の働き」さえも躊躇する気分がいつのまにか醸成されていたのかもしれません。その意味で，このエピソードはあらためて「教育の働き」は「養護の働き」と並んで大事であること，また，正しい意味での「教育の働き」を保育者主導の保育（教育）と混同してはならないこと，さらに必要な場面で本来の「教育の働き」を逡巡してはならないこと，を示唆しているように思われます。

　このエピソードを「ある」と「なる」の観点から振り返ると，「ある」を受け止めるこの保育者の丁寧な「養護の働き」がMちゃんの書き手への信頼感を生み出しています。それは背景化されて目に見えないので，書き手自身，Mち

ゃんの泣きわめく姿を見て信頼関係は大丈夫だろうかとさえ思ってしまいますが，実際には信頼関係はできていて背景化されているだけです。そこでトラブル場面が生まれ，それへの書き手の対応にMちゃんは反発しますが，その反発のなかにすでに「私は私」と「私はみんなのなかの私」を自分で調整する働きの芽が，つまり「なる」に向かう変化の兆しが芽生えているようにみえます。それを強めるのが友だち関係なのでしょう。Mちゃんはいま，保育者との関係だけでなく，仲間との関係が大きくなりつつあるのだろうと思います。自分で自分の二面の心を調整するという「なる」に向かう動きは，こうしてゆっくり進行するものなのではないでしょうか。

❖エピソード21：「Mくんじゃなきゃ」

W保育士

〈背　景〉

　3歳児クラス3月末生まれのRくんは現在3歳8カ月です。1歳児クラスの4月から満1歳で入園しました。小学校6年生の姉，小学校4年生の兄と両親の5人家族です。姉，兄と年が離れての男の子で，家族からとても可愛いがられて育てられています。

　Rくんは先天性の扁桃腺とアデノイドの肥大があり，1，2歳児の頃は，呼吸がしづらいため，動作がゆっくりで，発語も少なく，お友だちとの関わりが希薄と感じていました。

　私は1歳児クラスからの持ち上がりで，保育歴33年目の保育士です。3歳児クラスに持ち上がりましたが，2歳児クラスまでは担当が違ったため，それまで気づかなかったRくんのいろいろな姿が見えてきました。動作がゆっくりだったことから，認識の面でも心配と思っていましたが，大人の話をちゃんと聞いていて身支度をしたり，Rくんなりに生活の流れを理解し，しっかりと生活力が付いていることが分かってきたのです。私はお友だちとの関わりが増え，好きなお友だちができることで，さらにRくんに生活が楽しくなってほしいと

第Ⅱ部　実践編

思っていました。

　6月に扁桃腺の手術をしてから，呼吸がしやすくなったRくんはこの夏，動きがとっても活発になり，同じ3月生まれのMくんと何でも一緒にしたい，「Mくん大好き！」という想いが出てきました。各々の家庭でも，お互いの話をしていることも分かり，二人の関係を喜び合いました。

　その後，10月に運動会があり，クラス全体でも仲間関係や各々の想いにも変化が見られてきた11月になっての出来事です。

〈エピソード〉

　ある日の昼食時，子どもたちがいつものように各自，声をかけ合ってお友だちを誘い，テーブルを運んで座りはじめました。運動会でのチームごとに分かれて食べていたこともありましたが，「いれて」「いいよ」というやりとりができるようになってきた子どもたちの様子を見て，しばらくは決めたグループではなく，好きなお友だちと座って食べるようにしていました。

　Rくんは外遊びの着替えがみんなより少し遅くなり，椅子を持って部屋へ戻ってきました。私は全体の様子を見ながら，RくんがMくんのところへ行って声をかけたのも見ていました。前の日，Rくんが「Mくんと食べたい」と言ったので，私が仲介して先に座っていたMくんがテーブルを移動してくれて，RくんがMくんと一緒に食べられたという経緯がありました。それを思い出し，今日はRくんがMくんのテーブルに入れなかったのだと気づきました。Rくんは「Mがだめって言う！」と椅子を持ったまま，私のところへ怒って訴えてきました。その様子を見てMくんもあわてて私のところへ来て，「だってMはRじゃなくてSと食べたいんだもん。約束してたんだもん。もうはいれないんだもん」と私よりRくんの顔をちらっと見ながら少しRくんを気づかいつつも，説得するように説明してくれました。私はRくんだけではなく他の子にも目が向いてきたMくんの想いと，「Mくんじゃなきゃ！」というRくんの想いが分かりましたが，前日のように私が仲介するのではなく，Rくんの気持ちが切り替えられないだろうかと，切ない気持ちで泣いているRくんの手を握っていま

204

第6章　子ども同士のトラブルは「なる」への跳躍台

した。周りの子どもたちもなりゆきに気づき，「R，こっちも空いてるよ」と
何人かが声をかけてくれました。

　そこへ，8月生まれのいつも面倒見のいいAちゃんが「Rくん，Aのところ
へ来る？　となり空いてるよ？」と声をかけてくれただけでなく，私と同じよ
うにRくんの手を握ってくれました。いままで自分も好きなお友だちと座れな
かったこともあるAちゃんはRくんの気持ちを感じとったことと，私がどうし
たらいいか困っている表情からもどうにかしてあげようと思って来てくれたの
だと思いました。Aちゃんのさりげない優しい言葉を聞いてRくんは顔を上げ，
Aちゃんの目を見て「うん」とうなずきました。私はMくん以外の子に心を開
いたRくんの気持ちが，いままでになく溶けて広がっていくように感じました。
私は「よかったね。Aちゃんのとこに行ってみる？」と言って2人について行
き，Rくんが座るところを見てほっとしました。準備をして食べ出したRくん
とAちゃんはおしゃべりしながら笑い声も聞こえてきました。

〈考　察〉

　3歳児クラスになった4月の頃のRくんは，遊びだけでなく食事も一人で
黙々と食べていましたが，6月頃に同じ3月生まれのMくんと遊ぶことが増え，
食事もおやつも二人一緒という日が続いていました。しかし，MくんはRくん
とだけ遊ぶことから抜け出して他の子とも関わることが増えていきました。黙
っていてもMくんはいつも一緒だと思っていたRくんの想いが二人のあいだで
通らなくなっていたのです。私はRくんがMくんという仲良しの友だちができ
たことは嬉しく思いつつ，Mくんだけに関わるのではなく，一歩進んだ言葉の
やりとりをしたり，周りにも目を向けられたらと思いはじめていた頃の出来事
でした。この日は私もRくんもAちゃんに助けてもらったのですが，顔を上げ
たRくんも，いままでは「Mくんじゃないと……」という世界からふっと力が
抜けて目を周りに向けると，あっ，別の友だちがいた！と視野が広がったこと
を感じました。発語や表情から想いを読み取りにくいRくんが全身で「Mくん
じゃなきゃ！」と訴えたことに，Mくん，Aちゃん，私，クラスの仲間がどう

205

第Ⅱ部　実践編

しようかと考えた瞬間でした。この日，Aちゃんと楽しく食べていたRくんですが，やはり一番一緒にいたかったのはMくんだと思います。このことがあった後，Mくんに事前に「今日一緒に食べよう」と話す姿や他の友だちにも声をかけることも出てきました。自分の想いを何とか伝えようとしているのだと思います。自分と相手のことが少しずつ分かっていく3歳児です。想いが伝わらない歯がゆさと，それでも自分のことを分かってほしいという想いを実体験し，言葉でのコミュニケーションをしていけるよう，まっすぐに自分の想いを出せる3歳児になってほしいと思います。またいろいろな心が渦まく日々を送っている3歳児たちの心の動きを感じとれる大人でいたいと思います。

◆私からのコメント

「Mくんじゃなきゃ」と言えるほど，Mくんが大好きな仲良しになったRくんの気持ちも分かるし，Rくんは友だちだけれども，今日は他の子と約束していたしというMくんの気持ちも分かるし，保育者としてはどう対応したらよいか悩ましい気持ちになる場面です。Mくんの今日だけは，という思いを叶えるためには，Rくんに「今日はMくんどうしてもSくんと一緒に食べたいんだって，Rくんの「Mくんじゃなきゃダメ」と一緒の気持ちだよ，どうしたらいいかな，先生と一緒に食べる？」と言ってあげようかなとも思うし，Rくんの「Mくんじゃなきゃ」という思いを叶えるためには，Mくんに「Rくんね，どうしてもMくんと食べたいんだって，Rくんも仲間に入れてくれる？」などと言ってあげなければならないかとも思うし，しかし，今日のMくんの発言に，もしかしたらこれまでMくんは他の子と食べたい気持ちや遊びたい気持ちを辛抱してRくんに付き合ってきたのだろうか，という思いも湧いてきて，気持ちが揺れるのでしょう。

保育者のその困った気持ちが伝わって，Aちゃんのように助け舟を出してくれる子がでてくるのも，3歳後半になって先生との信頼関係ができ，先生が大好きな先生になっているからだと思います。RくんがAちゃんの横に座ってくれて，ほっとした書き手の気持ちがよく伝わってきました。

206

第6章　子ども同士のトラブルは「なる」への跳躍台

　私の著書に取り上げたエピソードのなかに「どうしたらいいんかなあ」とい
う題名のエピソードがあります（『エピソード記述で保育を描く』2009年，ミネル
ヴァ書房）。同じような状況下で，どちらの子の気持ちも分かるので，どうして
あげてよいか分からずに，思わず保育者が「どうしたらいいんかなあ，どう
したらいいと思う？」と子どもに問いを投げ返したというエピソードです。そ
うしたら，二人が考えて，一方が他方に譲歩して3人一緒に遊び出したという
内容でした。保育者が解決してあげるのではなく，それぞれの思いを仲介しな
がら，どうしたらよいかを子ども自身にも考えてもらうと，相手の困り具合や，
普段の力関係などを考えに入れた譲歩案が子どもから出てくる場合があります。
今回のケースでは，Rくんからの譲歩は難しかったかもしれません。

　このエピソードのように，双方の思いを同時に叶えられない場面は，子ども
が「私は私」の心と「私はみんなのなかの私（私は私たちの一人）」という心を
調整することを迫られる場面だといってもよいでしょう。二面の心の自己調整
がここで求められる「なる」への変化ですが，その重要な「なる」に移行する
うえで，この日のような「思い通りにいかない」経験が重要になってきます。
そのことから振り返れば，保育者の側にも，Rくんの思いが叶えられるような
配慮から，叶えられないときの自分の不満な気持ちをどのようにもっていくか
の配慮へと少しずつ切り替えていかなければならないのでしょう。それがここ
での「教育の働き」の意味ですが，それは「我慢しなければいけません」とい
うようなお説教ではなく，Mくんだけが友だちじゃないことにRくんが気づく
ようなもっていき方でしょう。そしてそういう「教育の働き」がRくんに届く
ためには，日頃から保育者がRくんの「ある」を受け止める「養護の働き」を
しっかりRくんに向けていることが大事なのです。

第Ⅱ部　実践編

❖エピソード22：「Ｓ，Ｋ先生のリュック持ってあげる」

Ｋ保育士

〈背　景〉

　Ｓくんは３歳児クラスの12月生まれ，現在３歳10カ月の男の子です。入園は３カ月で中学１年生の姉，小学５年生の兄，年長の姉がいる４人姉弟です。私は２年前Ｓくんが１歳児クラスのときに担任をしていましたが現在はフリーとして時折クラスに入る存在です。Ｓくんは母が忙しいこともあり淋しい思いをしているのか３歳児クラスになり自分の思いが伝わらないと大泣きしたり，暴れてしまったりすることもありましたが，最近は少し落ち着いてきたのではないかと感じていました。ただ新しい場面は苦手なこともあるので気をつけること，また直球で話をしない方が伝わることがあるということを事前の打ち合わせで担任から聞いていました。

　これは10月の終わりにＡ公園に園外保育に出かけたときのエピソードです。

〈エピソード〉

　仲良しのＮくんと一緒にバスに乗りとても楽しそうに公園を散策をしていたＳくんでしたが，何が気に入らなかったのか突然みんなから離れてプンプンと怒るように反対方向に歩き出しました。担任との前日の打ち合わせのなかで，もしもＳくんの気持ちが崩れてしまったときには私が対応していくことを話していたので，私はＳくんの後をついて行きました。ちょっと歩いたところにベンチがあったのでそこに座るとＳくんも横にちょこんと座りました。「Ｓくんどうした？」と声をかけようとも思いましたが，ここは直球ではなくと思いました。見ると私がいままで見たことのないジャンパーを着ていたので，「Ｓくんのジャンパーかっこいいねー」と声をかけました。すると「母に買ってもらった」と応えてくれました。「そっか，すごく似合うよ」と言うとこちらを見て少し恥ずかしそうにニコッと笑ってくれました。ちょうど目の前に落ち葉や細い枝があったので，枝に葉っぱを刺して「Ｓくん焼き鳥はいかが？」と言う

208

と「Sおうちでん NやFやM（兄弟），父や母と焼き鳥たべたことある」と言いながらむしゃむしゃ食べる真似をしてくれました。そして自分でも小さな枝に葉っぱをさして「K先生にもあげる」とつくってくれました。二人で葉っぱの焼き鳥を食べてから「あっちに行く？」とみんなのいる方を指さすと「うん」と言って一緒に歩いて行きながら，フキの葉っぱを抜いたりして遊びだしました。その後私はSくんがもう一度みんなから離れたい想いにならないでほしいと思いながらSくんのそばを歩いていました。しばらく行くとSくんが寄ってきて「S，K先生のリュック持ってあげる」と言いました。園外保育の私のリュックには荷物がけっこう入っていたので，「今日のリュック重たいんだ」と言うと，「S大丈夫だから」とリュックを背負い「K先生，パッチンして」と言ってパッチンを止めると歩き出しました。最後に草の斜面を登るところがあったので「Sくん，ここはお山だからK先生持って行くよ」と声をかけましたが，また「S大丈夫」と言いながら駆け上っていきました。そして「そこに置いておいていいよ」と声をかけるとやっとリュックをおろし，草の斜面をニコニコしながら何度も登ったり私に向かってかけ下りたりして遊んでいました。

〈考　察〉

　数日後の朝「Sくんおはよう」と声をかけると「S，K先生のこと好き」と声をかけられました。「K先生もSくんのこと大好きだよ」と応えましたが，毎日一緒に生活しているわけでもない私にSくんがなぜ突然に好きといってくれたのだろうかと思いました。そして園外保育の日のことを思い出したのです。Sくん自身，あのときにみんなから離れていくのは本意ではなかったのかもしれません。そんなときに一緒にいた私のことをふと思い出してくれたのかなと思いました。

　私は3年前に私が担任にもかかわらず，ある受け持ちの子の気持ちを本当に分かってあげられないまま，園長はじめたくさんの職員の協力を得てその子の卒園を迎えた経験があります。そのときにはその子がどんな想いだったのかを聞く力もなく，分かってあげることもできませんでした。本来であれば担任と

第Ⅱ部　実践編

して分かってあげるべきことばかりだったのですが，いま，フリーとして少し
距離を置いて子どもたちと関わるなかで，正論で押し通したり，直球で話をし
たりするだけが方法ではないのだということを感じています。これからもいろ
んな話を聞きながら，また話しながらあの手この手を探りながら子どもたちと
関わっていきたいと思っています。

◆私からのコメント

　気持ちを損ねたらしいＳくんが集団から離れたところで，打ち合わせ通りフ
リーの立場の書き手が対応することになり，ベンチに二人だけで座りました。
そのとき，書き手は担任との話し合いから「直球でなく話した方が伝わる」と
いうことを聞いていたので，「どうした？」と聞かずに，「Ｓくんのジャンパー
かっこいいねー」とＳくんのいまの気持ちとは少しずれた対応をした，という
ところがポイントでした。そして「すごく似合うよ」と言葉を繋ぐと，Ｓくん
は恥ずかしそうにニコッと笑い，Ｓくんの気持ちが和らいだところで，書き手
は枝に葉っぱを刺して，「焼き鳥はいかが？」と遊びに誘ったところから焼き
鳥のごっこ遊びになり，Ｓくんの気分が変わったところで，「あっちに行く？」
と水を向けると，それにＳくんも乗ってきて，その後には「Ｓ，Ｋ先生のリュ
ック持ってあげる」という発言が生まれ，Ｓくんが先生のリュックを背負い，
斜面を駆け登ったり下りたりしたというエピソードです。

　〈考察〉を読むと，Ｓくんが書き手に「Ｓ，Ｋ先生のこと好き」と言ってき
たという後日談が記されています。子どもの気持ちを分かってあげることが，
子どもから見ればどれほど嬉しいことなのか，それを書き手が担任をしていた
頃の苦い経験と重ねて，思いを新たにしたという〈考察〉はとてもよく分かり
ました。

　ここで問題なのは「直球でなく」をどのように考えるかです。「どうした
の？」という問いかけは確かに子どもに何かを言わせようとする対応です。子
どもにしてみれば，「それを言わないと先生，あなたのこと分かってあげられ
ない」というふうにも聞こえます。あるいはよくある対応として，「○○な

210

の？」「▽▽なの？」と子どもの気持ちを推測して次々に聞く対応も，実は「黙っていたら先生はあなたのことを分かってあげられない」という保育者の気持ちを伝える対応だといえます。

　ここで「養護の働き」を中心に考えれば，「何かあったみたいね」とか「何か嫌なことがあったみたいね」など，いまの子どもの負の気持ちに寄り添ったところから言葉を紡ぐ対応がまず考えられます。これは「子どものいまの思いを受け止める」という「養護の働き」の対応だといえます。今回の「ジャンパーかっこいいね」はいまのＳくんの負の気持ちを摑みながら，その負の気持ちを情動調律して，負の気持ちを正の気持ちに切り替えようとする対応だと言ってもよいのではないでしょうか。泣いている赤ちゃんに，「いい子だねー」と優しく穏やかなトーンの声で働きかけて，そのプラスの情動の動きを赤ちゃんの負の情動の動きに被せて，いつのまにか穏やかな情動に代えてしまうのが「情動調律」であるとこれまで説明してきました。負の心の情動調律はまさに気分転換のための対応です。今回の対応はそれに当たると考えることができるのではないでしょうか。その後の「焼き鳥ごっこ」も，面白く楽しい遊びに子どもを浸す試みでしょう。これが「直球でなく」の意味であると考えられます。

　これができる裏には，まずはベンチに一緒に座ったときに接面が生まれ，そこからＳくんの面白くない気分を感じ取ることがあったはずで，その負の気持ちを調律しようとして，今回の対応が生まれたと考えてよいのではないでしょうか。したがって，今回の対応は基本的に「養護の働き」のうえに「教育の働き」が組み合わされたものと考えることができ，それがＳくんに自分の気持ちが分かってもらえたと受け止められて，その後の展開になったと考えられます。直球も「教育の働き」ですが，接面から感じ取られたＳくんの思いに寄り添ううえで，直球がいいのか変化球がいいのか，そこを考えることは結局は「教育の働き」の質を考えることを意味するでしょう。ここでは保育者の懐深い優しい「養護の働き」がいつのまにか「教育の働き」に転化していくところがポイントだったように思います。

第Ⅱ部　実践編

❖エピソード23：「仲良しだから」

T保育士

〈背　景〉

　4歳児のYくん（5歳1カ月）は，父，母，兄（小2）の4人暮らしである。父は仕事が夜遅いので，朝からYくんと公園に虫取りに行ってから登園したり，家で工作を一緒にしたりと子煩悩である。母もYくんの性格に手を焼きながらも可愛がっておられる。Yくんは2歳児からの持ち上がりで見ているが，なかなか遊びを見つけられずに戦いごっこをしていることが多かった。それがいまはYくんが何かの役になりきってごっこ遊びをすることが増え，そこに友だちを巻き込んだり，鬼ごっこの違うバージョンの遊びを考えたりして友だちと楽しそうに遊ぶようになった。しかし，自分の思いが通らないことが起こると激しく怒ったり，物に当たる，暴言を吐くという姿もよく見られ，特に私に対しては昨年からの持ち上がりということもあってか，自分の思いを激しくぶつけることも増えていた。私はYくんが自分の思いをしっかり出せることは大切だと思い，しっかりと受け止めるようにしながらも，暴言や物に当たるなどの行為は受け入れられないということを伝えながら関わってきた。家でYくんのしたかったことができずに登園したり，登園したときに担任がいなかったりしたときなど，一度家に戻ってやり直すこともしばしばあり，家庭でも同じような姿をみせているようで，Yくんのことをどこまで受け入れたらよいのか私自身，線引きに難しさを感じていた。

　Sくん（5歳5カ月）は，父，母，妹二人の5人暮らし。月曜日や雨の日，母の体調などで欠席することも多い。母は夫の仕事の手伝いを週に3日ほどしており，いまは家で下の妹と過ごされている。Sくんに対しても「強くなってほしい」「食事のマナーを身に付けてほしい」など願いをもちながら可愛いと思って関わっておられる。Sくん自身も家庭で大切にされているためか落ち着いて過ごしており，友だちや小さい子に対してもとても優しく関わる姿があるが，トラブルのときには暴言を吐いたり，まだまだ手が出てしまったりするこ

212

第6章　子ども同士のトラブルは「なる」への跳躍台

とが少なくない。

　夏以降に席替えをし，同じ机で向かい合わせに座ることになったYくんとS
くんは，そこからぐっと仲良くなり，いつも一緒に遊んでいる。ケンカもする
けど自然に仲直りし，何をするのにもお互いを心の拠り所にするようになって
いた。

〈エピソード〉

　Sくんは体調不良で欠席が続き，1週間ぶりに登園した日のこと。Yくんは
Sくんがきて本当に嬉しそうで，何をするのもずっとSくんと一緒に楽しんで
いた。その日Yくんは一日大きく崩れることなく落ち着いて過ごしていた。午
睡時，私がSくんのそばについていると，Sくんが「あんな，せんせい，Yく
んな，Sのこと待ってたって言ってた」と嬉しそうに教えてくれた。「そっか，
Yくん毎日Sくんお休み？って聞いて心配してはったし，Sくんが元気になっ
てきてほんまにうれしいんやと思うよ」と伝えると，Sくんは照れくさそうに
笑っていた。

　午睡後に4歳児は自分のタオルを畳むこと，お布団の片付けやゴザを丸める
ことをしているのだが，Yくんはいつも寝起きに少しボーッとしていたり，友
だちと先にふざけあったりしていることがある。そのため友だちがYくんのタ
オルを畳んであげていることも見かける。この日YくんはSちゃん（5歳4カ
月）と楽しそうにお話していて，その横でSくんがYくんのタオルを畳んでい
た。私は自分のことは自分でしてほしいと思ったが，二人のあいだに何か理由
があったのかもしれないと思い，「何でYくんのタオル，Sくんが畳んでいる
の？」と何気なく尋ねてみた。すると叱られると感じたのか，Yくんが怒りな
がら「だって，Yくんが畳むって言ったのに，勝手にSくんが畳まはったん
や」と言った。Sくんの顔をみると，「なんで？　ちがうのに」と言っている
ような表情をみせた。でも言い返すこともなく，「ほな，Yくん畳みーや」と
手を止めてタオルを渡した。Yくんは怒りながらも自分のタオルを畳んで片付
けると，ホールの壁側に座り込んだ。SくんとSちゃんはどうしようと思いな

213

第Ⅱ部　実践編

がら顔を見合わせていたが，Yくんのそばに行き，隣に座ろうとした。すると
Yくんは拗ねて端に移動し，座り込んだ。私が声をかけたことがきっかけでも
あるし，SくんやSちゃんが困っているので声をかけようかとも思ったが，S
くんとSちゃんが二人で話し合っているように見えたので，しばらく見守るこ
とにした。私はゴザを片付け終え，子どもたちに「おやつ食べに下に降りよう
か」と声をかけた。SくんもSちゃんも立ち上がりついてきたが，Yくんは座
り込んだままだった。私はもう一度みんなに「降りるよー」と声をかけながら
Yくんを見たが，Yくんは目が合っても動こうとしない。他の子を先に連れて
降りてから迎えに来て二人でゆっくり話そうかなどと考えていると，Yくんの
様子に気づいたSくんが立ち止まり，扉の窓からYくんの様子をうかがってい
る。そんなSくんと目が合ったときに，「せんせい，Yくんどうしよう」と心
配そうな顔で見ていたが，Yくんを待ってあげたいという思いが伝わってきた
ので，私は二人の関係ならきっと大丈夫，SくんにYくんのことを任せてみよ
うと思い，Sくんの目を見てうなずいてから，他の子どもたちと下に降りた。
程なくして二人は部屋に戻ってきた。Sくんは嬉しそうに笑いながら，「せん
せい，あんな，桃組さんのせんせいが眼鏡忘れてはったから，届けてあげてん，
なあYくん」とYくんに目配せし，私に教えてくれた。「そーやったんか，あ
りがとうね」と笑顔で二人に伝え，「じゃあ，おやつ食べようか」と伝えると，
笑顔で「うん」と二人は手を洗いに行った。いったい二人は上でどんなふうに
話をしたのかななどと気になったが，あえて聞かずにSくんに「Sくん，あり
がとうね」と伝えると，照れくさそうに笑いながらYくんの方に行き，一緒に
おやつを食べはじめた。

〈考　察〉

　この日，Yくんはタオルを自分で畳まなかったことを指摘されたとき，S
くんのせいにしてしまったことで，Yくん自身，どうしようかという葛藤があっ
たのだと思う。Sくんも，Yくんが困っていることを感じながら，どうしたら
いいだろうか必死に考えていたと思う。いつもなら私がそばに行ってそれぞれ

の思いを聞き，代弁し仲立ちするが，この日はYくんが葛藤していることやSくんも心配そうにしていることが感じられたから，見守ることにした。だからこそ，2階から降りようとしたときに，Yくんが心配だから待ってあげたいというSくんの思いにも気づくことができ，Sくんを信じて「先生，待っているね」と思いを込めてうなずくことができたのだと思う。またそのときの私の思いがSくんに伝わったから，降りてくるなり私のところへ嬉しそうに言いに来てくれたのだと思う。自分たちで解決でき，二人がとても安心した表情で嬉しそうな姿を見て私も本当に嬉しかった。ついつい，私が受け止めなければと関わるなかで，保育士の願いばかりを伝えてしまっていたように思う。そうではなく，子ども一人ひとりに「いつでもあなたの味方だよ」という思いをもって，しっかりと関わるなかで見守ることも必要だと感じた。子どもたちは成長するなかで，自分の思いを伝えたり，相手の思いに気づけたりするようになっていたのだと嬉しく感じたエピソードだった。私との関係がしっかりできていたから，信じて待つことができたのだと思う。

◆私からのコメント

　4歳児になって，「私は私」の心だけでなく，「私はみんなのなかの私」の心が育ってくるとそれまで以上に友だち関係が重要になってきます。それは保育者の役割が軽くなるという意味ではなく，保育者との信頼関係を背景に友だち同士の関係が重要になってくるという意味です。エピソードは仲良し同士のYくんとSくんを取り上げたものです。自分で畳むはずのYくんのタオルをSくんが畳んでくれています。そこで書き手は「何でYくんのタオル，Sくんが畳んでいるの？」と聞くと，自分が畳まないことを見咎められたと思ったYくんは「Yくんが畳むって言ったのに，勝手にSくんが畳まはった」と抗弁します。これにSくんは「なんで？　ちがうのに」という表情です。そこからYくんの気持ちがいじけ，片付けをして下に降りる段になってもYくんのいじけた気持ちはおさまりません。そこで書き手はYくんと話し合おうかとも思いますが，SくんがYくんの様子を気にかけてくれて，Yくんが階下に降りるのを待って

215

第Ⅱ部　実践編

いるようなので，SくんにYくんのことを任せて書き手が階下に降りると，ほどなくしてYくんとSくんが笑顔で一緒に降りてきたので，二人の話し合いの中身は分からないけれども，Sくんにお礼をいうと，Sくんが照れくさそうにしたという内容です。

　Yくんが都合の悪い事態に立ち至ったとき，自分を正当化しようとして仲良しのSくんのせいだと理屈をこねるのはいかにも4歳児らしい「私は私」の心の動きですが，その一方で，その仲良しのSくんが病気でお休みのときは心配でならないYくんでもあります。それはYくんの「私はみんなのなかの私」「私とSくんとで私たち」の心が動くからでしょう。だから，一時は都合の悪い理由をSくんに押し付けて自分を守っても，それだけではなくSくんには悪いことをしたという思いにも駆られているはずです。Sくんも，自分のことを心配して待っていてくれたYくんのことを思うと，Yくんに都合の悪さを押し付けられてもSくんがそれを許容し，いじけたYくんを思いやるというのもお互いが仲良しだからでしょう。こうしたエピソードを通して，4歳児同士がお互いに負の心の動きを挟んで「私は私」と「私は私たち」の心を動かして成長していくのだということが分かります。「見守る」や「信じて待つ」ということがいえるのは，子どもと保育者とのあいだに信頼関係ができていて，保育者の「養護の働き」が「見守る」や「信じて待つ」姿勢に沁み込んでいるからだと思います。

　仲良し同士のトラブルをみると，それぞれの子どもはそのトラブルのなかで「私は私」と「私は私たち」の二面の心が微妙にバッティングし，その調整を自ら図る動きを見せます。これが仲の悪い者同士の場合になると，それぞれが「私は私」の思いの方に固まるので，トラブルが平行線をたどりやすくなります。このエピソードは前者の場合を教えてくれているように思います。

第6章　子ども同士のトラブルは「なる」への跳躍台

❖エピソード24：「Aちゃんはどうする？」

T保育士

〈背　景〉

　Aちゃん（6歳4カ月）は，母と兄の3人家族。母はAちゃんを可愛がっているが，母中心の生活にAちゃんが合わせている状態である。Aちゃんが求めているものと，母の行動が噛み合っていない感じを受ける。身体運動面，認知面ともたくさん力をもっているAちゃんは，遊びをリードし，自分の思いをしっかりもっていて，話し合いなどでは積極的に意見を言う。一方で，自分の意見が通らなかったり，友だちに強く言われたりすると，一人で塞ぎ込んだり泣き続ける姿も見られる。今年度の夏以降，友だちとのトラブルですぐ手が出るようになり，言葉よりも先に手が出て「絶対に許さない」「二度と遊ばない」など，思いの出し方が激しくなってきた。

　Bちゃん（6歳2カ月）はAちゃんと一緒に遊ぶことも多い反面，誰に対してもはっきりものを言うため，Aちゃんとは些細なことからトラブルに発展することが多かった。

　今回はそんなAちゃんとBちゃんの，秋の遠足を翌日に控えた日の出来事である。夕方の園庭遊びの時間，私が勤務を終えて保育室で作業をしていたところへ，Aちゃんが泣き叫び暴れながら担任（M保育士）に連れられて入室してきた。片付けの最中にAちゃんがいきなりBちゃんを叩き出し，M保育士が止めに入るが，なおも叩こうとしていたとのことだった。Aちゃんは非常に興奮しており，話ができる状態ではなく，Bちゃんに聞くものの，Aちゃんが怒っている理由が分からないようだった。Aちゃんが落ち着くまで時間をおこうと，Bちゃんを含め延長保育の子どもたちを先に送り出した。

〈エピソード〉

　勤務を終えたM保育士と私とでAちゃんを見守りながら明日の遠足の話をしていると，落ち着きを取り戻したAちゃんが近くに来て怒っていた理由を教え

217

第Ⅱ部　実践編

てくれた。Ａちゃんによると，竹馬を片付けていたときに，クラスのＣちゃん
が泣き出し，それをみたＢちゃんが駆け寄ってきた。ＡちゃんがＣちゃんを泣
かせたわけではないのに，Ｂちゃんが近くにいただけのＡちゃんのせいにして
「Ｃちゃん可哀想」と言ったため，腹が立ったとのことだった。「それは嫌だっ
たよね」と，遠足の地図を見ているＡちゃんに話しかけた。

　「Ａちゃんはどうする？」とあえて「何を」とは言わずに投げかけてみると，
強い語気で「いやや！　ゆるせない！」と眉間にしわを寄せ険しい表情のＡち
ゃん。その姿から「Ｂちゃんと話して仲直りするつもりはない」というＡちゃ
んの思いを返してくれたのだと思った。「そっか，Ａちゃんのせいにされたの，
悲しかってんな」「うん，だからＡはＢちゃんがごめんって言っても絶対に許
さない。もうＢちゃんとは話さない」「いまＢちゃんのことを許せないならそ
れでもいいと思う。先生も無理に仲直りしてなんて言わないよ」というと，Ａ
ちゃんは目線を下に向けたまま黙っている。「でも，もうすぐ二人ともお迎え
の時間だよね。ＡちゃんはこのままＢちゃんと何も話さず嫌な気持ちのままお
家に帰って，明日楽しい気持ちで遠足行ける？」と聞いた。少し間をおいて，
Ａちゃんは「楽しくない」とぼそっと小さな声で答えた。「せっかくの遠足で
Ａちゃんが楽しくなかったら，先生はとっても悲しいよ。仲直りできなくても，
Ａちゃんの嫌だった気持ちはＢちゃんに伝えた方がいいんじゃないかな」と言
うとＡちゃんは顔を上げ，私と一瞬目を合わせると，またすぐ下を向いて地図
をいじりだした。“Ｂちゃんとは話したくないが，このままでいいと思ってい
るわけではない”というＡちゃんのそんな葛藤が見えたように思えた。「せん
せい，ＢちゃんがどうしてＡちゃんがＣちゃんを泣かせたと思ったのか知りた
いし，Ｂちゃんとも話してこようと思うけど……」というと，その言葉にＡち
ゃんが再び顔を上げた。「Ａちゃんも一緒に行く？」という私の問いにＡちゃ
んはうなずいた。Ｂちゃんのところに向かう途中，ふと振り返ると私の後ろを
歩くＡちゃんがキュッと唇を噛んで不安そうな表情をしている。一度立ち止ま
って手を出すと，Ａちゃんはその手を強く握ってきた。“一緒だから大丈夫だ
よ”という思いを込めて私も強く握り返した。

218

第6章　子ども同士のトラブルは「なる」への跳躍台

　部屋にいるＢちゃんを呼び，廊下の絵本コーナーに出て私を挟んで３人で座る。Ｂちゃんはむすっとしながらも話をしてくれ，Ａちゃんはずっと下を向いたまま黙って聞いていた。Ｂちゃんによると，泣いているＣちゃんが心配になりどうしたのか聞きに行った。Ｃちゃんが「自分で竹馬の台を運びたいのに重くてできない」といったので，可哀想に思い手伝おうとすると，Ａちゃんが怒って叩いてきたとのことだった。どうやら二人の思いにすれ違いがあるのではと思った私は，再度Ａちゃんにも聞いてみた。するとＢちゃんの「可哀想に」という言葉を聞いて，Ａちゃんは近くで見ていたこともあり，自分のせいにされたと感じたようであることが分かった。「Ａちゃんのせいだなんて，Ｂは言ってないやん！」とＢちゃんは声を荒げる。私は，"勘違いでＢちゃんを叩いて痛い思いをさせたことはＡちゃんに反省してほしいな"と思って振り返ると，Ａちゃんはとても困ったような，バツの悪そうな表情をしている。シーンと空気が静まり返る。きっとＡちゃんは自分の勘違いだったことを認めていて，Ｂちゃんに悪いことをしてしまったと思っているのだろう。謝らなければならないことも分かっている。だけど気まずさもあり，ごめんねの一言が言いだせずにいるのだと思った。私が再び「Ａちゃんはどうする？」と聞くと，何か言いたげな表情のＡちゃん。「先生，向こに行って待っていようか？」と私がいない方が話しやすくなるのではと思って私が立ち上がりかけると，Ａちゃんは強く首を横に振ってじっと私の方をみた。"そばにいて，ちゃんと言うから"と言っているように思え，私がうなずくと，Ａちゃんは決心したようにＢちゃんの方を向いた。「Ｂちゃん，Ａが間違えちゃって……いっぱい叩いてごめんね」。その言葉を聞いたＢちゃんは「いいよ，あＢもごめんね」と言った。その表情は"しょうがないなあ，でもＡちゃんとＢのいつものことだから"というように穏やかになっていた。Ａちゃんはほっとしたように表情が緩む。きちんと自分の気持ちを言え，仲直りができたことを褒め「また二人が笑顔になってくれて先生嬉しいよ」と伝えると，二人は照れたように笑った。

　するとＢちゃんが突然「あ，延長のおやつ食べなきゃ，Ａちゃん一緒に行こう」「うん，食べる」と肩を組んで部屋に入っていき，そのまま仲良く並んで

第Ⅱ部　実践編

手を洗いだした。

〈考　察〉

　この出来事はすぐに他の二名の担任に伝え，迎えに来た母とも話をするなか
で，家庭でも同じように思い込みで兄とケンカになる姿があるということが分
かった。そんなとき，Ａちゃんは兄が折れてくれても自分の気持ちの切り替え
ができず，母はＡちゃんを放っておくか「もうすぐ小学生なのにそれでいい
の」と声をかけることでようやく話ができるとのことだった。

　今回のエピソードで初めに私が「Ａちゃんはどうする？」と言ったときは，
「反省してほしい」ではなく「Ａちゃんの気持ちが知りたい」という思いを込
めた。だからこそ，「Ｂちゃんと話したくないが，このままにもしたくない」
というＡちゃんの葛藤に気づき，Ｂちゃんと話ができるよう私が働きかけたこ
とに対して，Ａちゃんが前向きに心を動かしてくれたのではないかと思う。そ
してＡちゃんの不安な気持ちを手を繋ぐという行為を介して受け止め，私の思
いで包み込めたからこそ，会話がなくてもＡちゃんと気持ちが通じ合えたと思
えたのではないかと思う。

　逆に反省すべき点はＡちゃんの勘違いが分かった後半場面にある。私が発し
た「どうする？」には「反省してほしい」という思いが強くあった。そのため
にＡちゃんの気まずい気持ちを理解しながら待つということができなかった。
何か言いたげなＡちゃんから，私が離れるのではなく，そばにいて見守ること
を必要としていることを見抜けなかったのだ。

　最近はＡちゃんとＢちゃんが激しくぶつかることが減り，二人で一緒に遊ぶ
姿が増えてきた。また，二人は生活発表会の劇で同じ役をするにあたり，「恥
ずかしいけど，Ｂちゃんと一緒なら頑張れる」「Ａちゃん，明日一緒にこれつ
くろう」とお互いが頼り合いながら楽しんでいる。この関係がより深まってい
けるよう，そばで見守る私の心が常に「子どもの思いを受け止められている
か」どうかを振り返っていきたい。

220

第6章　子ども同士のトラブルは「なる」への跳躍台

◆私からのコメント

　Aちゃんの勘違いから起こったBちゃんとのトラブルから，仲直りするまでの経緯を綴った内容です。明日の遠足を控えて，腹を立てたままお帰りしていいのか，という書き手の揺さぶりがAちゃんに伝わり，BちゃんがどうしてCちゃんを可哀想と言ったのかをBちゃんに聞きたいと書き手が言ったことを受けてAちゃんもついてきました。そしてBちゃんの発言からようやくAちゃんは自分の勘違いが分かり，そこから自分が間違ったことを認めて「ごめん」を言うことができましたが，それは自分のことを分かってくれようとしている先生がそばにいたからでしょう。「じっと私の方を見た。"そばにいて，ちゃんと言うから"と言っているように思え，私がうなずくと……」という箇所は，まさに接面から感じ取ったこのエピソードのポイントの部分です。先生にそばにいてもらうことで，Aちゃんは誤解した気まずい思いを何とか乗り越えることができたのでしょう。5歳児同士だけではなかなか勘違いをはっきりさせて仲直りまではいけなかったかもしれません。〈考察〉を読むと，二度目の「どうする？」はAちゃんに反省を求める気持ちから出た言葉で，そのときのAちゃんの気まずい思いを分かりながら待つことができなかった，そばで見守っていてほしいという気持ちを見抜けなかったと正直に反省しているところも，なかなかできない反省ではなかったかと思いました。

　ここではBちゃんの話を聞いて自分が誤解したことをAちゃんが認めたこと，また謝るAちゃんをBちゃんが許すことができたこと，そして二人が仲直りできたこと，そこに5歳児ならではの心の育ち，つまり小さな「なる」が生まれたことが分かります。そこに至ったのは，二人の言い分を丁寧に聞き，何が起こったのかをしっかり把握し，Aちゃんの揺れる思いを優しく受け止める書き手の「養護の働き」があったからでしょう。そして，「どうする？」とAちゃんの背中を押す書き手の言葉は，Aちゃんの揺れる思いをしっかり分かったうえで，謝った方がいいという書き手の「教育の働き」を伝える言葉だったのでしょう。書き手は〈考察〉でそれを反省していますが，Aちゃんの気持ちに寄り添いながら，そこに保育者がいるということでAちゃんの謝る気持ちの背中

221

第Ⅱ部　実践編

を押すところに現れた「教育の働き」は，正しいことを教える教育とは一味も二味も異なる，真にそこから子どもが何かを学び取る「教育の働き」として必要なものだったと思います。こうして子どもたちはトラブルを通して主体としての心の育ちに必要な「なる」を自分のものにしていくのでしょう。このエピソード全体に，子どものいまの「ある」を受け止める書き手の懐の深い「養護の働き」が充溢しているように思われました。

❖ **エピソード25：「遊んでくれない」**

Ｈ保育士

〈背　景〉

　私は4歳児21名のクラスをもう一人の担任と共に保育をしている。

　Ｙくん（4歳10カ月）は父母，兄の4人家族。家庭でも自分の思いを十分に出し，受け止めてもらいながら過ごしている。自分の思いは保育士や友だちに言葉で伝えることができる。虫や生き物に興味があり，家庭でも虫取りをし，それを園に持ってきては友だちと一緒に観察したり，園の畑で幼虫探しや蝉取りを友だちと一緒に楽しんだりしている。室内では友だちと役になりきってごっこ遊びをしたり，捕まえた虫を図鑑で調べたりして楽しんでいる。自分の思う通りにならないと，大きな声で怒ったり，保育士に助けを求めたりすることもある。落ち着いて話すと相手の思いを理解できたり，素直な気持ちになれたりする。自分の思いはしっかりもっている。

　Ｒちゃん（5歳3カ月）は，父母，姉の4人家族。母は子どもたちを可愛いと思っているが，言葉が乱暴で，子どもを急かしたり，否定したりする言葉かけが目立つ。Ｒちゃんも友だちに対して遊びのなかできつい口調で話したり，思い通りにいかないと拗ねて大きな声で泣くことがよくある。そのため，友だちに一緒に遊びたくないと言われたこともある。しかし，丁寧に思いに寄り添いながら言葉をかけると，素直に気持ちを話してくれるようになってきている。友だちと一緒に楽しく遊びたいという思いはいつももっている。

第6章　子ども同士のトラブルは「なる」への跳躍台

　Ｓちゃん（５歳１カ月）は，父母との３人家族。大人のなかでの生活が多く，大人口調であったりするが，友だちを引っ張ってくれる存在にもなっている。自分の思いは言葉ではっきり伝える反面，自分が友だちに注意されると悲しくて保育士に泣いて訴える姿もある。友だちに優しく接したり，助けてあげようとしたりする姿もよくみかけるようになった。遊びのなかでは友だちと一緒に好きな遊びを見つけ，友だちの思いも聞きながら自分たちで遊びを考え楽しんでいる姿がよく見られる。

〈エピソード〉

　朝，Ｙくんは登園する前に自宅の近くで捕まえたセミを虫かごに入れて園に持ってきた。「保育園のセミも捕まえたい」と朝から園庭に出て網を持ち，Ｒちゃんと一緒にセミ捕りを楽しんでいた。４，５匹捕まえたところで満足したのか，網を片付け，部屋の前のテラスのところで座り込み，二人でセミを観察していた。そのうちにセミをつかんで虫かごから出し，セミの体の様子をじっと眺め，二人で「オスやで，このセミ」「こっちはメス」と見比べながら楽しそうに会話をしていた。私は微笑ましいなあと思いながら，あえて会話には入らず，二人の会話にじっと耳を傾けていた。他愛もないやりとりが続いていたが，暑かったので「お茶飲みたい」と入室したＹくんに続き，Ｒちゃんも「お部屋で遊ぶ」と入室してきた。

　遊びの部屋ではＳちゃんが積み木とカプラでお城をつくっていた。一人で初めから一生懸命つくり，とても大きなものができたので大切にしている様子。そこへＹくんが「寄せて」とやってきたのを「いいよ」とＳちゃんが受け入れた。二人はお城で人形を使ったごっこ遊びをはじめた。まだ園庭で遊んでいた他児が「お茶飲みたい」と入室してきたので，私はいったん隣の部屋へ移動してお茶を注いでから，そこで粘土をしていた他児と一緒に遊んでいた。

　しばらくして突然，隣の部屋からＲちゃんの泣き声が聞こえてきた。私はそばに行き，どうしたのかなあと思ったが，少し様子をみようとあえて声はかけずに見守ることにした。「今はＳちゃんとあそびたいねん！」とＲちゃんに言

223

第Ⅱ部　実践編

っているYくん。「Rちゃんも寄せてほしい！」と泣きながらYくんに訴える
Rちゃん。「なんでSはよくてRちゃんだけあかんの？」とRちゃんは怒って
いる。すると「だってこれ私がつくったもん」とSちゃん。そのやりとりを聞
いていたRちゃんは私の方を向き，「意地悪しはる」と目に涙を浮かべて訴え
てきた。さっきまであんなにセミでYくんとRちゃんは仲良く遊んでいたのに
なあ……と私は思いながらも，「どうしたらいいのかなあ？」と三人を見なが
らつぶやいた。Yくんは私の目をじっと見つめた後で，「今はSちゃんと遊び
たいって言っているのに，Rちゃんがずっと寄せてっていうねん」と目に涙を
ためながら私に伝えてきた。私はYくんはいまSちゃんと遊びたい気持ちなん
だと思い，「そっか，今はSちゃんと遊びたかったんやね」とYくんの思いを
受け止めた。そして，Sちゃんに「Sちゃんはどうしたい？」と聞くと，「私
はどっちでもいいけど，YくんがRちゃんと遊ぶのは嫌というから……」と困
った様子。少し悲しそうなSちゃんの表情をみて，「困っちゃうね」と言うと
「うん」とSちゃんはうなずいた。そんな悲しそうなSちゃんにYくんの目線
がいき，はっとした表情で何かを言いたそうだなと私は気づいたが，Yくんに
どう声をかけようか迷っていた。Yくんは下を向き，いろいろ考えているよう
だが，素直に言い出せない。私はYくんが思いを伝えてきてくれるまで待とう
かなと思った矢先，Rちゃんが泣きながら部屋から出て行った。私は一瞬，R
ちゃんを追いかけようかと思ったが，立ち止まり，SちゃんとYくんの方を振
り返ると，二人は目線を合わせたり，出て行ったRちゃんの方を見たりしてい
る。そして私と目が合ったYくんに，言葉ではなく優しい目線を送ると，Yく
んは部屋から出て行ったRちゃんのところに駆け寄り，「やっぱり3人で遊
ぼ！」とRちゃんを誘った。拗ねて座り込んでいたRちゃんは顔を上げてYく
んを見る。Yくんが半ば強引にRちゃんの手を取り，Sちゃんのいるところに
連れていった。Rちゃんと一緒に戻ってきたYくんはSちゃんと一瞬目が合い，
笑顔を見せた。するとSちゃんは「じゃあ，Rちゃんはお姫様になって！」と
遊びはじめた。そんなSちゃんをみて，Yくんは「Yくん，イヌ！」と笑顔で
一緒に遊びはじめる。Rちゃんもはじめは困ったような嬉しいような何ともい

えない表情だったが，少しずつ笑顔になって遊びだし，3人のごっこ遊びが自然とはじまった。はじまってすぐにYくんと目が合った。とても優しい目をしたYくんを見て私は笑いかけ，「素敵なお城だね」というと，Yくんは「うん」とうなずき，嬉しそうな顔をしてまた3人は遊び出した。三人の笑顔を見て私もほっとし，自分たちで解決しようとする姿を見て嬉しく思った。

〈考　察〉

　4歳児は自分の言葉で思いを伝えたり，相手の思いに気づいたりしはじめるときである。4月からいくつものトラブルを乗り越えてきた子どもたちだが，家庭で子どもの思いに寄り添った丁寧な関わりがどれだけなされているかは疑問に思うところである。園にいる時間は子どもがありのままの思いが出せ，主体的に生活や遊びができ，そばに信頼できる保育士がいて，子どもにとって安心できる場所であってほしいと思っている。そんななか，私はできるだけ自分たちで考えたり，気づいたりできるような声をかけ，優しく見守ってきた。友だちと一緒に遊ぶ楽しさや喜びは遊びを通して分かるものである。今回のように，一緒に遊ぶ遊ばないのトラブルは日常茶飯事であるが，その都度，それぞれの思いを聞き，相手の思いも知らせながら関わってきた。また集いなどで友だちと一緒に考える場面もつくってきた。そんな日々のなかで起きたエピソードである。

　Yくん，Sちゃん，Rちゃんそれぞれの思いが違うことに私は気づいていた。だけどSちゃんが困っているので，私の願いを伝えるのではなく，友だちが困っていることに気づけるよう「困ったね」と言葉にした。保育士から言われて気づくのではなく，優しい見守りのなか，友だちの様子を見てどうしたらいいかなと自分で考えて行動したYくん。どこまでどんな声をかけたらいいか私が悩んでいる間，Yくんも自分なりに考えていたことが私には嬉しかった。Sちゃんは普段友だちにもっときつい口調で話すことがあるが，このときは素直に自分もどうしようと思っている気持ちを表してくれた。だけど，どちらかを拒否するような言葉は出なかった。Rちゃんの悲しそうな姿に気づき，でもYく

第Ⅱ部　実践編

んは怒っている，どうしたらいいかなと自分なりに考えていたからこそだった
のかなと私は思った。Rちゃんはさっきまで一緒に楽しく遊んでいたのに，ど
うしていまは寄せてもらえないのか混乱したのだろう。いまはSちゃんと遊び
たいというYくんの気持ちも，RちゃんのYくんと一緒に遊びたいという気持
ちも受け止めながら，私の思いも伝えてきた。

　言葉であれこれ言うのではなく，見守ったり，目線を送ったり，あなたの話
はしっかり聞いているよという思いを伝えたりすることで，自分たちで考え，
行動した子どもたちを見て，とても嬉しく思った。一人ひとりの思いに寄り添
いながら，だけど一緒に楽しむためにはどうしたらよいか，これからも子ども
たちと一緒に考えていきたい。

◆私からのコメント

　これは4歳児が3人で遊ぶときの思いのずれを取り上げた内容で，4歳児ら
しいエピソードだと思いました。セミ捕りを仲良くやっていたYくんとRちゃ
んが室内に入ったところで，Sちゃんがカプラでお城をつくっています。そこ
にYくんが入って遊んでいるところに遅れてRちゃんがきて，自分も寄せてと
言いますが，YくんはいまはSちゃんと遊びたいねんと言います。そこでRち
ゃんが怒って次には意地悪だと目に涙をためています。SちゃんはYくんがダ
メだというからと当惑気味で，Rちゃんに入っちゃダメとは思っていない様子
です。それぞれの思いが分かったところで書き手は子どもたちがどのように出
るかを見守る態度に出ていますが，Yくんはしばらく考えて，遊びの場面から
離れていったRちゃんを追いかけて，一緒に3人で遊ぼうと譲歩し，その後3
人で遊んだという内容です。

　〈考察〉はしっかり自分の思いを言える年齢になったのだから，自分たちで
考えて調整を図ってほしいと願って見守る態度に出たことに触れ，そのなかで
書き手としての思いを目線でしっかり送ったというところがよかったと思いま
す。見守るとは単に手出し口出ししないことではなく，気持ちを子どもたちの
思いに寄り添わせながら見守ることだという大事な点をここに確かめることが

226

第6章　子ども同士のトラブルは「なる」への跳躍台

できます。

　二者関係での仲良しのあいだではあまり大きなトラブルになりませんが，そこにもう一人入ってきて三者関係になると，円滑な関係をずっと維持することはなかなか難しく，今回のようなトラブルになりやすいようです。Rちゃんにしてみれば，Sちゃんに言われるのならまだしも，さっきまで仲良く遊んでいたYくんにダメと言われるのは心外だったに違いありません。Yくんにしてみても，Sちゃんの遊びに入れてもらって嬉しかった思いと今の遊びの面白さを守りたい気持ちが勝って，Rちゃんにダメと言ったものの，Rちゃんに泣かれて困った気持ちもあったはずです。ここで書き手はRちゃんやYくんの複雑な思いに気づきながら見守る態度にでます。そのなかで，Sちゃんとの楽しい遊びをそのまま維持したいというYくんの「私は私」の思いと，Rちゃんともさっきまで楽しく遊んでいた，Rちゃんも仲良しの一人だというYくんの「私は私たち」の思いがバッティングし，結局は後者が前者を凌いだところで，Yくんが後者の思いに沿って譲歩したという結果になったのでした。この成り行きをみると，三者の友達関係は難しいことがあらためて分かります。この年齢になると，保育者がうまく仲介すれば相手の思いも分かるようになり，相手の思いと自分の思いの調整を図る動きも少し出てきます。それは自分の内面の「私は私」と「私はみんなのなかの私」の二面の心の調整と並行しているように見えます。これが目に見えないところでの心の面の「なる」の課題なのですが，そこにたどり着くうえで，保育者のそれまでの「ある」を受け止める対応（養護の働き）や，「なる」に向かえるようにわずかに背中を押す対応（教育の働き）の兼ね合いが問題になるのだと思います。それにしても，この年齢になると，幼児とはいいながら，大人顔負けの複雑な心の動きを経験していることが分かります。それは接面の当事者である保育者が接面から感じ取るしかないものだということも，このエピソードを通して確認できるのではないでしょうか。

第Ⅱ部　実践編

❖エピソード26：「うらはらなこころ」

H保育士

〈背　景〉

　私は4歳児21名の担任をしている。Yちゃん（5歳8カ月）は一つ下のクラス（3歳児）の弟と母の3人暮らし。母はYちゃんを可愛いとは思っているが，母自身が心身とも良好でない日も多く，Yちゃんが母に思いを素直に出せずに我慢していることが多いらしい。クラスのなかではっきりと発言することで注目を集めたり，自分から一緒に遊ぼうと友だちを誘ったり，楽しい遊びを考え出したりすることがよくあるため，Yちゃんと遊びたい友だちは多い。しかし，自分の思い通りにいかないときつい口調で友だちに話す場面もよくあり，伝え方でトラブルになることも多々ある。

　Hちゃん（5歳6カ月）は母との二人暮らし。母にしっかり思いを受け止めてもらっているため，園では安定して過ごせる日が多い。自分の思いはしっかりもっているが，みんなの前で発言するのは恥ずかしさもあり，あまり得意ではない。友だちには誰にも優しく接し，優しい言葉がHちゃんからはたくさん出てくる。

　Kちゃん（4歳11カ月）は父母と弟（2歳児）の4人暮らし。父も母も穏やかな人柄で，Kちゃんにも優しい言葉で接している姿をよく見かける。Kちゃんも友だちに対して優しく話しかけることも多く，いつも周りに友だちがいて一緒に楽しんでいる姿がある。一方で自分の思いを伝えるのが苦手で，思い通りにいかないときは拗ねてその場を離れたり，部屋の隅でうずくまっていたりもする。そんなときは保育士が声をかけてもなかなか自分の思いを言葉に出せないことがある。

　3人は普段は仲がよく，誘い合い，よく一緒に遊んでいる。

〈エピソード〉

　12月上旬，朝は肌寒くなってきたために子どもたちは室内で過ごしていた。

第6章　子ども同士のトラブルは「なる」への跳躍台

ＹちゃんＨちゃんＫちゃんは他の友だちも一緒に制作を楽しんでいた。ほとんどの子が登園し，園庭に行きたい子どもも出てきたので，「10時になったら園庭に行こうか」とみんなに声をかけた。すると「お外で一緒に遊ぼうな！」とＹちゃんが二人に声をかけた。「なにする？」とＨちゃんが聞くと「けいどろしよ！」とＹちゃんが答えた（警察役と泥棒役に分かれた鬼ごっこのこと）。その提案を聞いたＫちゃんとＨちゃんは「いいよー」と言い，楽しみにしている様子だった。

　10時になり園庭に出ると，３人は友だちも誘い７，８人になった頃に自分たちで誰がどっちの役をするか決め，けいどろがはじまった。私は自分たちではじめられたんだなと思い，その様子をそばで見守りながら他児と砂遊びをはじめた。しばらくしてけいどろをしているところに目をやると，Ｋちゃんの姿が見当たらない。違う遊びに行ったのかなと思い視線をずらすとテラスでうずくまっているＫちゃんが見えた。何かあったのかなとＫちゃんのそばに駆け寄り「どうしたの？」と尋ねてみた。Ｋちゃんは顔を伏せたまま返事がない。何か嫌なことがあったんだなと感じた私はＫちゃんの横に腰を下ろし，もう一度「どうした？」と尋ねてみた。ちらっとだけ私を見てまた顔を伏せるＫちゃん。涙こそ流していないが悲しんでいることは一目で分かった。「何か嫌なことがあったんだね，悲しい気持ちになっているのかな？　それとも何かに怒っている？」と聞くけれども返事がない。

　その様子を少し離れたところからみていたＹちゃんが突然走り寄ってきて，まだ何も聞いていない私に「だってな，今けいどろしてんのに，ままごとしよっていわはるんやもん！」と怒った様子で伝えてきた。一緒にけいどろをしていたＨちゃんもそばにやってきたが何も言わず，ただ困った表情を私に見せていた。何となく状況が摑めた私は「そうやったん。Ｙちゃんはけいどろもっとしたかったんやね」とＹちゃんに言った。そしてＫちゃんに「Ｋちゃんはどうしたかったん？」と聞くと，突然「Ｙちゃんなんか嫌い，あっち行って」と怒った口調で顔は伏せたままでＫちゃんが言い放った。その言葉を聞きＹちゃんは「もう遊んであげへんし！」と怒った口調で言い返し，離れて行ってしまっ

第Ⅱ部　実践編

た。私はどうしようかと悩んだが，Ｋちゃんの思いを聞きたいと思い，そのま
まＫちゃんのそばにいることにした。ＨちゃんもＹちゃんのところには行かず，
Ｋちゃんのことを心配そうに見つめている。「Ｈちゃん，Ｋちゃんのこと心配
なんやね」とＨちゃんに声をかけると「うん」とうなずく。それを聞き，少し
顔をあげてＨちゃんを見るＫちゃん。二人の視線が合った後，Ｋちゃんが「も
うけいどろしたくないのに，やめたらあかんてＹちゃんが言わはってん」と伝
えてきた。「そっか，Ｋちゃんは他のことがしたくなったんやね」と言い，「Ｙ
ちゃんはＫちゃんとＨちゃんと一緒にけいどろして遊びたかったから，やめる
って聞いて怒ってしまったのかもしれないね」と言うと「でもＹちゃんも怒っ
てしまったからもう一緒に遊べへん」とＫちゃんが悲しそうな顔で言った。
「じゃあ，どうする？　もう怒っているし一緒に遊ぶのやめとく？」と聞くと
ふと顔をあげじっとＨちゃんを見つめ考えるＫちゃん。「もし，ＫちゃんがＹ
ちゃんと遊びたいと思っているなら，その気持ちはＹちゃんに伝えた方がいい
んじゃない？」と私は言った。その言葉を聞き，二人は目を合わせながら，
「私もままごとするわ。Ｙちゃん誘いに行く？」とＨちゃんがＫちゃんに言っ
た。しかし首を横に振るＫちゃん。その姿をみて，Ｈちゃんは一人でぱっと走
りだし，Ｙちゃんのもとに向かった。「ＨちゃんはＹちゃんを誘いに行ったの
かな？」とＫちゃんに言うと「もう怒っているからＹちゃんは来ない」と言う。
しかしそのすぐ後にＨちゃんがＹちゃんと一緒にＫちゃんのところに戻ってき
た。二人はたくさんのままごとの玩具を手にもっている。そのなかにはきっと
Ｋちゃんの分もあったのだろう。そして「一緒にままごとしよ」とＹちゃんが
Ｋちゃんに言った。Ｋちゃんはきっと嬉しかったに違いないと思うがなかなか
素直になれず，しぶしぶいいよという感じを表情に出す。しかし少々強引なＹ
ちゃんからままごとがはじまり３人は遊び出した。Ｋちゃんの表情がだんだん
明るくなってきたので，いまはそっと見守っておこうと思った私は，特に声を
かけずにそこから離れることにした。

　入室後，Ｈちゃんに「さっきはＹちゃんを呼びに行ってくれてありがとうね。
なんて声をかけてくれたの？」と訊くと，「一緒におままごとしよって，Ｋち

230

ゃんも本当はYちゃんと遊びたいと思うって。ほんで私は3人で遊びたいって言うたん。そしたら来てくれた」と話すHちゃん。「そっか，Kちゃんの気持ち，Hちゃんはちゃんと分かってくれてたんね。先生嬉しいわ」というと，「ままごとしているときにな，YちゃんがKちゃんに遊んであげへんて言うてごめんねって言うてはったで。Kちゃんも一緒にままごとしたかったってちゃんと言うてはったで。先生もKちゃんに言ってって言うてはったやろ？」とHちゃんは教えてくれた。私は何ともいえない嬉しい気持ちになり，Hちゃんに微笑み，うなずいた。

〈考　察〉

　私は入室後，少し時間をあけてからYちゃんやHちゃんにも話を聞こうと思っていたが，自分たちで話して解決したことをHちゃんに教えてもらったので，YちゃんとKちゃんにはその後何も話さず様子を見守ることにした。いつも通り楽しそうに3人で遊んでいる姿をみつけたので安心した。なかなか自分の思いを素直に出せないKちゃんの思いを保育士は表情から理解できることがたくさんあるが，それが子ども同士となるとなかなかむずかしい。心と違う言葉が子どもから出てきたとき，本当はそうじゃないと相手に伝える手段がいくつか生まれる。たとえば保育士が伝えるのか，その子自身が伝えるのか，友だちが気づいて伝えるのか，それとも何も伝えないのか。私は保育士が伝えるのではなく，子どもたちが自分で気づいて自分の言葉で伝えたり，友だちを介して気づいたりできるような関係づくりを願っている。そのため，日々の保育のなかでは相手にも思いがあることを知らせたり，相手の思いを代弁したりすることを大切にしている。今回Hちゃんが私に言ってくれた「先生も言うてはったやろ？」の言葉に「ちゃんと聞いていてくれていたんだな」と嬉しくなると同時に，思いの伝え方をこれからも知らせたり，子どもたちと一緒に考えていきたいなと思った。

　園内のエピソード検討会では「自分で伝えたり解決しようとする力が育ってきているのを感じる」「普段から子ども同士の関係性を見ながら子どものなか

第Ⅱ部　実践編

に入ったり，あえて引いて見守ったりして仲間づくりをしてきたことが感じられるエピソードだった」「入室してからHちゃんに聞いたり，あえてYちゃんとKちゃんには聞かなかったり，見守りの難しさを学んだ。日々バタバタと過ぎ去っていくのではなく，自分の保育を含めて振り返りが大事だと思った」という意見をいただいた。私自身，日々の保育のなかで子どもと一緒に振り返る時間の大切さをあらためて感じた。

◆私からのコメント

　4歳児女児3人組の友だち関係の難しさと楽しさを同時に味わわせてくれるエピソードでした。けいどろをはじめたKちゃんとYちゃんとHちゃんでしたが，Kちゃんが抜けて，テラスでうずくまっています。どうやらトラブルがあったようで，けいどろをやめてままごとをしたいKちゃんと，抜けたことに腹を立てているYちゃんと，その二人のあいだに立っているHちゃんという構図のようです。そこから「Kちゃんとは遊ばない」と突き放すYちゃん，「Yちゃんなんか嫌い，あっち行って」というKちゃんと，二人の思いが真正面からぶつかります。それを心配そうにみているHちゃんです。書き手はKちゃんの思いを聞き，Yちゃんが怒った理由を考えてKちゃんに伝えますが，Kちゃんは「Yちゃんが怒ってしまったからもう遊べない」と言います。そこで書き手は，「もし，KちゃんがYちゃんと遊びたいと思っているなら，その気持ちはYちゃんに伝えた方がいいんじゃない？」と言いますが，それがこのエピソードではポイントの部分でした。それを聞いてHちゃんがYちゃんのところに行き，どうやらKちゃんの一緒にままごとしたいという思いを伝えたようで，二人はままごとの道具を持ってKちゃんのところに戻ってきます。そしてYちゃんが「一緒にままごとしよ」といい，Kちゃんは素直にそれを受け入れられない様子も見せますが，いつしか一緒にままごとをするようになったので，書き手はその場から離れます。その後，Yちゃんが怒ったことをKちゃんに謝っていたとHちゃんが書き手に伝えてきたという内容でした。

　それぞれに言い分があって，二人の対立は平行線をたどりますが，いつのま

にか一緒に遊ぶようになるのは，Hちゃんが二人のあいだを取り持つ役目を果たしたとはいえ，やはりKちゃんとYちゃんは仲良しで，一緒に遊びたい気持ちが底流としてあるからでしょう。4歳女児の「仲良しなのに対立する」という姿は「まるで思春期女子みたい」と言われるほど，くっついたり離れたりが目まぐるしく，また，その関係の機微が難しく，保育者泣かせではありますが，丁寧に相手の思いを伝えるという保育者の基本的な対応があれば，いずれは収斂するのだということがあらためて分かるエピソードでした。ここでは見守ることの大切さが強調されていますが，それはそれまでのところで，子どもたちとの信頼関係がしっかり築かれていたから可能になったことだと思います。子どもたちが自分たちだけで問題解決したかのように見える場合でも，その裏に保育者の目に見えない支えがあると言い換えてもよいかもしれません。

　エピソード25でも触れましたが，三者関係の難しさは，一人の子どもが自分の内面において「私は私」の心と「私は私たち」の心の調整が難しいこととパラレルです。実際，このエピソードでHちゃんが対立するKちゃんとYちゃんのあいだをとりもって調整した役割は，いずれ一人の子どもが自分の内面で二面の心を調整することに繋がるものです。それはどの年齢になっても難しいものですが，その予行演習の意味をもつのが三者関係の関わりなのだろうと思います。それはトラブルに保育者があいだに入って調整するのとも似ています。そうした経験を積み重ねて，子どもは小さな「なる」を心に宿していくのだと思います。

第3節　各エピソードの要約と本章のまとめ

　エピソード19は，多動傾向のあるAくんが友だちを叩いてしまった後にニヤけた表情になっているときに，書き手がその表情に「いけなかった，やってしまった」という後味の悪い思いを感じ取って，悪かったと分かっているなら，人を叩かない人になれる，先生が応援すると伝え，それを聞いたAくんの目から一筋の涙がこぼれたという内容です。叩いたことにごめんなさいを言わせる

第Ⅱ部　実践編

対応ではなく，Ａくんの思いに寄り添ったところでいま見たような「教育の働き」を示すことができたところが，保育者の対応として素晴らしいと思いました。それはＡくんの心に残るものだったので，一筋の涙になったのでしょう。

エピソード20は，自分の思い通りにいかないと爆発して泣き暴れるＭちゃんに，Ｔくんとのトラブルの場面で，いつも自分の思い通りにはいかないことを伝えると，Ｍちゃんは怒って「先生大嫌い」と言いますが，少しすると「大嫌いじゃない」と自分の方から折れてきたというエピソードです。Ｍちゃんのなかに潜在している「いけなかった」という思いを引き出すためにも，「養護の働き」だけでなく，負の行為は容認できないことを伝える「教育の働き」がこの場面では必要だった，それがＭちゃんの「なる」への変化を導くきっかけになるものだった，ということを考えさせるエピソードでした。

エピソード21は，給食場面で誰の隣に座るかをめぐるトラブル場面で，自分の気に入っている仲良しの友だちの隣に座るという思いが叶わないときに，他の友だちが隣に座るように誘ってくれたことで何とかトラブルがおさまったという内容です。こういうちょっとした経験を通して，自分の思い通りにいかないことがあることに気づき，また対人関係のなかで譲ったり，譲ってもらったりという「お互い様」に気づいていくようになるのだと思います。

エピソード22は，友だちとのトラブルで機嫌を損ねて，友だちから一人離れたＳくんの負の気持ちを受け止める対応のなかで，直球を投げて対応するのではなく（機嫌が悪くなった理由を訊きただすのではなく），まずは気分転換を図るような変化球を投げる対応によって（枝と葉っぱで焼き鳥ごっこをして遊ぶ），Ｓくんの気持ちが和むと，Ｓくんのなかに前向きの気持ちが生まれてきて，先生の重いリュックを持ってあげるという願わしい思いやりの行動が生まれてきたという内容です。理由を詮索して問題を解決するという対応ではなく，負の気持ちが鎮まれば，前向きの気持ちが自然に動いてくるはずという，おおらかな対応の大切さが垣間見えたエピソードでした。

エピソード23は，大好きなＳくんが好意でタオルを畳んでくれたのに，先生にどうして自分で畳まなかったのかと聞かれたＹくんは，「Ｙくんがやると言

第6章　子ども同士のトラブルは「なる」への跳躍台

ったのに，Ｓくんが勝手に畳んだ」と事実を違えて答えてしまったために，Ｓ
くんとの関係が気まずくなり，Ｙくんは一人だけみんなから離れます。その様
子を見てＳくんが二人の関係修復を図り，元の仲良しに戻ったという内容です。
一見したところ，子どもたち同士で関係修復ができたように見えますが，書き
手がＳくんとＹくんの思いのありようを見極めながら見守ったことが背景とし
て効いていたエピソードだと思いました。

　エピソード24は，Ｃちゃんが泣いているのをＢちゃんが自分のせいだと言っ
ていると勘違いしたＡちゃんがＢちゃんを叩いたので，Ｂちゃんが怒ってトラ
ブルになりますが，勘違いが分かり，書き手の支えの下でＡちゃんはＢちゃん
に謝り，その後に仲直りしたという内容です。書き手が双方の思いを聞き，Ｂ
ちゃんからＣちゃんが泣いている理由も確かめたことでＡちゃんの勘違いが分
かったことがポイントになったエピソードでしたが，謝る際のＡちゃんの複雑
な心の動きを保育者が接面から摑むところや，そのときの葛藤するＡちゃんの
思いが読み手にも伝わるところはエピソード記述ならではのものだったと思い
ます。

　エピソード25は，さっきまでＲちゃんと仲良く遊んでいたＹくんだったのに，
しばらくしてＲちゃんが部屋に入ってみるとＹくんはＳちゃんと遊んでいて，
「いまはＳちゃんと遊ぶからＲちゃんはダメ」とＹくんに言われて，Ｒちゃん
とＹくんのトラブルになりますが，最終的にはＹくんが折れて３人で遊ぶこと
になったという内容です。それぞれの思いのずれが分かるように，保育者が仲
介してそれぞれの思いを相手に伝え，どうしたらよいかを子どもたちに考えさ
せたというエピソードですが，三者関係の難しさ，その調整の難しさがよく分
かりました。

　エピソード26は，Ｋちゃん，Ｙちゃん，Ｈちゃんの４歳児女児３人組がけい
どろの遊びをするなかで，Ｋちゃんはままごとがしたくなって抜けたのにＹち
ゃんが腹を立て，トラブルになります。それぞれに言い分があり，簡単に修復
できそうにありませんが，Ｈちゃんが二人のあいだをとりもつように入り，結
局は３人でままごとをすることになって，仲直りしたという内容です。対立し

235

第Ⅱ部　実践編

て言葉をぶつけ合う姿は修復が難しそうに見えますが，それぞれの言い分を書き手がしっかり聞いたところで，まるで書き手が仲介するかのようにHちゃんがあいだに入ったところが興味深かったと思います。

＊　＊　＊

　理論編でもみたように，子どもは二つの根源的欲求を抱えており，友だち関係のなかでいかにその充足を図るかが，その子の保育の場での生活と遊びの内容を決めていると言っても過言ではありません。子ども同士のトラブルを考えるときに，このような基本的な考えが必ず必要になります。というのも，まさにトラブルの当事者たちのそれぞれの言い分は，みなこの二つの欲求の充足のされ方に根差しているからです。言い換えれば，それぞれのトラブルの当事者の内部で，「私は私」の心と「私は私たち」の心がどのように動くか，それを保育者がいかに調整するかが，それぞれの子どものその後の心の動きとトラブルのなりゆきを決めるということです。そしてそのように考えれば，トラブルの経験を通して子どもに育ってほしいことは，いま保育者に調整してもらっていることを，子どもがいかに自分の内面で調整できるようになるかだということも分かってくると思います。つまり，相手の言い分と自分の言い分をいかにすれば自分で調整できるようになるかが（その子の「なる」への変化が），トラブルを経験することを通して子どもが成長するということの意味ですが，それが，子ども自身の内部の「私は私」の心と「私はみんなのなかの私」の心をいかに調整するかという課題とパラレルだということです。

　実際，「私は私」というように，あくまでも自分を貫きたいと思いながら，「私はみんなのなかの私」なのだから，みんなと気持ちよく過ごすには，譲ったり，譲られたり，謝ったり，許したりもできなければなりません。そのことは毎日の生活や遊びのなかで子どもがいつも直面している課題です。それがトラブルの場面で凝縮されて表れてきているということなのです。それが最後のエピソード26でコメントしたことでした。

　そこではちょうど保育者の調整役をHちゃんが果たしている感じになっていました。そのHちゃんの調整する振る舞いが，いつかはそれぞれの子どもが自

236

第6章　子ども同士のトラブルは「なる」への跳躍台

分の内面で自分の二つの心を調整できるようにならなければならないということなのです。いまの遊びを抜けたいと思うKちゃんの心の動きは，誰もがある場面で感じる可能性のある心の動きです。またいま「けいどろ」をしているのに抜けるなんて許せないと思うYちゃんの心の動きも，誰もがある場面で感じる可能性がある心の動きです。そうしてみると，このKちゃんとYちゃんの言い分は，そのどちらも自分の内面で生まれる可能性があるものだということになります。それをどのように調整するかがトラブルを収拾するときの課題だとすれば，それの調整は，どの子も自分の内面でできるようにならなければならないと考えてもおかしくありません。それがトラブルを通して目指される真の「なる」への変化なのではないでしょうか。そしてそのように「なる」が導かれれば，トラブルがぐっと減ってくるに違いありません。

　これまでの保育論ではトラブルを通して子どもは友だちとの付き合い方を学ぶと簡単に考えられてきました。そしてトラブルを通して，善悪の分別やしてはならないことを身に付けて道徳性の芽生えを経験し，規範を習得するのだと言われてきました。要するに，叩いた子を叱って叩いてはいけないことを教える，人が嫌がることを言う子には，叱って人の嫌がることを言ってはいけないと教える，等々，要するに負の行動を叱って，良い行動を定着させることがトラブル場面での保育者の対応だと単純に考えられてきたということです。

　しかし，トラブルをそのように行動次元だけで考えて，子どもの内面の心の動きを考えなくて本当によいのかどうか，新保育論はそこを問題視し，本章でみてきたように，トラブルをその当事者たちの心の動きに即して考え，それを調整しようとするところに保育者の役割をみようと考えます。そしてその保育者による調整を子ども自らができるようになることが，子どもの「なる」の大きな課題だと考える必要があります。本章の8つのエピソードはいずれも，そのような新保育論の考えに沿って理解することができる内容であったと思います。

237

第**7**章

集団活動（遊び）のなかで
子どもに何が育つのか

第1節　本章の目的

　保育の場は3歳以上になると集団での遊びが中心になってきます。保育者は集団での遊びを子どもたちが楽しめるように，「養護の働き」と「教育の働き」を結びつけながら，一人ひとりの楽しみ方を見ていかなければなりません。保育者のこの二つの働きの下で，一人ひとりの子どもは集団での遊びのなかで面白さと楽しさを仲間と共に味わうようになり，もっと楽しい遊び，もっと面白い遊びを追い求めようとします。しかし，自分の面白さや楽しさを求めるあまり，仲間との意見の対立が生まれ，せっかくの遊びが壊れたり，遊びから離れたり，トラブルになったりと，負の経験もしばしばそこに生まれてきます。

　そんななかで楽しい経験がしっかり子どもの自己感に根づけば，「自分はこんなに遊びを楽しめる」「この遊びでこんな工夫ができた」「友だちと一緒がいい」「友だちと楽しくやっていける」というように，自己肯定感，自己効力感，自信，仲間との連帯感などのプラスの心が培われます。しかし他方で，集団での遊びにうまく入り込めなかったり，その遊びが自分の思ったように展開しなかったりすると，「友だちと遊んでも面白くない」「自分の思うように遊べない」「仲間外れにされる」「誰も自分の言うことを聞いてくれない」「みんなのように遊べない」といった，負の心の動きも生まれます。そしてそれが日常的に繰り返されれば，自信をなくし，孤立感や劣等感や自己否定感を心に宿してしまう可能性も生まれます。

239

第Ⅱ部　実践編

　このように，集団での遊びは，面白いし楽しいのに，しかし面白くなく葛藤を生むというように，正負の心の動きを子どもにもたらします。そうなるのは，理論編でも見たように，子どもはみな，自己充実欲求と繋合希求欲求という二つの欲求を抱き，それを何とか満たそうとして生きているからです。ともあれ子どもは，集団での遊びのなかで正負の心の動きを経験することを通して，どうすれば遊びを面白いものにできるか，どうすればみんなと仲良くできるか，どうすれば一緒に遊びを楽しめるかと，子どもなりに考え，その正負の心の動きから学び取ったものを自分の自己感のなかに少しずつまとめ上げていくようになります。つまり，集団での遊びを通して，子どもはいかに自分の思いを貫いて「私は私」の心を充実させるか，またいかにみんなと一緒の遊びを楽しみ，「私はみんなのなかの私」といえる心を自分のものにするかという，主体としての二面の心を培っていきます。集団での遊びは，つまるところ，子どもがそこでどのような経験をして，「私は私」と「私はみんなの私」の二面の心がプラスの側に動いて定着するようになるのか，逆に，その二面の心がマイナス側に動いて定着しないように，いかにその遊びを経験することができるか，そしてその二面のバランスをどのように図ることができるようになるかが，子どもにとっての問題になる場面だといえます。

　ですから保育者は，「養護の働き」と「教育の働き」を子どもたちにどのように振り向けて，プラスの側の二面の心が定着するように，またマイナスの側の二面の心が定着しないように，さらには二面の心がうまくバランスされるように，子どもたちの正負の心の動きの調整を図らなければなりません。「環境構成を十分にすれば子どもたちは自分たちで遊びこんでいく」というふうに簡単に言う人がいますが，それは遊ぶ子どもたちの心の動きに目を向けていないからです。楽しいはずの遊びの裏に子どもの心が負の側に動く契機が必ず孕まれています。それを見極めながら，子どもの自己感がプラスの二面の心で充溢するようにもっていくのは，保育者にとっては並大抵のことではありません。そこに保育者の二面の働きの「質」が問われる理由があります。

　要するに集団の遊びを通して，子どもは遊びの面白さを経験し，遊ぶなかで

第7章　集団活動（遊び）のなかで子どもに何が育つのか

友だちとどのように折り合いをつけるかを学び，それを通して主体がもつべきプラスの側の二面の心を身に付けていくことが子どもにとっての課題だということですが，そこに保育者の関わり方，つまり「養護の働き」と「教育の働き」が求められ，またその質が求められる理由があります。

　そこで本章では，集団での遊びに関する6本のエピソード記述を取り上げて，子どもたちがその遊びのなかでどんな楽しみや不満を経験しているのか，また保育者はそれぞれの子どもの思いをどのように摑んで「養護の働き」と「教育の働き」を振り向けているかを明らかにし，子どもの心の育ちに言及してみたいと思います。

第2節　一連のエピソード記述から

❖エピソード27：「鬼ごっこがしたいから」

K保育教諭

〈背　景〉

　Aくん（6歳0カ月）は活発で昨年度は異年齢のなかで年上の男児と遊ぶことも多かったようだ。私は4月末頃から，Aくんがおとなしい印象のHくん（5歳2カ月）を誘って遊ぶ姿をよく見かけ "友だち関係が広がっているのだな" と思っていたが，最近「Aくんが自分の思いを強く出すために，Hくんが自分の思いを出せず困っている」とI先生（5歳児担任）がHくんの母親から相談を受けたとのことだった。I先生もAくんが思いを強く出すことで友だち関係が難しくなってしまうことを少し心配していたようだったので，5歳児について話し合いの場を設けた。「鬼ごっこのとき，バリアの有無でAくんともめたとき，Aくんの考えで押し通された」と具体的なことで友だちが文句を言い，それに対してI先生は「遊んでいるときに自分の思いを言うことは大切だけれど，相手の思いも聞いて考え合えたらよかったね」と応えたというような話だった。

241

第Ⅱ部　実践編

　私は今年度，3歳以上児のフリーとして保育に入り，興味別活動では園庭に
出ることが多いが，子どもたちの遊びの様子次第では室内にもいる。そんな事
情のため，Ⅰ先生が意図して子どもたちと鬼ごっこをしている様子は見たこと
がなかった。

　話し合い翌日の朝の興味別活動の時間，私がついてAくん，Nちゃん（5歳
9カ月），Mくん（5歳9カ月）ががけ登りをしているときに，HくんとOく
ん（5歳5カ月）が「鬼ごっこするものよっといで〜」と木立の周りにやって
来た。その声に，まずAくんが「やる，まぜて」と走っていき，NちゃんMく
んも「やるやる」と続いた。私は，子どもたちだけでどのように遊ぶのか（遊
べるのか）前日の話し合いもあったので，すぐに近くには行かずに少し離れた
崖のところから様子を見ることにした。

〈エピソード〉

　鬼ごっこがはじまってすぐに，AくんがHくんに「そんなん，仕方ない
し！」と言い，Hくんは動かなくなり，OくんがHくんの顔を覗き込むように
近づいていった。いきなりの中断に，ここは子どもたちに任せるべきか話を聞
くべきか……と迷いつつ，子どもたちの表情を見ながらゆっくり近づいてみた。
少し離れたところからAくんが「Hくん，捕まったらそこにおって！」と，ま
た強い口調でうつむいたままのHくんに言っている。"これは何鬼？　このま
までは，続かない雰囲気"と思い「どうした？　何鬼になったの？」と声をか
けた。すぐにOくんが「氷鬼。Nちゃんが鬼で，いまHくんが捕まったとこ」
と言い，Aくんが「Hくん捕まったのに動くもん」と怒り気味。私は「そうな
の？」とHくんに聞くと「……だって，捕まったん嫌やったもん」とHくん。
私はちょっと拍子抜けしながら前日の話し合いで出ていた"バリア"の有無も
気になっていたので「はじめる前にルールの確認をしたの？」と聞いてみた。
みんな「何のこと？」という表情なので「氷鬼って，捕まったらどうする？
ずっと捕まったまま？　バリアは有り？　なし？　有りならいくつ数えるとか。
はじめる前に確かめたかな？ってこと」と具体的に伝えてみた。Aくん，Oく

242

ん，Mくんが一度に話しはじめるので“一人ずつ話すこと”を伝え，バリアも“10，15，20”と出たが“10”数えることに決まった。ちょうどそこに年中児のKくん（5歳）が混ぜてほしいとやってきた。6人になったので鬼を二人にすることになり「ちゅうちゅくねずみ」をするとKくんが鬼になった。Kくんは絶対鬼は嫌だと言うが，「決まったからやって！」と，ここでは意見が一致した年長児たち。私はKくんに「追いかけてほしいの？」と聞くとうなずいたので「Kくん，たんぽぽさん（年中）だからね～」と言いかけると，私の言いたいことが分かったのかOくんが「仕方ないか」と言い，Aくんが「じゃあ，もう一人はじゃんけんで決めよ」と言い鬼を決め直すことになり，Hくんが鬼になった。

　Aくん，Oくん，Nちゃんの3人は木立のなかを走り回っているが，Hくんはマラソンをしているような感じで，Mくんは捕まると私の方を見て「Mくんのこと誰も助けてくれん」とポツリ。何となく抜けていっては困ると思い「先生はしてないから助けられないよ。助けてって呼んだら？」と伝えると，捕まるたびに「助けて～」と言っていた。しばらくすると，鬼以外の子はバリアの棒に摑まり動かず「10」数える子は誰もいない。“バリア”の意味が分かっているのかなと疑問に思ったので「バリアっていくつだった？」と聞いてみた。「10」と返ってくるが，数えはじめる様子はない。「バリア10っていうのは，10数えたら捕まえていいってことだよね」と鬼に話してみると，Nちゃんが「そういうことか」と分かったようで10数えはじめる。Nちゃんは追いかけて捕まえたり10数えたりするが，Hくんは，まったく捕まえられない。「Aくん速いしH，捕まえられん」と“もう無理”というような様子で伝えてくる。私が「そう思ったら，作戦考えようよ。ほら，Nちゃんの方ばっかり見てる。油断しとるよ」と言うと，ぱっと笑顔になりうなずいた。すぐに走りだすと思った私の意に反して，そーっとAくんに近づいていくHくん。結局気づかれ逃げられてしまい，その後もHくんは一人も捕まえることはできなかったが“油断している子ねらい”をすることで“鬼”を楽しんでいた。

第Ⅱ部　実践編

〈考　察〉

　「鬼ごっこがしたい」と集まり自分たちで遊びを進めようとした５人だった
が，それまでの遊びの経験によって「そんなこと，言わなくても分かってる」
ということもあれば「言葉は聞いたことあるけれど具体的にはどんなこと？」
「初めて聞くことだから，分からない」などいろいろで，経験している子もし
ていない子も自分を中心に考えるので食い違いが起こる。遊びのなかで自分の
思いを通す子が，自分勝手な言い分は別として，一緒に遊ぶ子との経験の差が
あったり思い入れの差があったり，まだまだ伝え方の未熟さがあったりするの
で，負の見方にならないように気をつけなくてはいけないと思った。この５人
のなかでいえば，特にＡくんとＨくんの“鬼ごっこの経験の差”は一見して感
じるのだが，「鬼ごっこがしたい」との思いはあるのでＡくんは強く言ってし
まい，Ｈくんも言われても（言われることで嫌な気持ちになっているとしても）
やめずに続けている。その様子に“子どもってすごいな，おもしろいな”と感
じ，この子たちを繋いでいる“鬼ごっこ”の力も感じた。

　ただ，子どもが興味をもってはじめたことを“共に遊びを創っていくとき”
には，思いのぶつかり合いも必要で，この鬼ごっこに限らずそれぞれの思いで
進んでいる遊びが，この先どう展開していくのか（友だち関係も含めて）私も
含めチームとして保育者の関わり・援助のあり方を伝え合っていきたいと思う。

◆私からのコメント

　５歳児の氷鬼に４歳児も混じった遊びを取り上げたものですが，鬼ごっこの
面白さと難しさがよく表れているエピソードだったと思います。書き手が考察
で述べているように，鬼ごっこに加わる子どもたちには鬼ごっこの経験差はも
ちろん，それまでのクラスでの力関係（誰が仕切り屋で，誰が追随する子か）や
その子のきょうだい関係など，雑多な要因が絡んで，ルールの理解の仕方の違
い，遊び方の違いなどに結びついています。今回のエピソードは何気ない氷鬼
の展開を取り上げながら，参加者の経験差や個性がこの遊びの展開を彩り，こ
の遊びから離れたり，止めたり，参加したりの出入りや，鬼決めや捕まるルー

第7章　集団活動（遊び）のなかで子どもに何が育つのか

ルの理解などに浸透している様がうかがえます。ルールを仕切る子，それが嫌な子と，鬼ごっこには多方向へのベクトルが働いていて，遊びを盛り上げたり，遊びが消滅したりを繰り返しますが，それでもやはり誰かが声をかけると鬼ごっこがはじまるのは，この遊びに特有の面白さがあるからでしょう。

　このような鬼ごっこに保育者がどのように入るかはなかなか難しい問題です。ここではルールの理解が子どもたちのあいだでまちまちであることに書き手が気づいたので，遊びが成り立つうえに必要なルールに子どもたちの注意を向ける対応をしています。それはその遊びがもっと楽しくなるための大人からの働きかけで，これこそ私の言う「教育の働き」です。決して保育者が主導するのではなく，あくまでも子どもたちのあいだでずれているルールを調整し，参加する子どもたちが納得できるような配慮の下での働きかけであり，誘いかけです。年長の鬼ごっこだから子どもたちに任せてという考えもあり得ますが，それはその遊びの参加者がルールをある程度共有できている場合です。Aくんの主張が強く，Aくんのその主張の強さにHくんは従うしかないようにも見えますが，それが本当に嫌ならHくんはその場から離れていくはずで，そうならないのは，そういうAくんでもHくんには惹かれるものがあるからでしょう。その場合でも，Hくんはどんな思いで従っているのかを見極め，ときにはAくんに「仕切り過ぎると周りから嫌われるよ」と示唆していく必要もあるように思います。

　遊びの展開，子どもの力量差，興味の広がり方など，複眼的に見ながら，その接面のベクトルの結び目のところを摑んで働きかけるというふうに一般論ではいえますが，そこが難しいのでしょう。保育者の思いだけでかける言葉ではなく，それぞれの子どもの思いを感じ分けながら（養護の働き），その遊びがもっと楽しくなるようにとの願いに根差した働きかけがここでの「教育の働き」です。

　鬼ごっこはいろいろなルールがありますが，そこには自分の思い通りにしたいという子どもの思いと，ルールに従わないといけないという思いが子どもの内部でぶつかり，葛藤が生まれるところに，この遊びの面白さがあります。そ

245

第Ⅱ部　実践編

れは「私は私」の心と「私はみんなのなかの私」の心が一人の子の内面でぶつかる経験が生まれることでもあります。そういう観点で鬼ごっこを見れば，そこに含まれるルールは，単にそれを理解して従うかどうかだけではなく，自分の内部で主体の二面の心がどのようにバッティングし，それをどのように自分のなかで調整するかに関わり，それゆえにこの遊びが子どもの心の育ちにも繋がるのだと考えることができます。ルールに従って遊べるようになったということは，目に見える行動の変化をいうものですが，実際には子どもの内面で，自分の心の動きが調整されるところに変化が生まれ，それがルールに従うという行為に繋がるのです。そのこともこのエピソードから考えてみたいことでした。

◆エピソード28：「みんなとの絵本の時間」

S保育士

〈背　景〉

　新しいクラスでの生活がはじまり，2週目が過ぎようとしている頃，ばら組（3歳児）の子どもたち（進級児4人，新入園児2人）は，慣れてきたところ，まだ試すようなところ，不安そうにするところなどの姿も見られている。私は，まずは子どもたちが安心でき，先生大好きと思ってもらえるような関係をつくっていきたいと思い，子どもたちに関わりながら過ごしているが，毎日がばたばたと過ぎていってしまうなかで，私自身がどこか余裕がなく，焦ってしまっていることを感じながら，「今日はこうだったな」「このときはこうだったな」と，一日一日，振り返る毎日である。新入園児のYくん（3歳3カ月）は，父・母・本児の3人家族で，この4月から入園。入園前は，園開放日に母と一緒に遊びに来ていたこともあり，園には少し慣れているようだった。まだ少し不安そうにする様子も感じられるが，母と離れることで泣く様子はあまりなく，園で遊ぶことを楽しみにしながら登園してくる。

第7章　集団活動（遊び）のなかで子どもに何が育つのか

〈エピソード〉

　午睡前の絵本の時間。先週から『ぐりとぐら』（福音館書店，1967年）を繰り返し読んでいる。この日も，絵本読みをはじめようと準備していくと，Ｆちゃん（3歳6カ月）やＫちゃん（3歳7カ月）が集まってきて，たんぽぽ組さん，すみれ組さん……と，だんだんと子どもたちが集まってきた。新入児のＹくん（3歳3カ月）は，なかなかみんなのところには来ず，テーブルの下に入ったり，洗面台の方へ行ったりしていることが多く，この日もＡちゃん（3歳4カ月）といろいろと動きながらいて，私は一緒に絵本を楽しめたらいいなという思いと，いまはここに集まってほしいという思いも内心もちながら，Ｙくんに「おいで」と呼ぶが，「いや！」と逃げていった。あとはＹくんの気持ちが向くのを待とうと思い，「じゃあはじめるね」と絵本を読んでいく。絵本を読み進めていき，大きなたまごがでてくる場面になった。私が「ところでどうやってもってかえったらいいでしょう」と読む。すると，テーブルの下に潜り込みながらこちらを見ていたＹくんから，「いしにぶつかってわれてしまうよ」とつぶやく声が聞こえた。それは，絵本のなかの，この場面のやりとりの少し先の言葉だった。Ｙくんは絵本から離れているように感じていたが，そこで見て聞いていたのだ，絵本の世界に一緒にいるのだな，これまでも楽しんでいたのだなと思った。また，みんなもじっと見たり，「だれがいたいって泣いたん？」「あ，おおかみさん，カステラわけてあげとる」「あのうさぎはどこいったん」と，つぶやいたり，友だちと話していたりしながら見ていて，よく絵を見ているな，よく聞いているなと感じた。静かに見るでもなく，みんなでキュッと集まれてもおらず，なんだか，ざわざわ，それぞれ……と一見感じたが，みんなが『ぐりとぐら』のお話のなかにいる，このお話に惹きつけられて楽しんでいるのだと思えた場面だった。

〈考　察〉

　Ｙくんのつぶやきで，私はあらためて，その子その子の気持ちの向け方や，距離の取り方，いまどんな思いでいるのかというところを見ていく大切さを感

第Ⅱ部　実践編

じた。きっと，私の気持ちが子どもの気持ちに向けきれていなかったことから，余裕のなさや焦りが生まれていたのだと思う。そして，『ぐりとぐら』のお話のなかで，みんなが『ぐりとぐら』のお話に包まれ，その包まれたなかでそれぞれがそれぞれの思いで楽しんでいるような様子が伝わり，このような時間のなかで「一人ひとりとみんな一緒」の経験を積み重ねていきたいと思った。そして，絵本の時間を大事にし，私も子どもたちと楽しんでいきたいと思った。

◆私からのコメント

　新クラスの新学期の担任は，早く子どもとの関係をつくろうと焦り気味になるのが普通です。しかも新入園児もいるとなればなおさらでしょう。ばたばた，ざわざわという雰囲気が年度当初の落ち着かなさを象徴しているようにも見えます。そんななかで絵本読みの時間になりますが，3歳児ですから，まだ子どもたちが一斉に絵本に向かう気持ちになれないのはむしろ当然です。新入園児で慣れていないからとYくんを誘いますが，Yくんはいやと言って絵本読みの輪に入らず，テーブルの下に入ったりしています。そうしたYくんの姿を視界に入れながら，強く誘わずに，いずれ入ってくるだろうからと，ゆったり構えるところが保育する営みのなかでは大事です。そして『ぐりとぐら』の絵本が進んで大きな卵が出てくる場面になったときに，書き手が「どうやってもってかえったらいいでしょう」と絵本を読むと，絵本読みから離れていたと思っていたYくんが「いしにぶつかってわれてしまうよ」とつぶやき，絵本の展開を知っていることを伝えてきます。他の子どもたちもお互いに絵本の中身の話をしながら，ただ読み聞かせを聴くというのではなく，何かしらざわざわしながら，しかし，聴いていないわけでもなく，「静かに見るでもなく，みんなでキュッと集まれてもおらず，なんだか，ざわざわ，それぞれ……」というその場の描写が，3歳児のこの時期の絵本読みの状況を見事に伝えている感じです。

　確かに新入園のYくんが主人公に見えるエピソードですが，しかしYくんだけでなく，3歳児クラスの子どもたちが集団で絵本読みに向かう様子に，このエピソードの興味深いところがあります。そのことを〈考察〉のところで取り

248

第7章　集団活動（遊び）のなかで子どもに何が育つのか

上げていて，それぞれの子どもの絵本読みへの気持ちの向け方や距離の取り方
やいまの思いが，子ども一人ひとりで違っているのに，しかし，『ぐりとぐら』
のお話にどこかで繋がっていて，それぞれが楽しんでいるとまとめています。
ここのところは，「子ども一人ひとり，でもみんな一緒」という保育の本質を
的確に捉えているように思われました。

　そういう子ども一人ひとりの絵本に向かう姿勢の違いをゆったり受け止めな
がら（養護の働き），それでいて絵本への興味をどの子も失わないのは，絵本の
中身の面白さだけではなく，読み手の絵本の読み方が，子どもの興味，関心，
期待，イメージを膨らませるように機能しているから（教育の働き）ではない
でしょうか。求心力は絵本の中身にあることは確かですが，それだけではなく，
絵本の読み手である書き手の子どもに向ける姿勢，そこに醸し出す楽しい雰囲
気，読む際の声の抑揚，絵本のめくり方など，微妙なところで子どもたちを惹
きつけています。そこは書き手自身のことなので，書き手にもなかなか見えに
くい，気づきにくいところではないかと思いますが，自分の絵本読みに沁み通
っている力動感が一種の接面として子どもに通じているあたりが描写できると，
絵本読みの難しさと楽しさがもっと分かるようになると思いました。

　読み聞かせというと，すぐに5領域のなかの「言葉」の領域の指導だと考え
られ，絵本読みをすることが保育における教育だと言われますが，こうしたエ
ピソードを読んでみると，それらの言い草がバカバカしく思われるほど，絵本
読みを通して「子ども一人ひとりなのにみんな一緒」という保育の不思議が実
現されています。その不思議を実現する保育者の「保育する」営みに，「養護
の働き」と「教育の働き」が凝縮されています。それこそが保育なのです。

　この絵本読みに含まれる子どもの興味やイメージをもっと膨らまそうという
「教育の働き」は，その絵本のもつ面白さに子どもを惹きつけ，そこに一つの
経験をもたらします。その経験が絵本読みを期待する気持ちを育てるだけでな
く，みんなと一緒の経験をもたらし，それによって子どもたちは一つの物語の
イメージを共有することができます。それは一人ひとりのなかに生まれるイメ
ージなのに，みんなに共通のイメージでもあります。そこに絵本読みの不思議

249

第Ⅱ部　実践編

があるようにも見えます。つまり一人ひとりが頭のなかに思い描くイメージは微妙に異なりながら，しかし共通のイメージをもてたと思えるという不思議です。それが「私は私」でありながら「私はみんなのなかの私」でもあるということに通じています。ですから，絵本読みは文字や言葉への興味関心を育てるという以上に，主体の二面の心の育ち，つまり「なる」への変化の要素を多分に含む経験になり得るのです。

　しかしながら，あちこちの保育現場を訪れると，絵本読みはこのエピソードに見られるような子どもたちを繋いでいく願わしい意味合いをもつというよりも，給食の準備が整うまでのつなぎの時間，給食後の午睡前のつなぎの時間に，そのあいだを埋めるために，子どもを一堂に集める手段として使われているだけと思われるような場面にも残念ながら出くわします。しかもそれが「教育の時間」と考えられているフシさえあります。そうならないためにも，絵本読みの意義をしっかりと確認したいものです。

❖エピソード29：「保育者のつぶやきと，そこから広がる遊び」

K保育教諭

〈背　景〉

　Hくん（3歳5カ月）は，昨年度からトラブルが多く，手を出すことも多かったようである。4月から3歳児の担任となり，H組20名全員がほぼ初めて接する子どもたちであるという状況のなか，Hくんも含め，意外にすんなりと私を受け入れてくれたような気がしたが，「この先生は，どんな先生かな……」と随所で試されている印象もあった。信頼関係を築くうえで，相手を知るというのはとても大事なことなので，試そうとしている気持ちも嬉しく思ったが，羽目の外し方がすごかったり，身動きが取れないほど，体のあちこちにくっついて離れなかったり，友だち同士のけんかもすさまじく多かった。Hくんも例外ではなく，午睡がはじまると大きな声を出して，隣の子と騒いだり，戦いごっこになると思い切り私をたたきにきたりしていた。

250

第7章　集団活動（遊び）のなかで子どもに何が育つのか

　Hくんの友だちとのトラブルは頻繁に続き，楽しく遊んでいるなと思っていると，「ギャー！」とHくんの大泣きの声が響き渡る毎日。原因はいろいろだが，Hくんが悪いときもあればお互いさまのときも……しかし，決まって大泣きしているのはHくんだった。

　そんななか，Aちゃんとは，あまりけんかをせずに一緒に遊んでいることが多く，二人の遊びにはいい雰囲気が漂い，周りの子も楽しませてくれることが多かった。

〈エピソード〉

　Hくんは「Aちゃんは？」と最近，朝から探して一緒に遊びはじめることが増えてきた。二人ともお出かけごっこが好きで，ままごとコーナーのお弁当箱やご馳走を鞄に詰め込み，「行くよ～，早くバスに乗って！」と楽しそうに廊下のベンチに座っていたり，誰もいないホールをグルグル回って，そこでお弁当を広げたり……二人の真似をして，お弁当を持ってくるKちゃんやHちゃんも一緒にバスに乗って遊んでいることもあった。

　そんなある日，中型積み木を室内からテラスにどんどん運び出している二人。気づいたときには半分近くが運ばれており，“おっと……こんなところ（靴箱の前）で，積み木遊びか……”と思ったが，他の子どもたちのほとんどが，外遊びをはじめていたので，“部屋のなかにいるよりは，ここの方がみんなが見えていいか……”と少し様子を見てみることにした。どんどん積み木を出している様子を楽しそうに感じたのか，Eくんも一緒に参加。そして，誰が言いはじめたかは分からないが，だんだん基地のように囲いをつくりはじめていた。どうも家のようである。そのうち，ままごとコーナーからお皿や包丁，まな板，食品模型などもどんどん運び込まれ，Hくんが料理をはじめた。「トントン，トントン……」積み木に当たる包丁の音が心地よく響き渡り，まるで本当の家で料理をしているよう。「わあ，お家ができたの？　お父さん，料理中？　いい音したから本当に切ってるかと思った」と声をかけに行くと，「いい音した？」とにっこりしながら，再び「トントン，トントン」と楽しそうに続けて

251

第Ⅱ部　実践編

いる。その横でAちゃんが，「私，お母さんなの」と忙しそうにお皿を運んだりしはじめた。Eくんは，私がHくんに声をかけているのを聞いて，「見て！」と真似をしてトントンと包丁で音を出して見せた。「何かお腹すいてきた……ご飯あるかな」と私が呟くと「ちょっと待って，これどうぞ」とHくんが，お皿にご馳走を乗せてくれた。「おいし～！」と言うと「はい」とEくんも。その様子を見ていたOくんが仲間に入ってきた。いままで違うことをしていたので，急に入ってきてけんかにならないかなと思ったが，誰も何も言わずに，そのまま遊びを続けていたので，“普通に受け入れるんだ……”とちょっと感心してそのまま様子を見ていた。「ご馳走さまでした」とその場を去ろうとすると，急にOくんが，「もうお店，終わりです！」と言いだした。そして積み木の上のお皿を落とし（片付けようとしたのかもしれない），そのざわつき感が他の3人にも伝わったのか，積み木の上にあったものをみんなが，ガチャガチャと落としはじめ，囲ってあった積み木もぐちゃぐちゃにしはじめた。Eくんはテンションが上がったのか，その上を歩き出した。“えっ？　何で？　どうしてそうするの？”と自分の目を疑った。私は「わあ，地震が来たのかと思った……大変，お皿の上に乗ったら，せっかくのご馳走が……」と言って，玩具が踏まれないように拾いながら，「お店の改装するのかな……」と呟くと，それにOくんが乗ってきた。「明日，オープンです！　明日また，来てください！」と言いながら，せっせと積み木の囲いを違うかたちに積みはじめた。それを聞いてか，Hくんら3人も一緒にさっきとは違ったかたちになるように積み木の囲いをつくっていった。不思議だったのは，途中からOくんのペースになり，しかも，せっかく遊んでいた空間が，一瞬にしてぐちゃぐちゃになったにもかかわらず，誰も怒ったり，その場を離れて行ったりしなかったことである。むしろ，ぐしゃぐしゃにすることも，新たに“お店”をつくるのもとても楽しそうであった。私がいたから，怒りたいのを我慢していたのかなとも思うが，一概にそうとも思えない。とりあえず，お店が完成するまで待とうと思い，少し離れて様子を見ていた。お互い会話をしながら，楽しく開店準備をしている。「できたかな……」と覗くたびに「まだです！」とみんなから言われるが，子

252

どもたちが楽しんでいる様子はいきいきと伝わってきた。

　しばらくして，「お店，いいですよ」と言う声。「ごめんください」と声をかけるとすぐに「はい，どうぞ」と注文もしていないのに，ご馳走が渡された。Hくんは，とても嬉しそうに私の様子を見ながら「おいしい？」と聞いてきた。「おかわりありますか？」と聞くと「あるよ！」と嬉しそうに言い，また，包丁でトントン……といい音を鳴らしはじめた。何だかとってもいい雰囲気で嬉しかった。

〈考　察〉

　トラブルで泣くことが絶えなかったHくんだが，Aちゃんとの遊びにこんなふうに周りの子たちを素直に受け入れて，一緒に楽しく遊べるんだと，嬉しく思ったエピソードである。Aちゃんと一緒にいることで，受け入れる気持ちが大きくなるのだろうか。Oくんが自分の思いで"お店"を"おしまい"にしたこと。自分たちがつくった家が，グチャグチャに壊れてしまったこと。"違う！""嫌や！"と思いそうな場面がいくつかあったにもかかわらず，まったくけんかにならなかった。むしろ，より一層気持ちを通わせて共感する楽しさを感じているようにも思えた。いつもと何が違ったのだろうか？

　乱暴な物の扱い方には少々，口をはさみたくなったが，この場ではお説教をしなくて正解であったように感じる。保育教諭である私自身がその場で一緒にいることを楽しみ，ハプニングもマイナスに感じさせないような雰囲気をつくっていくことができたことも，結果としていい方向に遊びが展開されていった理由かもしれない。

　楽しそうな遊びをしているところに，いろいろな子どもたちが入っていく姿はよく見かける。大抵，後から入った子の思いが上手くかみ合わずにトラブルを引き起こしてしまうことが多いが，まだまだ，自分の気持ちを上手く相手に伝えることが難しい年齢であり，我慢する必要もまだいらない年齢であると思う。「順番に」「どうぞ」という言葉で，どんなときにも自分の気持ちを抑えて我慢し，周りと仲良くすることだけが決していいとは思わない。もちろん，相

第Ⅱ部　実践編

手の気持ちに気づくことはとても大事なことであると思うが。遊びのなかで，自分の思いを出し合うけんかは，見守りながらやらせてあげたいと思う。

　Hくん自身，自分の思いを素直に相手に出すことが苦手なのだと思う。伝わらないと感じると先に手を出して防衛しようとする姿に，Hくんの気の弱さを感じる。もっともっと相手に気を許し，言いたいことが言い合える関係を少しずつつくっていくことが，いま大切なのだと思った。トラブルの場面ばかりを捉えずに，楽しく過ごしている時間を一緒に共有しながら，思いを分かち合えるような支援を心がけていくようにしたい。

◆私からのコメント

　進級して新担任を迎えた3歳児クラスの子どもたちの遊びの様子，トラブルの様子，新担任を試すような動きも含みながら，3歳児クラスになりたての子どもたちの様子が綴られているエピソードでした。HくんとAちゃんの関係を軸にしながらも，その二人のエピソードというよりは，その二人を交えた3歳児たちの遊びの様相を3歳児らしい姿として綴ることに主眼を置いたエピソードだったように思います。

　新担任を迎えた年度初めは，新入児との関係，新担任との関係など，在園児たちも落ち着かなくなるのが普通です。そして新担任がどんな人か，どんなふうに受け止めてくれるのか，どんなところで制止や禁止を示すのか，3歳児なりにそれを確かめようとして，さまざまな「試し行動」が見られるのも普通です。そんななかでも，これまでの2歳児から引き継いできた経験をもとに，どんどん遊びを広げていくのが3歳児の姿でしょう。

　しかし，遊びの輪が広がったといってもまだ3歳児クラスの年度初め，お互いに頭のなかには「こうして遊びたい」がぼんやりあっても，それをすぐに表現したり，その表現を相手が簡単に分かってくれたりするのはまだ難しい時期です。ですから，思いの微妙なずれからトラブルも絶えないのですが，この日はなぜか積み木遊びから料理の遊びへと遊びが広がり，それをその輪のなかにいる子どもたちがぼんやりと共有して遊び続けます。その遊びのなかで，書き

254

第7章　集団活動（遊び）のなかで子どもに何が育つのか

手が「お父さん，料理中？　（トントンと）いい音したから本当に切ってるかと思った」と言葉を挟んだことで，遊びのイメージが子どもたちにもはっきりしてきて，お母さんになる子，料理を運ぶ子など，「お家で家族が料理をして食べる」というイメージを漠然と共有して遊びが盛り上がったところは，3歳児ならではの姿だと思いました。

　書き手も最初はただ積み木を積みあげて家をつくっているのかなと思っていたところで，トントンと何かを切る物音がして，それでこういう遊びなのかなと言葉にしたところから遊びが方向性をもちはじめたように見えます。この流れを振り返ってみると，何気ない書き手のこの発言が，子どもの遊びを方向づける「教育の働き」の意味をもっていることがあらためて分かります。子どもの遊びをこういう方向にもっていこうという意図的な言葉かけではありません。子どもの遊びが何処に向かって流れていくかまだ曖昧な状況で，その場の動きを読みながら，「こうかな」と自分の思いを言葉にすることが，子ども自身にも曖昧なその遊びを方向づけるというところに，保育する営みの醍醐味と，ある意味での怖さがあるのかもしれません。それは決してこういう遊びをさせようという保育者の意図に子どもを従わせる強い働きかけではありません。むしろ遊びを主導しているのはやはり子どもたちです。ただ，その遊びがどこに向かっていくのか方向を決めかねているときに，「こうかな」と思って発した言葉が，そこに向かうことを子どもに誘い促す結果になるということですが，それこそ私のいう「保育する営みにおける〈教育の働き〉」に他なりません。

　さて，そうして盛り上がりかけた遊びに，新たに他の子どもが入ってくることによってまた雰囲気が変わり，「もう，お店，終わりです」というOくんの言葉をきっかけに，子どもたちは折角の料理やせっかくつくったお店までぐちゃぐちゃにしはじめ，崩れたものの上を踏みつけて歩くという行為まで生まれてしまいました。それに驚いた書き手が「地震がきたのかと思った，お皿の上に乗ったら，折角のごちそうが……」と言葉を発すると，「明日，オープンです，明日またきてください」とその遊びを引き継ぐ子どもの発言が飛び出し，またあらためてお店をつくり直し，「お店いいですか」「まだです」「いいです

255

第Ⅱ部　実践編

よ」と新たなお店の遊びが再開されるという流れも，書き手の驚いたときの言葉が結果的に「教育の働き」になっていたことを示しています。

　ぐちゃぐちゃにしたところで，ダメ，嫌と怒る子どもも出て不思議はなかったのに，そうならなかったと書き手は〈考察〉で述べていますが，子どもの遊びは大人が願うほどいつもどんどん良い方向に発展するとは限りません。ある盛り上がりを見せたところで飽和し，その遊びが崩れ，そこからまた新たに方向転換するというような，ある種のリズムをもって動いていくのが子どもの遊びではないでしょうか。特に子どもたちのあいだから自然発生的に生まれた遊びはそのような性格をもち，それだからまた面白いのだと思います。それを大人の立場から「せっかくつくったのに，ぐちゃぐちゃにするのはもったいない，つくりはじめた子が怒る」というように介入することが多いと思いますが，書き手がそのような介入をせずに，子どもたちが遊びの方向をちょっとずらすかたちで言葉を挟んだところに，書き手の経験と力量が反映されているように思いました。

　このような保育者の「教育の働き」によって子どもの遊びが方向性をもちはじめ，それに向かって遊びが広がって，子どものなかに遊びの楽しさが充溢することが何よりも保育する営みのなかでは大事なことです。そういう「楽しかった」「面白かった」という「いま，ここ」の経験の積み重ねが，自信や自己効力感という子どもの育ちに欠かせない「なる」に繋がるからです。何かを教えて結果を求めるという教育重視，結果重視の姿勢とは違って，この時期に得た自信や自己効力感という目に見えない「なる」の力（そう言ってよければ非認知的な力と呼んでもよい力）が，その後の課題への挑戦に効いてくるのです。そのことを考えさせるエピソードだったと思います。

256

第7章　集団活動（遊び）のなかで子どもに何が育つのか

❖エピソード30：「当ててみろぉ～！」

Ｉ保育教諭

〈背　景〉

　新年度，年長のＫ組になって１カ月が過ぎた。４月当初は，昨年度のＫ組が取り組んでいた一輪車やスラックラインなどにチャレンジする姿も多く見られ，Ｋ組になったらやりたいと思っていたんだなあと伝わってきた。

　Ｋくんは，前日の遊びから朝の登園時には何をして遊びたいかイメージしてスタートすることが多かったが，仲間との遊びが長続きせず，スラックラインや鬼ごっこ等，勝ち負けや「できる，できない」がはっきりしている遊びをすることが多いＫくんの姿が気になっていた。

　また４月後半頃は，遊びの変わる時期なのだろうと思うが，どの子も本当にしたい遊びが見つからずにふわふわした感じにみえ，遊びの次のかたちを求める私は，これからどんなことをしていくのだろうか，早くかたちになっていってほしいけれど，こちらから提示し過ぎるのもよくないな，という気持ちで揺れていた。

〈エピソード〉

　５月１日。朝，Ｋくん，Ｓくん，Ｈくんは，何をしようか思案している感じだった。そこで私が「何して遊ぶ？」と声をかけると，Ｋくんは「サッカー」，そしてＳくんもＫくんに合わせるように「サッカー」と言っていた。ＨくんとＲくんは「転がしドッチがやりたい」と私に言うので「みんなで相談してみたら」と伝えて様子を見ていた。しかし，なかなか決まっていかず，随分と時間が流れたように感じた。そのうち，Ｄくんが来て「転がしドッチ」と，それぞれがやりたいことをアピールしていたので，せっかちな私もそろそろ決めてほしいなと思いながら，「何するの？」とつい声をかけると，やはり子どもたちは，それぞれにやりたいことを私に伝える。私が提案していくのか子どもたちに委ねるのか迷っていると，そのうち，Ｋくんは「サッカー，サッカー……」

257

第Ⅱ部　実践編

とサッカーコールを繰り返しはじめ，それに合わせてＳくんもサッカーコールをはじめた。どうしようかと思いながら，「転がしドッチやりたい子もいるし，聞いてみたら」と，子どもたちが動き出すまで待つこととした。随分してからＳくんが，「わかった，じゃあ，サッカーやりたい人，手あげて〜」「じゃあ，転がしドッチしたい人，手あげて〜」と仕切ってくれ，私にとってはＳくんが救いの神のように感じられた。やっと動きはじめたと思ったが，Ｓくん，Ｋくんの二人がサッカーに手をあげて，Ｒくん，Ｈくん，Ｄくんの３人が転がしドッチに手をあげた。仕切っていたＳくんの思いとは違い，転がしドッチをやりたい子が多かったので，自分のやりたいサッカーにならなかったが，決まったから仕方ないという様子がＳくんから伝わってきた。

　しかし，サッカーがやりたかったＫくんは自分の思いがあきらめきれず，「えー，やだー，サッカーがいい」と譲らず，私に訴える感じがあった。私は，「だって決まったんやし，じゃあ，転がしドッチやったら，後でサッカーしようとか提案してみたら」と言ったが，「えーだって時間なくなるしー」と，そうしてもやもやしているＫくんに対してＲくんが変な顔をしてみせたものだから，Ｋくんの怒りがＲくんに向かい，Ｒくんの服の胸元を持ち上げ，Ｒくんが泣いた。Ｒくんの態度もよくないなあと思った私は二人の様子を見守ったが，他の子もＫくんの主張を無視してやりはじめていいものかという思いもあるのか，なかなか遊びがスタートしなかった。そして，Ｋくんは泣いたＲくんの姿に少し気まずさも重なり，地面に大の字に寝転がって目をつぶり現実逃避しているかのようだった。豪快にありのままの感情を表すＫくんを愛おしく思いつつ，私に何とかしてくれないかなと思っていることも十分感じられたが，ここは自分で気持ちを切り替えてほしいなという思いもあり，あえて言葉をかけなかった。

　Ｈくんが転がしドッチのラインを描いて，転がしドッチがはじまった。少しして，Ｋくんは自分ですっと起き上がり，立って転がしドッチを見ていたので「Ｋくんもおいでよ」と声をかけたが，動かなかった。そのうち，Ｎちゃん，Ｕくんと人数も増えて，転がしドッチは盛り上がってきた。ＤくんやＵくんが，

当てようという気持ちで外から転がすのだが，どうしてもボールを投げてしまう。「今のは，投げたからブッブー」とダメなことを伝えたり，「転がすんだよ」と声をかけたりしていたが，他の子が下から投げても転がらないことが多かったので，「みんな投げるの上手になってきたから，少しルールを変えようか」と一マスドッチを提案してやってみることにした。ボールを「転がす」から「投げる」に変わり，当たったら外野に出るというルールでやってみると，意外にすんなりルールも分かったようだった。初めは，やり方が分かりやすいように，「バウンドだから，セーフ」，当たったら「あたりー，交代」と声をかけていたが，そのうち，子どもたちも分かった様子だった。私も一緒に加わり，「さあ，当てるよ」というとSくんは「当ててみろ」とはりきって応じてくるので，私も段々と大人げなく「よし，当ててやるー」とやっていると，すっとKくんが加わってきた。"わあ，入ってきた"と思いながら，あえて声はかけないようにし，それまでと同じように「さあ，当てるよ」と声をかけると，Sくんと同じようにKくんも「当ててみろぉ～！」とにっこりと笑っている。そんなやりとりを楽しみながら，私も，「よーし，KくんもSくんも当てるよ～」と声をかけて本気で楽しんだ。

その日の昼寝から起きた後，Kくんは「あれ（一マスドッチ）やろ～」と私を誘ってきた。

〈考　察〉

今日，Kくんは自分のやりたいことができない思いでもやもやしていたが，他児と私が楽しんでいる姿を見て自ら加わってきた。その様子を見て，成長したなぁと感慨深かった。0歳の頃から関わっているKくんなので，ついつい声をかけ過ぎたり手を出し過ぎたりしてしまうことが多い。少しずつ自分で立ち直っていくことも多くなってきているので，少し様子を見たり，友だちの力を借りて立ち直ったりできるように，私の関わる距離も考えていかなくてはいけないなと反省する。

転がしドッチは，3歳の頃から楽しんできている。子どもたちの力も付いて

第Ⅱ部　実践編

きて，転がすはずが，投げてしまう。投げる方も逃げる方もとても上手になってきているうえ，ドッチボールに変更するほど人数も多くないので，今回は，一マスドッチに変えた。その後Kくんが「あれやろー」と誘ってくれた姿を見ると，新しい遊びを提案したことで遊びも広がっていくようには思ったが，遊びを保育者が提案するタイミングが難しいなあと思う。私自身も楽しみながら，頃合いを見計らっていきたいと思う。

　ふわふわしているように感じる遊びの変わり目のとき。子どもたちの遊びのスタートのとき，意見が割れたときなど，年長児になったからといって急に自分たちで進められるように変わるわけではないのだけれど，私の思いは急に「K組になったのだから，少し子どもに委ねてみよう」という気持ちになる。今回も，「サッカー」と「転がしドッチ」のどちらをするか決める際にも，ササッと決めてしまいたい私である。どのように進めていくのか子どもたちの出方を待ってみるが，「う～ん，待ちきれないぞ」と，せっかちな自分をつくづく感じる。後で振り返ると，それぞれの子が，主張したり，意見が食い違ったりすることで相手の思いに気づいたり，考えたりしていく過程が大事なんだなあと思うのだが，何もしていないように見える時間が長く感じられるのでつい提案したり，声をかけてしまう。それが，子どもたちの力を引き出すチャンスを奪っているのだろう。

　ごっこ遊びをする子が何もしていないように見えるとき，私はすぐ心配になってしまうが，子どもにとっては，「次何して遊ぼうかな」と周りを見たり，周りを見て同じようにやってみようかなと考えたりする時間なのだろう。それなのにせっかちな私は，ふわふわしているように見え，つい「何する？」と声をかけていくことが多く，遊びを提示していくタイミングがいまひとつ摑めず，かたちになっていく過程を急いでしまう。そこが私の反省点だと思っているところである。

◆私からのコメント

　0歳からの育ちを見続けて，いま5歳児クラスになった子どもたちをみると，

第7章　集団活動（遊び）のなかで子どもに何が育つのか

それぞれに個性的で，良い面も気になる面ももっていることが分かります。そして，「私は私」と「私は私たち」の両面の心もその子なりに育ってきているのが分かると思います。

今回のエピソードは，その一人としてKくんを取り上げ，そのKくんと他児との思いと思いのぶつかる様子，他児たちの遊びの楽しさをみてやはり自分もやりたいと思うようになり，Kくんが「私は私」の思いを抑えて「私は私たち」の思いで友だち関係を深めることに向かう，その一端を紹介してもらうかたちになっています。

「サッカーをしたい」Kくんたちと，「転がしドッジをしたい」他児たちとの意見のぶつかりをどのように調整するかは，5歳児保育の難しいところです。早く決着をつけて遊んでほしいから口出ししたい自分と，5歳児なのだから自分たちで調整して，と子どもたちに委ねたい自分とのあいだの葛藤は，5歳児担任ならではのものでしょう。遊びが決まらないときの「ふわふわした感じ」が担任としてはまどろっこしいのでしょうが，それも子どもたちが自分で考えようとしているからこそであって，「これをして遊ぼう」と担任が簡単に提案してしまったのでは，子どもたちに自分で考える力が付かないことは明らかです。

このエピソードでは結局多数決で「転がしドッジ」に決まりますが，Kくんは面白くなくRくんとトラブルになります。そしてRくんを泣かせてしまって気まずくなったKくんは地面に大の字に寝そべってしまいます。そうしたKくんの振る舞いにも，5歳児らしい「私は私」と「私は私たち」の葛藤が溢れている感じがします。その姿が，しばらく「転がしドッジ」を見ていて，その遊びの楽しさに惹かれて，自分もそれに加わることに繋がるのでしょう。そうした展開のなかで，書き手が遊びに加わり，当てる側に回ったときに「当ててみろ」と先生を挑発する子が出て，そこに惹かれてKくんも「当ててみろぉ〜！」と遊びに加わってくるところがとても興味深く思われました。

いま，「幼児期の終わりまでに育ってほしい姿」が掲げられ，周りと協同する心，上手くいかなくてもくじけない心などの非認知的な心も話題になってい

第Ⅱ部　実践編

ますが，このエピソードは，そうした仰々しいことを言わなくても，それまで十分に遊びこんで心の育ちがしっかりしていれば，この日のような集団遊びを通して，そうした非認知的な心は自然に身に付いていくのだということをあらためて教えてくれているように思います。

　またこのエピソードは書き手がその場面，その場面で自分の心の動きをはっきり綴っているので，書き手が向ける「養護の働き」も「教育の働き」もそれが紡がれる経緯がよく見える感じがします。そしてそこに書き手の当事者性が現れていて，接面から感じ取る中身も，接面で感じ取ったものを「教育の働き」に結びつけるところも，みなこの書き手ならではの部分があることを教えてくれます。エピソード記述にその書き手の当事者性が絡んでくるという理論編の議論も，このエピソードを読むとよく分かるのではないでしょうか。

❖エピソード31：「それぞれの育ちのなかで」

K保育教諭

〈背　景〉

　11月に年長児（17名）が中心となり物語からイメージを膨らませて園内に遊びのコーナーや喫茶店を開き，そこに2歳児から4歳児の子たちが遊びにくるという，"なかよしランド"が2日間ある。みんなでどんなコーナーにしようかと考えて必要なものを準備し，この2日間は各コーナーの係として年下児を迎えるのだが，これまで自分たちが経験してきた"なかよしランド"が楽しかったので，"今年は自分たちが考えたことで年下児に楽しんでもらいたい"とはりきる姿があり，話し合いの時間を大切にしてきた。

　今年は『チムとゆうかんなせんちょうさん』（福音館書店，2001年）という年長児が月間絵本として親しんできた物語がテーマになった。テーマ決めのときに14名は『チムとゆうかんなせんちょうさん』を選んだが，Kちゃん（6歳6カ月）とMちゃん（6歳3カ月）のなかよし二人組は『どうぞのいす』（ひさかたチャイルド，1981年），Rくん（6歳0カ月）は『まゆとおに』（福音館書

店, 2004年) と, 自分の好きな絵本を伝えてきた。この3人は普段は比較的お
となしく, みんなのなかで自分の思いをしっかり伝えられたことが嬉しかった
ので, みんなで「3つの話それぞれで遊ぶとしたら?」とそれぞれを具体的に
考えてみることにした。その日のうちには決まらず翌日も考え合った。そうし
た結果, Kちゃん, Mちゃん, Rくんも思いつくのはやはり『チムとゆうかん
なせんちょうさん』だったようで, 一応みんなが納得ということでこのテーマ
に決まった。

　Rくんは, 普段友だちとの関わりはしっかりあり, 一緒に体を動かしたり,
相談したりしながら遊ぶ姿がある。みんなの前では聞かれれば思いを話すが,
自分から強く通すということはほとんどなかった。

　Tくんは, 体を動かすことより積木を組むなどの遊びが好きで, 自分の思い
で遊びを進めていることが多く, うまくいかないことをふざけてすませてきた
ところがあったが, 秋頃から年長児としてみんなで取り組む活動 (秋祭り・親
子フェスティバル等) を通して普段の遊びでも友だちと関わったり, 落ち着い
て過ごしたりする姿が増えてきていた。

〈エピソード〉

　「今日は, ぱんだの部屋をどうするかの相談だったね」と私が話すと, すぐ
に何人かの「お化け屋敷」という声が聞かれた。「お化けが出てくるお話だっ
た?」と私が聞くと「出てこない」と子どもたち。ぱんだ保育室は例年, お化
け屋敷のように脅かすわけではないが暗くしてあり, 子どもたちにとってはい
つもと違った雰囲気を味わったり, ドキドキしながらも一人で入ったという自
信がもてたりというワクワクする部屋ではあったが, 「暗い」ということを前
提にはしたくなかったので, 子どもたちの暗くする方向の意見に対して, 「何
で?」と私が聞き返し, 子どもたちは一生懸命「暗くしよう」と考えて伝えて
くる, というやりとりを私は楽しみながらしていた。そんななか, 私の左横に
座っていたRくんが「夜の海にすれば?」と案を出した。「夜ならば暗い」の
で私も納得し, 他の子たちも「そうしよう」と賛成した。次は「どんな夜の

263

第Ⅱ部　実践編

海」にするかを考えはじめたのだが，ほぼ同時にRくんとTくんが手をあげた。Rくんの「夜の海」との言葉を聞きTくんがどんなイメージをもったのか聞きたくて先にTくんの思いを聞くことにした。Tくんは「魚をいっぱい（立ち上がり空中両手で円を描きながら）ここことかここに置いたらいいんじゃない？みんなは，そこを通っていくっていうの，どお？」と話した。するとRくんが「あー，言われてしまったー」と残念そうに一言。私が「Tくんと同じ考えだった？」と聞くとうなずくRくん。「Rくんも自分の考えをみんなに伝えたかったと思うけど，Tくんの話をしっかり聞いていたから"同じ考え"ってわかったんだよね。これって，すごいことだよね」とみんなに話すと「うん，ぼくも同じようなこと考えとったよ」という子もいてRくんも笑顔になった。その後，いろいろな案が出てきたがすべて"海のなか"の様子ばかり。私は"夜の海にチムの船がいる"というイメージだったのでみんな"海のなか"なのかな？私と同じ子はいないのかな？と思い「ちょっと，話の途中だけど，一つ確認してもいい？　この部屋全体が"海のなか"なのか"床が海の上で船がいて，天井が空"なのかどっち？」と聞くと，みんなそろって私の方を見て「海のなかやし！」と今更，何の確認？とでもいうような感じで伝えてきた。私だけが違っていてみんなのイメージは共有されていたのならよかった，と思い「海のなかね，わかりました」と話し合いに戻すが，Rくんが私の方を向き「先生，海の上やと思ってた？」と聞いてきた。私の言い方で，そう感じたのかなと思い「そう，最初は海の上かなって思ったけど，みんなの話聞きながら海のなかもステキって思ってるよ。魚もいっぱいいて楽しそうやね」と伝えると，笑顔でみんなの方に向き直った。

〈考　察〉

　私は今回，静かな雰囲気で口数もそう多くはないRくんの，多くの友だちが言うことに合わせるのではなく自分でしっかり考え，思いを伝えたり，思い通りにはならなくても「自分一人のことではなくみんなでつくり上げていくこと」として気持ちを向けて進んでいこうとする姿があること，Tくんの自分の

考えを言葉だけで強く言うのではなく"わかってほしい"と身振りも交えて伝える姿，Rくんが「あー言われてしまったー」と言ったときに自慢げな言葉など言わずにRくんの「自分も言いたかった」思いを聞いていたこと等，この時間だけでも，それぞれの育ちを感じることがたくさんあった。また，Rくんは途中で挟んだ私の"確認"の言葉から私の気持ちのなかまで思い描き"相手の気持ちをわかろう"としたり，その言葉から私のことを一緒につくり上げていくなかの一人としてみているようにも感じ嬉しかった。

　「話し合い」では，少しずつ友だちの話を聞くようになってきているが，何人もが同時に話しはじめたり，近くにいる子と話をしてしまったり，友だちがすべて話し終える前に思いを言いはじめたり，思いはあっても自分からすすんで話そうとしなかったりという姿も見られるので，子どもたちだけで話を進めていくのはまだ難しいと感じている。そこで，どの子ももっているであろう"伝えたい思い"を"友だちに伝えるために"どうしたらよいか様子を見ながら私があいだに入って声をかけていくのだが，あらたまり過ぎるとかえって話し出しにくいような子もいるので，どのタイミングで声をかけていくかが難しい。みんなで一つのことに向かっていくこのような話し合いのなかで友だちに認められたり，友だちのことを認めたりする経験を重ねていくことは，普段の遊びや生活のなかで自分の思いを相手に分かるように伝えようとしたり，聞こうとすることにも繋がると思う。

　反対に，普段の遊びや生活のなかで関わりを広げ深めていくことで，話し合いの場で自分の思いを伝えようとする姿へと繋がっていくようにも感じ，ぶつかり合いも含め，この後の一人ひとりの思いの表し方，伝え方が楽しみだと感じている。

◆私からのコメント

　年長になると子ども同士がイメージを膨らませて大がかりな制作物を協同してつくるという活動もできるようになってきます。この日は11月に行われる園の行事の「なかよしランド」に向けて，年下児にも楽しんでもらえるような室

第Ⅱ部　実践編

内のしつらえを考えて制作しようということになった模様です。子どもたちで
アイデアを出し合った後に，話し合って，結局，『チムとゆうかんなせんちょ
うさん』をすることになりました。

　エピソードはまず自分たちの保育室をどのようにするかを話し合うところか
らはじまります。例年通りに部屋をお化け屋敷のように暗くする方向で考える
子どもたちに対して，書き手は「何で？」と暗くしない方向に揺さぶりをかけ
ます。そこから「夜の海」にするというアイデアが出てきて，それに書き手も
みんなも賛成します。次に，「どんな夜の海にする？」という書き手の問いか
けにＴくんは「魚がいっぱいいて，そこをみんなが通る」というイメージを紹
介すると，Ｒくんも同じ考えだったようです。その後もいろいろな案が出ます
が，みな海のなかのイメージです。書き手は「夜の海にチムの船がいる」とい
うイメージだったので，「一つ確認してもいい？　この部屋全体が“海のなか”
なのか，“床が海の上で船がいて，天井が空”なのかどっち？」と聞くと，み
んなが「海のなか」というので，書き手も納得したという内容です。

　年長児それぞれのイメージは最初はさまざまだったでしょうが，それぞれが
自分のイメージを言葉にすることを通して，次第に一つにまとまっていきます。
まとまる過程で，子どもたちからもっとはっきりしたイメージを引き出そうと，
書き手は揺さぶりをかけたり，確認したりしますが，それが子どもたちの考え
を引き出す「教育の働き」の意味をもっていることは明らかです。しかしそれ
は決して保育者の考えに引っ張り込もうとする動きではありません。そして一
人の子どものイメージに他の子どもが共感したり，自分と同じだと考えたりす
るなかに，友だちを認め合う気持ちが子どもたちに芽生え，またそのイメージ
をさらに発展させる動きも生まれるのでしょう。

　ということは，こうした集団活動に子どもの「なる」に向かう契機が孕まれ
ているということでもあります。「私は私」の思いと「私はみんなのなかの私」
の思いが一人の子どもの内部で調整されて「なる」を導くようになるのも，こ
ういう集団活動を通してなのだということが分かります。そしてその遊びのさ
らなる展開を願って保育者の出す問いかけや確認や疑問は，そのような「な

266

第7章　集団活動（遊び）のなかで子どもに何が育つのか

る」を誘い出す「教育の働き」の意味をもち，またその働きの裏に子どもの
「ある」を受け止める「養護の働き」も働いていることが分かるでしょう。

❖エピソード32：「子どもたちとのミーティング」

Ｓ保育士

〈背　景〉

　私は，たんぽぽ組（4歳児，14名）を担当しており，活動のなかや遊びのな
かで，困ったことや気づいたこと，思ったことなどをみんなで話し合ったり，
聞いたり考え合うことを大事にしたいと思っている。子どもたちも，自分の思
いをみんなのなかで話したり伝えようとする姿が見られてきているが，相手の
考えや話を聞こうとするところはまだまだで，「自分は！」という主張の強さ
が目立っている（普段からも，何に対しても力いっぱいの子どもたちで，遊びも
けんかもエネルギーでいっぱいのクラスである）。そんななかでも，少しずつ自
分の思いだけでなく，友だちは……と友だちの思いを聞こうとしたり，聞いた
ところから自分の考えを巡らせたりする力も付いていくといいなと思いながら
関わっている。また，私自身も，話し合いのなかで，進め方や終わり方などを
振り返る日々で，子どもたちの話を聞こうとしているが，どこか保育者主導の
話し合いになってしまっていないか，結果や答えが先にあっての話し合いにな
ってしまっていないか，と振り返りながらどうしたらいいのだろうと悩むこと
が多い。

〈エピソード〉

　先日のたんぽぽ組での集いのとき。朝は少し晴れていたものの，ちょうどそ
れぞれの年齢のクラスで集いをはじめる頃になったとき，空が暗くなりゴロゴ
ロ……と雷もなりだした。そして，パラパラ……と音がして，あられが降り出
し，お部屋に集まってきた子どもたちが，園庭の方を見ながら「あられだ〜」
と話しはじめた。Ｎちゃん（5歳3カ月，小1の兄，1歳の弟の3人兄弟）が，

第Ⅱ部　実践編

「ねえ，お兄ちゃんに聞いたんだけどね」と何やら話し出し，みんなも何だろうと耳を傾けていくと，「あられって，雨と雪が混ざってできるんだって」と話した。“混ざって”という表現からも，Nちゃんの表情からも，お兄ちゃんに教えてもらって分かったことを，みんなに伝えたいという気持ちがいっぱいなのだなと感じ，「へえ，そうなんだ」と私も聞いていくと，すごい剣幕でTくん（4歳11カ月，一人っ子）が，「そんなん，うそやし！」と入ってきた。「うそじゃないし，お兄ちゃん言ってたもん！」と一生懸命なNちゃん。「うそやし，ちがうし」と怒っているTくんに私は「Tくんはどう思うの？」と聞いてみると，「あのね，ジュース飲むときに入れる四角い氷あるやろ？　あの氷の白いところがあられやし！」とTくんも一生懸命。自分で考えたのか，誰かに教えてもらったのか，「こうだよ！」とTくんも譲らず，NちゃんもTくんも自分の考えが正しいと言わんばかりで，相手の考えは受け入れられない様子だった。かたくなな姿も，そして，どこかで聞いたことを一生懸命自分のなかに取り込もうとしている気持ちもとっても健気だなと思い，ここからどうなっていくのだろうと思いながら聞いていた。だんだんと“どっちが合ってる！”と周りの友だちも巻き込んで言い合いのけんかになりそうな雰囲気になってきたので，「じゃあ，そのジュースの氷ってどうやってできると思う？」と話題を振ってみた。するとじっと聞いていたSちゃん（5歳6カ月，2歳児クラスの弟と2人姉弟）が「あのね，四角くて線が入っている入れ物に水を入れて，冷蔵庫に入れると氷ができるよ」と話しだした。きっと製氷皿のことだな，と私も思いながら「そうなんだ」と聞いていくと，Tくんは「そんなん入れんでもできるし！」と反論。Tくんのおうちは自動製氷機能がついているのかな……，氷のでき方でも言い合いになりそうだ，と思い，「じゃあ，あられが降るときは，誰かがお空の上で冷凍庫で氷をつくって，それっ！って氷を落としているってこと？」となげかけてみると，「え～……」と考え込む子どもたち。するとRくん（5歳2カ月，小3の兄の二人兄弟）は「海の水が見えなくなって空に行って，そしてあられが降るんじゃない？」と話し出す（8～9月頃に，『しずくのぼうけん』（福音館書店，1969年）や，雨や川，海等の絵本やお話に親

268

しんできていた）。"おぉ～すごい，しずくのぼうけんのおはなしを覚えていた
のかな……"と思いながら聞いていると，隣にいたMくん（5歳6カ月，中3
の姉，中1の姉，小3の兄の4人姉弟）が「そんなんうそやし！　そんな魔法
使いみたいなことないし！」と怒って反論してきた。子どもたちがいろいろと
想像を膨らませていることが面白いなと感じ，ここで仕組みを伝えてしまって
はもったいない気がして，「どうやってできるのかね，また先生もあられのお
はなしないか見てみておくね」と，話し合いを終えた。そんな魔法使いみたい
なことない，だなんて，なんて面白い反論の考えなのだろうと，思わず笑って
しまいそうになったが，でも子どもたちは本当に真剣だった。なんであられは
降るのかな，どうやってできるのかな？　友だちはこう言うけど，そんなはず
はない！　そんなの違う！　でもどうしてなのか自分も分からないし……と不
思議に思いながら，真剣に考えて話し合う子どもたちの気持ちが伝わってきて，
子どもっておもしろいなと感じた時間だった。

〈考　察〉
　子どもが「なんでかな」と興味をもったときに，すぐに大人が知識で「これ
は，こうなんだよ」と教えてしまうのではなく，なんでだろう，こうかな，あ
あかな……と一緒に考え合ったり，想像したり，不思議がっていくことも大切
なのではないかと思った。子どもたちの興味は，大人の考えを超えて，いろい
ろに考えを巡らせていることに気づき，おもしろいなと素直に感じた。話し合
いのかたちや，答えを求めがちになるが，私も子どもと一緒に考えたり話した
りしながら，子どもたちとのミーティングを楽しんでいきたいと思った。また，
一見すると話し合いというよりは，言い合いやけんかの一歩手前のようにもみ
えるが，子どもたちは本当に一生懸命で，みんなのなかで私はこう思う！　と
伝えながら，"自分"というものを一生懸命に表現しているのだと思った。そ
して，自分を主張しながら，みんなに分かってほしい，認めてほしいという思
いももっていて，みんなのなかで，自分の姿を探しているような気持ちも感じ
られるような気がした。見た印象だけで決めてしまうことなく，その子がどん

第Ⅱ部　実践編

なふうに考えているのか，どう思っているのかを感じ取りながら，全力で一生懸命な子どもたちのいまを支えていきたいと思う。

◆私からのコメント

　4歳児も後半になると，それぞれに興味関心が深まり，新しい知識を取り込んでそれを披歴したり，自分を認めてほしい気持ちが強まったりするし，それが元でトラブルになったり，仲良しになったり，多方面に大きな成長が感じられる時期です。そんな時期に，空から降ってきたあられをみて，「雨と雪が混じってできる」という子もいれば，「ジュースのなかに入っている四角い氷からできる」という子もいて，それぞれが自分の主張の正しさを言い立て，相手の主張を否定するところは，まさに4歳児ならではの姿でしょう。まだ確固とした理解ではないので，それぞれに子どもらしい理屈がくっつき，それが大人から見れば子どもらしくて可愛く見えます。そんなときに，書き手が「そうなんだ」と感心してみたり，「ジュースに入っている氷って，どうやってつくるの」と子どもの考えを引き出そうとする言葉を挟んだりして，子どもたちの考えがどんどん膨らむようにもっていくところは，これまで「教育の働き」と呼んできたものに当たります。それに一人の子どもが答えると，それにも反論がでたり，これまで読んだ絵本の知識とも繋がったりして，さらに子ども全体の思考が深まり，お互いに刺激し合って育ち合っていくダイナミックな4歳児たちの姿が見えてきます。そこには書き手である保育者が正解を出すのではなく（正しい知識を教えることが問題なのではなく），子どもたちの不思議な思いに共感し，子どもたちの思考の深まりを喜ぼうとする「養護の働き」が見られますが，その姿勢がとてもよかったと思います。書き手も言うように，話し合いというより自己主張のぶつかり合いのようにも見えますが，それぞれの子どもの真剣な様子を認め，その子どもたちの世界がさらに膨らむように願うところに保育する営みの本質があるのだとあらためて考えさせられました。

　ここでも子どもたちの「ある」を受け止める「養護の働き」が「なる」への芽が生まれる土壌になっていることが分かります。この時期にこの経験をとい

うカリキュラム化された5領域の教育内容を指導するのではなく，このエピソードのように自然発生的に生まれた出来事をきっかけに子どもたちのこれまで培ってきた力を試したり引き出したりしながら，新たな「なる」を期待するところに，学校教育とは異なる「保育する」営みにおける「教育の働き」の意義があるように思います。

第3節　各エピソードの要約と本章のまとめ

エピソード27は，鬼ごっこのルールの理解を巡って5歳児の遊びが展開される内容です。ルールのある遊びは，自分の思い通りにしたい気持ちと，ルールに従わなければならない気持ちが子どもの内面でしばしば葛藤を引き起こします。しかもそれが集団のなかで展開されるものであるために，楽しくて面白いはずの遊びが衝突や対立に繋がったりします。その対立を調整しながら，子どもたちの思いを受け止めつつ，ルールにも気づいてもらうというのは，保育者に求められる難しい対応です。ともあれ，そうした葛藤を経て，少しずつ集団遊びの楽しさを自分のものにしていくことが，この時期の子どもが目指すべき「なる」の変化なのだと思います。

エピソード28は，絵本読みの楽しさをみなで共有することが，子ども同士を横で繋いでいくという，集団での絵本読みの大事な意義を考えさせるエピソードでした。集団での絵本読みは，一人ひとりの楽しみでありながら，みんなで楽しむものでもあります。それゆえそこには「私は私」だけれども，「みんなと一緒」「私はみんなのなかの私」という主体の二面の心の育ちに繋がるものがあります。絵本のなかの絵やストーリーの面白さを活用しながら，保育者が読む声と間合いを駆使して，さらにその楽しみを広げながら，子ども一人ひとりの楽しむ様子を把握するところに，保育者の役割があることが分かるエピソードだったと思います。

エピソード29は，子どもたちの遊びに加わった保育者のちょっとしたつぶやきが，まだ方向性の定まらない子どもたちの遊びに一つの方向性を示すヒント

第Ⅱ部　実践編

になるという，保育者の「教育の働き」の一つのかたちを考えさせる内容でした。子どもたち同士がイメージを共有して遊ぶうえで，そこにいる保育者の一言が子どもたちにとっては求心力になっていることもこのエピソードから分かるでしょう。そうなるのは，子どもたちと保育者のあいだを大きく包む接面ができあがっているからだと思われます。こうした遊びの経験が子どもの自己効力感などの目に見えない「なる」に繋がっていくのです。

　エピソード30は，転がしドッチかサッカーか，どっちに決めるかという遊びの選択を巡ってなかなか譲り合えないときに，保育者は最終的な選択を子どもたちに任せるのか，保育者が解決策を提案するかで揺れますが，子どもたちも自分の選択と多数意見のあいだで揺れざるを得ません。その難しい選択をすることを通して，子どもは自分の内面で「私は私」と「私はみんなのなかの私」の調整を迫られます。その葛藤を経験することが，結局は主体の心の育ちに必要な「なる」に近づくために欠かせないということが分かるエピソードでした。

　エピソード31は，集団で一つのイメージを共有して遊ぶ際に，それぞれがアイデアを出しながら一つのイメージに収斂していくうえで，一人の子どものアイデアに対する保育者の問いかけや確認の働きかけが，他児がそのアイデアを理解して共有するうえで重要な役割を果たしていることを示すエピソードでした。保育者のその働きかけが「養護の働き」と「教育の働き」が結びついたものになっていることも確認することができたと思います。こうして集団内で一つの遊びのイメージを共有することは，そこに至るまでの過程における子ども同士の「認め合い」という重要な「なる」への一歩となる意味をもつもののように思われました。

　エピソード32は，突然あられが降るという自然現象を前に，どうしてあられができるのかを考えた子どもたちが自分の意見を述べ合い，次第に自己主張のぶつけ合いの様相を見せますが，そこに保育者が入って問を向けたり確認したりすることで，意見をぶつけ合う子ども同士だけでなく，周りの子どもたちも一緒になって考えるという，意図しない話し合いが生まれたエピソードでした。正しい答えが問題なのではなく，子どもらしい考えをお互いに述べ合うことが

第7章　集団活動（遊び）のなかで子どもに何が育つのか

大事で，そこから子どもたちの内面に育つものがあるということを考えさせる
エピソードだったと思います。

＊＊＊

　集団での遊びがスムーズに展開するためには，子ども同士でその遊びのイメージやルールを共有することが欠かせませんが，3歳を過ぎて言葉がある程度操れるようになっても，自分のイメージを相手に分かるように言葉で伝えることは難しく，したがって子ども同士のあいだでのイメージやルールの共有は，それほど容易なことではありません。たとえば，鬼ごっこのルールも，お互いに理解しているように見えても，お互いの理解が重なり合っているかどうかはまだまだ怪しいところがあり，それがトラブルに繋がったりします。またごっこ遊びの場合でも，最初にはじめた子どものイメージと後から参加する子どものイメージが必ずしも重ならないために，遊びの過程で遊びが壊れることも稀ではありません。さらに集団のなかで複数の遊びの選択肢のなかから何か一つを選択するという場面でも，単に多数決で決めたのでは少数の側に不満が残り，なかなかうまくいきません。また何かについての考えの違いが，単なる自己主張のぶつけ合いになって，それぞれの考えを子どもたちだけで互いに尊重するところまでもっていくのは幼児期では至難です。そこに保育者の「養護の働き」と「教育の働き」が必要になる理由があります。実際，子どもたちの正負の心の動きを把握し，それを調整しながら，どうすれば子どもたちが遊びをもっと楽しめるか，またその遊びを経験することを通していかにプラスの側の二面の心を育めるのかは，保育者の大事な役割です。本章で取り上げたエピソードはみな，この点を明らかにするものであったことは，いまみた各エピソードの要約に明らかです。

　そんななかで，集団での絵本読みは，同じ絵と同じストーリーからなるので，保育者の読み方の上手い下手があっても，子どもたちのあいだで一つのイメージを共有しやすく，そのことによって子どもたちがお互いに繋がれ，集団全体が一つの雰囲気に包まれるような経験をもつこともできて，「みんなと一緒」「私はみんなのなかの私」の経験がもちやすい場面だといえるでしょう。それ

第Ⅱ部　実践編

はエピソード28に示されている通りです。ここには含まれていませんが，みんなで歌を歌う，みんなでリレーをするといった集団での遊びも，お互いが横で繋がれ，一体感をもちやすい遊びだといえるでしょう。

　運動会や劇や演奏の発表会も，本来は集団での遊びに括られるはずのものですが，繰り返しの練習のなかで自分がどんな活動をするのかのイメージはそれぞれの子どもにおいてはっきりしていても，それを自分がどのように楽しむのか，その遊びや活動のなかでプラスの側の二面の心を育むことに繋がるような経験が得られるのか，否，マイナスの側の二面の心が生まれる結果にならないかなどのことを考えれば，これらの集団活動についてはもっと複雑な議論を重ねなければならないでしょう。

　いずれにしても，集団での遊びを思う存分楽しむことができ，心の底から「面白かった！」と思える遊びをたくさん経験することができれば，最近取り上げられるようになった「非認知的な力」も，幼児期の終わりまでに育ってほしいとされるいくつかの心も，取り立てて「教育」という枠組みのなかで論じなくても，十分子どもに育っていくということがこれらのエピソードから分かるのではないでしょうか。

＊＊＊

　以上，理論編の議論を念頭に置きながら，いくつかの点について実践編の総まとめを試みてみました。いま私の手元にある「保育する」営みを綴った多数のエピソード記述のなかには，本書の第3章から第7章に取り上げた内容の他にも，取り上げてみたいもの，取り上げる必要があるものが多数ありました。たとえば，保育者のかける言葉や音声（「ぴょ〜ん」や「シュー」や「ドーン」などの子どもの動きを描写したような言葉かけ）が子どものしている遊びをさらに盛り上げる「教育の働き」の意味をもつことを示唆する一連のエピソード群がそうです。こうした言葉かけも，理論編で議論した接面，動態，動的関係性という概念に沿って捉え直してみると，その「教育の働き」としての意義が鮮明になり，日々の実践との繋がりも明らかになるように思われました。また，個人情報との関係で本書に掲載することが叶わなかったとはいえ，保育者と保護

者との難しい関係性に目を向けたエピソード（子育て支援のなかで虐待の疑いの
ある母親と面談したときのエピソード）など，新保育論の立場からすれば是非と
も取り上げてみたいエピソード記述がありました。それらのエピソード記述を
読むにつけ，新保育論では子どもと保育者の関係性だけでなく，保育者と保護
者の関係性の問題にもこれからもっと踏み込んでいかなければならないと思わ
れました。

　そうした積み残した一連のエピソードについては，またの機会があれば是非
取り上げてみたいと思っているところです。

あ と が き

　ここ10年，著書や講演を通して，子どもの育ちには「力も，心も」必要だけれども，「力の育ちよりも心の育ちが優先する」と繰り返し主張してきました。しかしながら「力優先，教育重視」の流れは大河のごとくです。しかも，そこにもってきて，その大河の流れに自立心，協働する心，さらには非認知的な力などが入り込んできて，「心も大事」であるかのような言説が飛び交うようになると，「心の育ちが優先する」という私の考えは消し飛んでしまいそうです。

　新指針や新要領が作り出す大きな流れに対して，「心の育ちが優先する」という立場を対置するためには，新しい保育論を組み立てて，従来の保育論との違いをもっと際立たせる必要があると真剣に考えはじめました。それが本書を用意することになった動機です。頑張る心，協調する心，思いやる心，自立心など，さまざまな心が個別に取り上げられて，「○○の心を育てましょう」と喧伝される保育界の現状を見るにつけ，目に見えるものではない「心」をどのようにして捉えることができるのか，またそれをどのように議論することができるのかの根本問題をもっとしっかり考える必要があることをあらためて痛感しました。新保育論を考えるなかで，子どもと保育者の関係性を分断しないこと，保育する営みを動態として捉えること，そして子どもと保育者のあいだに生まれる接面が大事であること，その接面の当事者である保育者がその接面を通してはじめて子どもの心の動きを体験することができること，これらのことを本書を通して明らかにしてきました。このように論を構えたのは，従来の保育論ではそもそも心に言及するための理論的基盤がないこと，巷で取り沙汰される個々の心は，せいぜい子どもの行動から推論される限りでのものでしかなく，保育者の体験のなかで実感されるものではないことを明らかにするためでした。

　そうした新保育論の理論的基礎を考えるなかで，心の問題に迫るにはまずもって，自己充実欲求と繋合希求欲求という二つの根源的欲求を想定し，その欲

求が満たされたり満たされなかったりすることによってありとあらゆる正負両面の心の動きがもたらされると考えることが，心を論じるための基礎として欠かせないと主張してきました。そしてその二つの根源的欲求に対応して，人は「私は私」というふうに自分を押し出す心と，「私はみんなのなかの私」というふうに周囲との関係を考慮する心の二面があると考え，その二面を葛藤のなかで自ら調整することが周囲他者と共に生きる人間の根本の姿であると捉えて，そこから，「主体のもつ二面・二重の心」という考えを打ち出してきました。

　心の育ちを考えるためにはそのようなかなりややこしい前提的な考えを十分に固めておかなければ，巷の議論のように単に「〇〇の心を育てましょう」と宣言するだけに終わってしまいます。昨今のあたかも心にも目を向けるかのような巷の保育動向が，実は心を問題にする何の基盤もないままの，単なる宣言にすぎないことを本書を通して少しでも読者に理解してもらえればと思った次第です。

　「主体のもつ二面・二重の心」を念頭に置くとき，新たに何かに取り組ませるという教育重視の働きかけにおいて，挑戦する取り組みに失敗したり挫折したりした子どもに対して，保育者はどのように対応するのでしょうか。これを考えるなかで，保育者には「負の自己感に繋がらないような配慮」が求められることを本書ではかなり強調しました。というのも，従来の教育重視の姿勢は，挑戦することを子どもに求め，結果を得るように頑張る努力を求め，頑張った結果が出ればおおいに褒めて，次の課題に向かうというように，願わしい結果が得られるための対応を考えるばかりで，失敗や挫折を経験した子どもに対してどのように対応するかの議論があまりに乏しいと思われたからです。

　現に，小学校で大量に生み出される「勉強嫌い」の子どもや，「どうせボクはダメなのだ」という負の自己感に捉えられた子どもの急増を見れば，それらはみな取り組みの失敗に対する大人の対応が丁寧さを欠き，失敗してもただ頑張りが足りないからだと叱責して終わっているからであることは明らかです。そのことが子どもの負の自己感を生み，それが次の挑戦する気持ちを抑える結果になって，次々に悪循環をもたらし，勉強嫌いの子どもや負の自己感をもっ

た子どもを生み出す結果になっているのです。

　そのことを思えば，幼児期における子どもの物事への取り組みのなかで，失敗や挫折があったときに，「またやってみればいい」と再挑戦する気持ちが起こるのは何に拠っているのかを考える必要があり，さらに取り組みへの失敗や挫折が負の自己感に繋がらないような保育者の丁寧な配慮が必要であるといわなければなりません。指針にはそのような記述がどこにもありませんが，これは保育する営みのなかでそれぞれの保育者が真剣に考えなければならない問題だと思われました。そしてそのような配慮は，子どもが大人への信頼感を培ううえでも欠かせないものであることは明らかです。そのことが本書を通して強調したいことの一つでした。

　もう一つ，子ども同士がトラブルを経験するなかで，何が子どものなかに定着していくのかを考えたときに，単に善悪の区別ができるようになる，相手を思いやることができるようになるといった，対人関係のルールや規範の習得が問題なのではなく，自分のなかの「私は私」の心と「私はみんなのなかの私」の心の二面の心を子ども自身がどのように調整するか，それがトラブルでの究極の問題ではないかと思われてきました。これまで保育者はトラブルになった子ども同士の主張のぶつかり合いを仲介し，それぞれに思いがあることに気づかせて，それによってトラブルが収まる方向にもっていく必要があると考えられてきました。しかし，トラブル場面での保育者の対応は，双方の子どもが自分自身の二面の心を自分で調整することができるように，その調整の仕方のひな形を示すという意味をもつのではないかと，いくつかのエピソード記述を読むなかで思いつきました。つまり，保育者が見せるそのような調整する対応を，いずれは子ども自身が自分の内面に取り込んで，自分で自分の二面の心を調整するようになることが，子どもの心の重要な「なる」に結びついているのではないかということです。

　そこから振り返って考えれば，私がこれまでの著書のなかで「主体としての二面の心」に関するヤジロベエの図を示し，幼児期のありとあらゆる対人関係を通して子どもはこの二面の心を育み，またその調整の仕方を少しずつ身に付

けていくのだと主張してきたことがいまの議論に重なることが分かります。これも本書の重要な論点の一つでした。

*

さて，本書を脱稿した後に，私はある人から，『小学校学習指導要領解説「特別の教科　道徳編」』（文部科学省，平成29年）を読んでみるように勧められました。なぜ私に教科としての道徳の指導要領を読めというのか，戸惑いが先にきてしまいましたが，勧められるままに目を通して見ると，私の「主体としての二面・二重の心」の議論にかなり近い内容がそこに含まれていることが分かってきました。道徳教育という言葉を聞いただけでアレルギーを起こす人もいると思いますが，まずはその「総説」の冒頭の部分を少し引用してみます。

平成25年12月の「道徳教育の充実に関する懇談会」報告では，道徳教育について「自立した一人の人間として人生を他者とともにより良く生きる人格を形成することを目指すもの」と述べられている。道徳教育においては，人間尊重の精神と生命に対する畏敬の念を前提に，人が互いに尊重し協働して社会を形作っていく上で共通に求められるルールやマナーを学び，規範意識などを育むとともに，人としてよりよく生きる上で大切なものは何か，自分はどのように生きるべきかなどについて，時には悩み，葛藤しつつ，考えを深め，自らの生き方を育んでいくことが求められる。

この総説の理念を読めば，少なくとも理念の点では私の主張する「主体の二面の心を育てる」という主旨と大枠で重なり，単に善悪を教え，規範を指導するというかつての狭い道徳教育とはかなり違ったものが目指されていることが分かります。

しかし，この立派な理念を学校教育という枠のなかでどのように子どもに振り向けていくのか，とりわけ子どもの心が葛藤し揺れ動くときに，あるいは子どもが負の行動に走ったときに，教師はどのように対応するのか，さらに先に見たように，子どもが失敗や挫折をしたとき，また道徳の理念に反する行動を

みせたとき，教師はどのように対応するのか，そこまで本当に踏み込んで，子どもの心の育ちを顧みようとする気構えがあるのかという疑問が直ちに生まれてきました。そしてその後の議論を読み進めてみると，やはり「学校教育」という枠組みの限界も見えてきて，理念は素晴らしいけれども，実際にはどういう授業になるのかと危惧する気持ちはやはり抑えられませんでした。

　先に述べた子ども同士のトラブルへの保育者の仲介のように，子どもが自分の内面の葛藤を自分で調整できるようにもっていくことが子どもの心の育ちには欠かせません。道徳に関するさまざまな子どもの心の動きはそのことと深く結びついているはずです。しかしそのように自分の心を自分で調整できるようになるまでには，教師をはじめとする大人の粘り強い丁寧な対応が欠かせないはずです。そのことが，はたして新しい道徳教育を実践する際にしっかり考え抜かれているのか，とりわけ規範から逸脱したときに，負の自己感をかたちづくらないように教師が本当に配慮して対応できるのか，いくつも素朴な疑問が生まれ，それを容易には払拭できませんでした。

　また，道徳教育をこれまでと違った内容で取り組むことがなぜいま必要なのかについては，人格の形成に大事だからと述べるにとどまって，それまでの学校教育において，なぜ多くの子どもが勉強嫌いになり，なぜ多くの子どもがやる気をなくして負の自己感に捉えられるようになってしまったのかという現状の深刻な問題については何ら触れられていません。本当に新しい道徳教育がこれからの子どもの人格の育成に欠かせないものであるというのであれば，これまでの知育偏重の学校教育のあり方を根本から反省し，これまでの学校教育で何が問題だったのかを明らかにするのでなければ，単に道徳教育の新しい取り組みをしたということで終わってしまうのではないでしょうか。知育偏重といわれてもその流れがなかなか変わらない状況のなかで，子どもの人格の育成こそ知育に優先すると言わなければならない状況がいま我が国には確かにあるのではないでしょうか。また過去の道徳教育，特に戦前の道徳教育が果たした大きな否定的な結果を真摯に反省しないままでは，新しい道徳教育を謳っても，それが戦前の道徳教育に回帰しないことを保障することにはなりませんし，こ

れまで「道徳教育」という言葉にまとわりついてきた負のイメージを払拭することはできないのではないでしょうか。

　しかしながら，もしもそれらの懸念をすべて払拭するような覚悟をもった真剣な取り組みであることが誰の目にも明らかになれば，今回の道徳教育に向けての新たな動きは，真の教育改革に繋がる可能性さえあるかもしれないと思いました。

　このように道徳教育の新しい動きをここに紹介したのは，本当に子どもの心を育てるというのであれば，本書で述べてきたように，心を取り上げるための理論的基礎を固め，そこで大人の果たす役割を明確に示す必要があると思ったからです。本書で見てきたように，子どもの心を育てるためには子どもとの接面が欠かせませんし，接面の考えなくしては子どもの心を論じる基盤がありません。また大人の側が子どもの心の動きを見定めて「養護の働き」と「教育の働き」をうまく振り向けなければ，子どものなかに肯定的な心は生まれません。そのような大人の丁寧な対応が，いまの学校教育という枠内で可能なのでしょうか。道徳教育が単なる善悪の判断やルールの習得を目指すというようなことではなく，子どもの人格の形成，つまり子どもの主体としての心の育ちを目指すものであるなら，本書の理論編で取り組んだようなことが必ず必要になってくるように思われます。

　保育の世界でも，なぜか「心を育てる」という文言が（私の主張とは違った方向から）急に聞こえてくるようになりました。しかし単に「○○の心の育ちが必要である」と宣言しても，その心を取り上げるための理論的基盤がなければ空文句にすぎないと述べてきました。このこともいまの道徳教育の議論にそのまま当てはまりそうです。道徳教育を実践するうえに何が必要なのか真剣に考えれば，手前味噌ですが，本書の理論編で取り組んだことの意義があらためて分かるのではないでしょうか。

＊＊＊

　保育する営みについての根本的な捉え直し，これが私の新保育論の目指すところですが，数々の講演のなかで繰り返し熱弁を振るい，何冊もの書物のなか

あとがき

で繰り返し声高に力説してみても，それはまるで四面楚歌のなかのドン・キホーテの振る舞いのように私自身思えてなりません。後期高齢者になるのが目前という年齢になって，このようにいきり立った文章を綴るのはいかがなものかと自分自身思いながら，後ろを見たら誰もいないという状況はやはり寂しいものです。何とか本書を通して，こうした考えが少しでも保育関係者に理解されればと願っているところです。

　本書は，ミネルヴァ書房の編集者の西吉誠さんと丸山碧さんのお力添えがあって成り立ったものです。視力が衰えてパソコンの打ちミスが増え，編集者泣かせの文章になってしまったにもかかわらず，丸山さんには丁寧に校正をしていただきおおいに助かりました。また西吉さんには早い出版に向けてご尽力をいただきました。お二人に紙上を借りてお礼申し上げます。

2018年8月

鯨岡　峻

《著者紹介》

鯨岡　峻（くじらおか・たかし）

現　在　京都大学名誉教授　京都大学博士（文学）
主　著　『原初的コミュニケーションの諸相』ミネルヴァ書房，1997
　　　　『両義性の発達心理学』ミネルヴァ書房，1998
　　　　『関係発達論の構築』ミネルヴァ書房，1999
　　　　『関係発達論の展開』ミネルヴァ書房，1999
　　　　『保育を支える発達心理学』（共著）ミネルヴァ書房，2001
　　　　『〈育てられる者〉から〈育てる者〉へ』NHKブックス，2002
　　　　『よくわかる保育心理学』（共著）ミネルヴァ書房，2004
　　　　『エピソード記述入門』東京大学出版会，2005
　　　　『ひとがひとをわかるということ』ミネルヴァ書房，2006
　　　　『保育のためのエピソード記述入門』（共著）ミネルヴァ書房，2007
　　　　『エピソード記述で保育を描く』（共著）ミネルヴァ書房，2009
　　　　『保育・主体として育てる営み』ミネルヴァ書房，2010
　　　　『子どもは育てられて育つ』慶應義塾大学出版会，2011
　　　　『エピソード記述を読む』東京大学出版会，2012
　　　　『子どもの心の育ちをエピソードで描く』ミネルヴァ書房，2013
　　　　『なぜエピソード記述なのか』東京大学出版会，2013
　　　　『保育の場で子どもの心をどのように育むのか』ミネルヴァ書房，2015
　　　　『関係の中で人は生きる』ミネルヴァ書房，2016　他，多数。

子どもの心を育てる
新保育論のために
──「保育する」営みをエピソードに綴る──

2018年12月1日　初版第1刷発行　　　　　〈検印省略〉

定価はカバーに
表示しています

著　者　鯨　岡　　　峻
発行者　杉　田　啓　三
印刷者　田　中　雅　博

発行所　株式会社　ミネルヴァ書房
607-8494　京都市山科区日ノ岡堤谷町1
電話代表　(075)581-5191
振替口座　01020-0-8076

©鯨岡　峻，2018　　　　　　　　創栄図書印刷・清水製本

ISBN 978-4-623-08489-0
Printed in Japan

◇鯨岡峻の著書◇

原初的コミュニケーションの諸相

鯨岡　峻 著
Ａ５判　320頁　本体3500円

ひとがひとをわかるということ

鯨岡　峻 著
Ａ５判　312頁　本体3000円

保育のためのエピソード記述入門

鯨岡　峻・鯨岡和子 著
Ａ５判　256頁　本体2200円

エピソード記述で保育を描く

鯨岡　峻・鯨岡和子 著
Ａ５判　272頁　本体2200円

子どもの心の育ちをエピソードで描く
──自己肯定感を育てる保育のために

鯨岡　峻 著
Ａ５判　296頁　本体2200円

保育の場で子どもの心をどのように育むのか
──「接面」での心の動きをエピソードに綴る

鯨岡　峻 著
Ａ５判　312頁　本体2200円

関係の中で人は生きる
──「接面」の人間学に向けて

鯨岡　峻 著
Ａ５判　384頁　本体2800円

ミネルヴァ書房

http://www.minervashobo.co.jp/